ZAISBERGER-SCHLEGEL — BURGEN UND SCHLÖSSER
PONGAU, LUNGAU, PINZGAU
(SALZBURG-I)

ISBN 3-85030-037-4

Umschlaggestaltung: Brigitte Schwaiger, Wien
Umschlagbild, Zeichnungen: Akad. Maler Ferdinand Dorner, 1050 Wien

Fotos: Salzburger Landesbildstelle; Dipl.-Ing. Walter Schlegel;
Ernst Toman; Dr. Friederike Zaisberger.

Pläne: Hochschul-Prof. Dr. tech. Adalbert Klaar, 1130 Wien;
Arch. Dipl.-Ing. Fritz Medicus, 5020 Salzburg;
†Dipl.-Ing. Richard Schlegel;
Dipl.-Ing. Walter Schlegel, 5020 Salzburg;
Baumeister W. Steiner, 5090 Lofer.

**ISBN 3-85030-037-4**

Druck: NÖ Pressehaus Druck- und Verlagsgesellschaft mbH,
3100 St. Pölten, Gutenbergstraße 12.

# Burgen und Schlösser in Salzburg

## in Salzburg

# Pongau
# Pinzgau
# Lungau

Friederike Zaisberger
Walter Schlegel

Birken-Verlag / Wien

ISBN 3-85030-037-4

# Zur Geschichte von Pongau, Lungau und Pinzgau

## (Das Land „Inner Gebirg")

Die Grenzen des heutigen Bundeslandes Salzburg traten mit dem 1. Mai 1816 in Kraft. Mit der Übernahme durch das Kaiserreich Österreich ging der Tiroler Anteil verloren sowie der sogenannte *Rupertiwinkel,* das Land zwischen Inn und Salzach, das bei Bayern blieb. Dieser Großraum hatte eine Einheit dargestellt, die schon seit der Mitte des 1. Jahrhunderts nach Christus vom römischen *municipium Juvavum* aus verwaltet worden war. Während der Völkerwanderung ging diese Einheit wieder verloren.

Mit der Ankunft des Heiligen Rupert, Bischofs von Worms, vor 700 wurde eine Entwicklung neuerlich in Angriff genommen, die ihre Parallele in der Urgeschichte hatte. So wie in der Bronzezeit (1800—900 v. Chr.) die Siedler den Kupferbergbau in Mitterberg am Hochkönig begannen, gingen im 8. Jahrhundert nach Christus Missionare in den Raum von Bischofshofen. Nach dem Rückschlag des urgeschichtlichen Bergbaues im Gebirge konzentrierte sich die Besiedlung auf das Land „vor dem Gebirge", wo der Salzbergbau auf dem Dürrnberg bei Hallein eine erste kulturelle Blüte in der Latène-Zeit (400—15 v. Chr.) bewirkte. Dieses Entwicklungsstadium konnte erst nach der Wiederentdeckung des Salzberges auf dem Dürrnberg im 12. Jahrhundert neuerlich erreicht werden.

Inzwischen waren die Stürme der Völkerwanderungszeit und die Slawen- und Ungarneinfälle über das Land hinweggegangen. Sichtbare Überreste „Inner Gebirg" sind die Fliehburgen am Götschenberg (Gde. Bischofshofen), Burgstall bei Gries im Pinzgau, Nagelköpfel (Gde. Niedernsill), Falkenstein (Gde. Wald) u. a. m.

Mit dem Investiturstreit begannen die Erzbischöfe, ihr Einflußgebiet zu befestigen. Die Burgen Hohensalzburg, Hohenwerfen und der Petersberg in Friesach (Kärnten) wurden ab 1077 ausgebaut. Weitere große Burgen benötigten sie an der Salzach zum Schutz der Salztransporte (Laufen, Tittmoning). Am Eingang in das Zillertal (Tirol), das seit dem Beginn des 10. Jahrhunderts zu Salzburg gehörte, wurde in staufischer Zeit die Drei-Türme-Burg Kropfsberg an der Grenze zur Grafschaft im Inntal errichtet.

Das 12. Jahrhundert steht im Zeichen der großen Adelsburgen, die erbaut wurden, als der Salzburger Adel im Kampf zwischen Kaiser und Papst die Partei Kaiser Friedrich Barbarossas gegen den Erzbischof ergriff. Allen voran erlangten die Grafen von Plain Berühmtheit (Plainburg, Gde. Großgmain; Raschenberg, Gde. Teisendorf/Oberbayern, Lichtenberg, Gde. Saalfelden am Steinernen Meer), weil sie 1169 in Vollziehung der Reichsacht die Stadt Salzburg einnahmen, plünderten und niederbrannten. Ihnen gleichwertig als Grafengeschlechter waren die Falkensteiner (Kaprun, Vogtturm in Zell am See) und die Frontenhausen-Lechsgemünd (Neubeuern am Inn/Oberbayern; Friedburg = Sulzau, Hieburg, beide Gde. Neukirchen am Großvenediger, und Burg Mittersill). Diese drei großen Familien besaßen den Ober-, Unter- und Mitterpinzgau als Afterlehen der Herzoge von Bayern. Ihre Dienstmannen sicherten ihre Wohnsitze ebenfalls durch Burgen, wie z. B. die Stauffenegger (Gde. Piding/Oberbayern), Ramseider (Ramseiden, Gde. Saalfelden am Steinernen Meer) und Saalegger (Gde. St. Martin bei Lofer), alle drei Ministerialen der Grafen von Plain. Den Falkensteiner Grafen unterstanden die Vasallen, die ihren Turm in Schönanger (Gde. Fusch an der Großglocknerstraße), zu Winkl (Gde. Kaprun) und in Burgeck (Gde. Wald im Pinzgau) errichtet hatten. Lehenträger der Frontenhausen waren die Herren von Pryning (Steinbrüning/Oberbayern) und die Hollersbacher (Turm in Hollersbach). Die Tauernübergänge im Pinzgau waren damals noch im Besitz der Herzoge von Bayern. 1228 gelang es Erzbischof Eberhard II., die Belehnung mit den Grafschaften Oberpinzgau (Mittersill) und Mitterpinzgau (Saalfelden) vom Reich zu erhalten und die Grundlage für die Entstehung des ,,Landes Salzburg" zu schaffen.

Im Pongau haben in den Gebieten, die durch großzügige Schenkungen der Bayernherzoge an die Salzburger Kirche gekommen waren, keine mächtigen Adeligen Fuß fassen können. Nur im Gasteinertal und um Radstadt ist die Entwicklung anders vor sich gegangen. Eine Linie der Sighardinger — die Grafen von Tengling (Oberbayern) — stiftete 1146 ihre Burg zu einer Kirche. Sie lebten als Grafen von Peilstein-Schala in Niederösterreich weiter, behielten aber ihren Besitz in Gastein und ließen ihn von der Burg Klammstein aus verwalten. 1218 verkauften die letzten weiblichen Mitglieder der Familie das Tal an den Herzog von Bayern, der es 1228 als Sicherstellung für die Lehensübergabe im Pinzgau an den Erzbischof verpfändete. 1297 wurde Gastein endgültig an Salzburg abgetreten.

Das Gebiet des salzburgischen Ennstales war 1074 von Erzbischof Gebhard zum Großteil als Dotation für das neugegründete Kloster Admont ausgegeben worden. Ministeriale übernahmen Schutzfunktionen wie die Gärr vom Turm in der Flachau oder die Poytzenfurter von Scharfett. Sie unterstanden den Guetratern, die als Burggrafen von Werfen großen Besitz im Pongau erwerben hatten können, ihn aber um 1300 wieder verloren. Mit dem Rückkauf der sogenannten Propstei Fritz von Admont 1575 wurde der Einfluß des Klosters im Ennstal wieder ausgeschaltet.

Der Großteil des Lungaues wurde im 11. Jahrhundert auf drei geistliche Stifte aufgeteilt. Kaiser Heinrich II. übergab Königsgut an das Salzburger Domkapitel, Erzbischof Gebhard bestiftete Kloster Admont und aus aribonischem Besitz kam das Gebiet um Moosham (Gde. Unternberg) an das Kloster Millstatt. Die Reichsrechte im Lungau waren seit 1213 in der Hand des Erzbischofes. Der ursprüngliche Zusammenhang mit steirischem und Kärntner Adelsbesitz ging verloren (Klausegg, Ramingstein). Die Verwaltung dieses Gaues blieb aber bis 1803 beim salzburgischen Vizedomamt Friesach (Kärnten).

Der Adelsbesitz, der z. T. auf Vogtrechten basierte, ging im 12. und 13. Jahrhundert in allen drei Gauen zuerst durch Aussterben der großen Familien auf deren Ministerialen über. Diese brachte der Erzbischof dann durch Verträge oder Fehden in seine Abhängigkeit (Walcher, Felber, Goldegger, Mooshamer). Er zog ihre Burgen ein und besetzte sie mit seinen Beamten. So konnte das Land Salzburg gebildet werden, das von einer zentral gesteuerten Beamtenschaft verwaltet wurde.

Nach dieser stetigen Ausdehnung erlitt das Erzbistum in der 2. Hälfte des 15. Jahrhunderts einen großen Rückschlag durch den sogenannten Ungarischen Krieg, in dem der Salzburger Erzbischof Bernhard von Rohr mit dem Ungarnkönig Matthias Corvinus gegen Kaiser Friedrich III. und dessen Günstling, den Graner Erzbischof Johann Beckenschlager, kämpfte (Mauterndorf). Erst gegen Ende des 15. Jahrhunderts sorgte Erzbischof Leonhard von Keutschach für eine Konsolidierung der Lage. Er ließ die Verteidigungsbauten modernisieren, trotzdem konnte sein Nachfolger, Kardinal und Erzbischof Matthäus Lang, den großen Bauernaufstand 1525/26 — nach anfänglichen Erfolgen der Bauernheere (Hohenwerfen, Taxenbach, Kaprun, Walchen, Mittersill, Itter, Lichtenberg) — schließlich nur mit fremder Hilfe niederschlagen.

Die Reformation hatte im Stiftsland Fuß gefaßt und stellte die folgenden Erzbischöfe als geistliche Oberhirten und Landesherren vor schwere Probleme. Im 16. Jahrhundert war durch den Bergbau in den Tauerntälern und die damit verbundenen Handelsbezie-

5

hungen das Bürgertum in den sieben salzburgischen Städten (Salzburg, Hallein, Radstadt, Laufen, Mühldorf, Tittmoning und Friesach, wozu bis ins Spätmittelalter noch Gmünd und St. Andrä im Lavanttal, Pettau und Rann gehört hatten) nicht nur reich geworden, sondern auch mit den neuen geistigen Strömungen konfrontiert worden. Nach anfänglich strengen Maßnahmen mußte sich Erzbischof Wolf Dietrich (1587 bis 1612) aus wirtschaftlichen Gründen mit den Protestanten arrangieren, was u. a. seinen Sturz durch den eigenen Neffen Markus Sittikus (1612 bis 1619) bewirkte. Inzwischen war der 30jährige Krieg ausgebrochen. Durch kluge Politik und modernste Befestigungsbauten (Santino Solari) konnte Erzbischof Paris Lodron unmittelbare Kriegseinwirkungen verhindern.

Die Protestantenfrage in Salzburg wurde durch den Westfälischen Frieden nicht gelöst. Nach 1700 war der Protestantismus, vor allem bei der bäuerlichen Bevölkerung der Gebirgsgaue, so verbreitet, daß infolge der 1731 von Erzbischof Leopold Anton von Firmian angeordneten Landesverweisung rund 20.000 Salzburger die Heimat verlassen mußten. Besonders der Pongau erlitt dadurch einen schweren wirtschaftlichen Rückschlag, der erst in unserem Jahrhundert wieder aufgeholt werden konnte.

Nachdem sowohl der Spanische wie auch der Österreichische Erbfolgekrieg an Salzburg ohne größere Schäden vorbeigegangen waren, brachte die Französische Revolution grundlegende Veränderungen für den geistlichen Staat. Der letzte regierende Erzbischof Hieronymus Graf Colloredo (1772 bis 1812) hatte als aufgeklärter Fürst noch einmal versucht, die wirtschaftliche Entwicklung, besonders durch die Förderung der seit 1623 bestehenden Universität, zu beleben. Seine Intentionen, die Studenten an ausländischen Schulen zu Fachleuten heranzubilden, ein modernes Verkehrs- und Vermessungswesen zu schaffen, vor allem die finanziellen Verhältnisse durch eine kluge Finanzpolitik zu verbessern, fanden mit dem 1. Einfall der Franzosen 1800 ein jähes Ende. Der Erzbischof floh nach Wien, das geistliche Fürstentum wurde 1803 durch den Reichsdeputationshauptschluß in ein weltliches Kurfürstentum umgewandelt, das Großherzog Ferdinand III. von Toskana zusammen mit Berchtesgaden, Passau und Eichstätt als Entschädigung erhielt.

Im Frieden von Preßburg 1805 kamen Salzburg und Berchtesgaden als Ersatz für das an Bayern abgetretene Tirol an Österreich. 1809 behielt sich das Französische Kaiserreich die Verwaltung Salzburgs vor — damals wanderten die größten Kunstschätze nach Paris —, im Jahr darauf übernahm Bayern Salzburg im sogenannten Salzachkreis. Die während der Koalitionskriege zerstörten militärischen Anlagen wurden dem Verfall preisgegeben oder an Private verkauft, was das Ende vieler Burgen bedeutete.

Nach den Befreiungskriegen kam Salzburg in verkleinerter Form 1816 endgültig zu Österreich. Das brachte den kulturellen und wirtschaftlichen Niedergang des Landes, das nun bis 1850 zusammen mit dem Herzogtum ob der Enns von Linz aus verwaltet wurde. Erst 1861 erhielt das neue Kronland einen eigenen Landtag, in den drei Gebirgsgauen wurden die Bezirkshauptmannschaften Zell am See für den Pinzgau, St. Johann für den Pongau und Tamsweg für den Lungau eingerichtet. Mit dem Bahnbau (1860: Kaiserin-Elisabeth-Westbahn, 1875: Giselabahn nach Wörgl, 1908: Tauernbahn) konnten der in der Romantik einsetzende Fremdenverkehr und der gezielt aufgebaute Mozartkult zu tragenden Faktoren der Wirtschaft werden. Der 1. Weltkrieg unterbrach diese Entwicklung.

1918 bzw. 1920 wurde Salzburg ein Bundesland der Republik (Deutsch-)Österreich. Die Gründung der Salzburger Festspiele im gleichen Jahr, die Eröffnung der Großglockner-Hochalpenstraße 1935 u. a. m. brachten einen wirtschaftlichen Aufstieg, den der 2. Weltkrieg beendete. Erst durch den starken Bevölkerungszuwachs nach dem Krieg konnte der Rückschlag überwunden werden, den Salzburg durch den Verlust der Selbständigkeit erlitten hatte.

# Allgemeine Entwicklung der Burgen und Schlösser in Salzburg

Als früheste wehrhafte Plätze in unserem Raum sind die von Erdwällen umgebenen Flieh- oder Fluchtburgen anzusprechen, welche in Gefahrenzeiten die Einwohnerschaft der nächsten Umgebung aufzunehmen hatten. Diese zum Teil großräumigen Anlagen bevorzugten den natürlichen Schutz von Höhenlagen oder, in Salzburg seltener, Sumpf- und Moorlandschaften. An den wehrtechnisch schwächeren Stellen wurden verstärkte oder erhöhte Erdwälle errichtet, welche oft sehr bald, so wie später der gesamte Verteidigungsring, mit hölzernen Palisadenzäunen verstärkt wurden.

Der Übergang von reinen Erd- zu Steinwällen scheint sich rasch vollzogen zu haben, wenn auch weiterhin um innere Steinwälle noch bis in das hohe Mittelalter äußere Ringe oder nur einzelne Abschnitte in Form von Erdwällen angelegt wurden.

Die nächste Phase in der Entwicklung des Burgenbaues stellt der in einem solchen Ring errichtete, anfangs noch hölzerne Blockbau, das *feste Haus,* dar, welches nicht nur besseren Auslug, sondern auch wirksamere Verteidigungsmöglichkeit bot. Der Übergang zum Steinbau äußert sich am deutlichsten in der Errichtung eines Steinhauses anstelle des hölzernen Blockbaues, aber auch im Wandel vom Steinwall über Trockenmauerwerk zum mörtelgebundenen Bauwerk. Durch diese neue Technik war es möglich, den zum Teil vorhandenen natürlichen Schutz wesentlich zu verbessern, höher zu bauen, aber auch den Grundriß feingliedriger zu gestalten.

Das Hochmittelalter gilt allgemein als Blütezeit des Burgenbaues, denn in keiner anderen Epoche wurden so viele Neugründungen oder Erweiterungsbauten zu bestehenden Anlagen errichtet.

Das *feste Haus,* wie es A. Klaar nennt, kann zwar heute auf Grund vielfacher Um- und Zubauten nur noch in den seltensten Fällen eindeutig nachgewiesen werden, muß aber doch als Keimzelle der hochmittelalterlichen Burg angesehen werden, um die sich alle weiteren Objekte scharten.

Je nach Bedeutung, Verwendungszweck und den örtlichen Gegebenheiten entstanden die aus verschiedensten Bauwerken zusammengesetzten, oft auf kleinstem Raum gedrängten, architektonischen Gebilde, als welche uns heute noch die Burgen oder Ruinen entgegentreten.

Durch die Landesverfassung unter dem geistlichen Landesherrn, dem Erzbischof, war Salzburg im Burgenbau seit jeher eine Außenseiterrolle beschieden, da es der Erzbischof nur in den seltensten Fällen gestattete, daß ein Adeliger durch den Bau einer Burg zu Macht und Ansehen gelangte oder dieses dadurch vergrößerte. Bestanden derartige Anlagen als Familiensitz von früher her, so trachtete der Erzbischof danach, diese Burgen in seine Verwaltung zu bringen, und bestellte dort, wohl auch z. T. nach Aussterben der alten Ministerialengeschlechter, einen seiner Beamten, z. B. einen Pfleger (Mittersill, Kaprun, Lichtenberg, Goldegg, Werfen etc.).

Der Sitz, der Familienbesitz eines Adeligen auf einer Burg samt dazugehöriger Grundherrschaft, war also zumindest für Salzburg nur in den Anfängen der Burgenkultur voll gültig. Es zeigt sich aber, daß diese Funktion ohne die geringsten baulichen Veränderungen an einer Burg dieser gegeben oder auch genommen werden konnte. Wurde eine ehemals adelige Burg in einen Verwaltungssitz, eine Pflegerburg umgewandelt, so brachte dies nach außen hin keinerlei Veränderung mit sich, da der, wenn auch adelige, Beamte des Erzbischofs kein oder nur geringes Interesse zeigte, seinen Amtssitz zu verbessern oder dem Zeitgeschmack anzupassen.

Jede Veränderung, sogar das Ausbessern der Dächer, war erst nach ausdrücklicher Zustimmung durch die erzbischöfliche Hofkammer möglich. Dadurch war in Salzburg eine ähnliche sprunghafte Entwicklung des Burgenbaues, wie dies in den angrenzenden Gebieten, Tirol, Kärnten, Steiermark und Oberösterreich, durch Eigeninteresse des Adels möglich war, von vornherein unterbunden.

Jede der Burgen weist eine eigene, nicht mehr wiederkehrende Grundrißlösung auf, welche Tatsache vor allem in den örtlichen Gegebenheiten des Geländes begründet ist. Nur in Einzelobjekten oder Ausführungsdetails könnte man eine annähernde Übereinstimmung suchen, so bei den Anlagen des Bergfrieds, des Palas, der Ringmauer mit ihren Wehrtürmen, Zinnen u. a. m., aber gerade diese Einzelheiten waren der momentanen Baumode und den wechselnden Verteidigungserfordernissen unterworfen.

Durch die Verbesserung der Waffen und die Weiterentwicklung der Belagerungstechnik kam es dann um 1500 zu einer Trennung der einzelnen Funktionen, welche in einer mittelalterlichen Burg vereint waren:

1. Die Funktion des Wehrbaues wurde übernommen durch gewaltige Festungsbauten, die in Salzburg allerdings nur an den beiden wichtigsten landesfürstlichen Burgen ihren Niederschlag fanden: Auf Hohenwerfen und Hohensalzburg wurden starke Basteien mit Kasematten u. ä. angefügt, doch dabei blieb es. Im ganzen Lande fehlen entsprechende Bauten wie Kufstein oder Franzensfeste. Nur die Stadtbefestigung Salzburgs am rechten Salzachufer aus der Zeit des 30jährigen Krieges kann als großräumige Neuplanung eines Festungsbaues angesprochen werden.

2. Die Funktion der Verwaltung: Die veralteten Pflegerburgen wurden vorerst zwar weiter verwendet, bald schon entstanden aber, z. T. auch nach Gerichtszusammenlegungen, im Zentrum von Siedlungen die neuen Pfleg- oder Landgerichtsgebäude, wie wir sie z.B. in Werfen, Radstadt, Taxenbach, St. Michael im Lungau und anderswo kennen.

3. Der Sitz als Wohnstätte wurde zum Ansitz.
Die Burg als befestigter Wohnsitz eines Adeligen war auf Grund der neuen Waffentechnik völlig überholt, sie hatte in Funktion und Wirkung ausgedient. Es entstanden meist an landschaftlich bevorzugten Stätten, oft in der Nähe von dem Verfall preisgegebenen Burgen, aber auch am damaligen Rand von Siedlungen unbefestigte, später auch prunkvolle Häuser, Schlösser.

Dem, wie schon erwähnt, in Salzburg neben dem geistlichen Hofstaat eher unbedeutenden Landadel aber war es nicht möglich, ähnliche Schloßbauten, wie zum Beispiel in Nieder- und Oberösterreich, Steiermark oder Bayern, aufzuführen. In Salzburg blieb es bei einfachen Bauten, kleinen Ansitzen, ohne Innenhof oder prunkvolle äußere Gestaltung; dafür aber mit z. T. heute noch vorhandener reichhaltiger Innenausstattung. Für große Schlösser mit all den malerischen Haupttrakten, Seitenflügeln, Pavillons und Ehrenhöfen etc. wäre eine feudale Gesellschaftsordnung in Salzburg Voraussetzung gewesen. Nur wieder der Erzbischof selbst konnte sich derartige Bauten schaffen. Man denke nur an die Schlösser Hellbrunn und die beiden später entstandenen Leopoldskron und Klesheim.

Die einfachen Salzburger Landschlösser, die Ansitze, bargen aber dennoch in sich die verschiedenen Funktionen von reinem Ansitz, Sommersitz, Lustschloß oder Jagdschloß.

Walter Schlegel                                    Friederike Zaisberger

BAD HOFGASTEIN (Marktgemeinde/Gastein)

WEITMOSERSCHLÖSSL (HUNDSDORF) (KG. Vorderschneeberg; Hundsdorf Nr. 47)

An der w. Berglehne des Gasteinertales, gegenüber von Bad Hofgastein steht weithin sichtbar das *Weitmoserschlößl.*

Schon vor 1550 erwarb der Gewerke Christoph Weitmoser den alten ,,Goldeckerhof'', dessen Entstehungszeit nicht näher bekannt ist. Eine Inschrifttafel im heutigen Schloß berichtet, daß der alte Hof 1553 niederbrannte und im Jahr darauf innerhalb von 2 Monaten wiederaufgebaut wurde. Dieser Bau aus dem Jahre 1554 besteht heute noch als n. Trakt der Gesamtanlage. Durch den Rückgang des Bergsegens im Goldabbau und die beginnenden finanziellen Schwierigkeiten der einst reichen Familie Weitmoser kam es 1604 zum Verkauf des Schlosses an den Gewerken Georg Leykofer, der das ,,neugemauert Stöckhl oder Vordertheil des Gschlößl'' mit den beiden Runderkern an den ö. Gebäudekanten dazubaute. 1628 wurde der Altar in der Schloßkapelle (1. Obergeschoß des neuen Teiles) geweiht, nachdem Leykofer als Protestant ausgewandert war und der Besitz 1626 an Alexander Hölzl v. Sylion und seine Hausfrau überging. Aus d. 1. V. d. 17. Jh. datieren die Fresken in der Kapelle mit biblischen Darstellungen, aber auch die im 2. Obergeschoß heute zu Unrecht sog. ,,Weitmoserstube'' mit schöner Täfelung und Kassettendecke.

1634 kauft der Pfarrherr von Haus und Schladming, Johann Riept, das Schloß, dessen Haupterbe Franz Khuminger 1691 stirbt. 1701 kommt der Bau an Johann Pichler, 1712 an Georg Stucher und 1738 an Franz Benedikt Hasler.
1752 erwirbt den Besitz samt dazugehöriger Landwirtschaft die Familie Scharfetter, welche ihn bis heute innehat. Ohne das Alte zu schonen, wie es in einem Bericht heißt, wurde 1850 das Schloß vor allem im Inneren einer gründlichen Renovierung unterworfen. 1937 wurden die Fresken in der Kapelle wieder entdeckt und restauriert, 1952 folgte die Außenrenovierung mit Anbau einer für den Café-Betrieb notwendigen Terrasse an der S-Seite. Die Jz. ,,1400'' oberhalb des Einganges zum älteren Teil entbehrt jeglicher Grundlage.
(SLA, U 896 fol. 17; Doppler 179/II (1442); Sbg.Int.Bl. 1800, 36 u. 1809, 596; Dürlinger, Po 218; Loserth, Gastein, in: MGSLK LII 35; ÖKT 28, 134; F. Martin, Die Weitmoser, Badgast.Badebl. Nr. 15 (1941); H. v. Zimburg, Geschichte Gasteins, Wien 1948, 29; S. Hinterseer, Gastein (1957) 142; W.S.)

BISCHOFSHOFEN (Marktgemeinde/Werfen)
1. KASTENHOF (Rathausplatz 5)
Der *Kastenturm* liegt als Teil des *Kastenhofes* in unmittelbarer Nähe der Pfarrkirche im Zentrum des Marktes.
Die Besiedlungsgeschichte Bischofshofens spiegelt die Landwerdung Salzburgs vom 7.—12. Jh. wider. Im 12. Jh. wurde hier ein Kollegiatsstift gegründet, das bei der Errichtung des Bistums Chiemsee 1216 durch EB. Eberhard II. v. Salzburg diesem als Dotation zugewiesen wurde. Die chiemseeische Hofmark Bischofshofen wurde vom Kastenhof aus verwaltet. Von ihm ist noch der wohnturmähnliche Kasten erhalten. Die übrigen Gebäudeteile wurden bei einer Überschwemmung durch den Gainfeldbach 1775 zum Großteil weggerissen. Im Turm, einem massiven Gebäude von mäßiger Höhe, das durch die spätromanischen Biforenfenster sein charakteristisches Aussehen erhält, war in den Fürstenzimmern ein Absteigequartier für die Chiemseer Bischöfe eingerichtet. Das aus d. A. d. 13. Jh. stammende Bauwerk ging mit der Säkularisierung 1803 an das Kameral-Aerar über und gehört seit 1917 Anton Wicker.
(GB. Werfen, Grundb. KG. Bischofshofen-Markt EZ. 3, Bp. 58; SLA, U 1098; ÖKT 28, 57; Dehio 5; M. Engelmayer, Die ehem. Hofmark Bischofshofen in Pongau (1872) 7; HiSt II 335; F.Z.)

2. BACHSFALL (GAINFELDRUINE, BURG PONGAU, GRIESBERG)
In der Achse der 3 Kirchen des Marktes Bischofshofen liegen am rechten Ufer des Gainfeldbaches die Reste der Burg der Herren von Pongau, die den heutigen Namen von dem in der Nähe befindlichen Wasserfall erhalten hat.
Die Ministerialenfamilie der Gutrater wurde um 1230 mit dem Landrichteramt im Pongau belehnt und scheint auf dem Turm am Gainfeldbache gesessen zu sein. Mauerwerk eines romanischen Baues war 1907 noch feststellbar. Anselm Ebner schreibt um die Jahrhundertwende vom ,,alten Schloß, Götschenschloß'' in der Nähe der Georgskapelle — vielleicht der Burgkapelle —, daß die Mauern der Burg zum Bau der 1522 errichteten Friedhofskapelle von Bischofshofen verwendet worden sein sollen. Er erwähnt einen Edelsitz *Griesberg* in der Nähe, der nicht lokalisiert werden konnte.
(SLA, Frank, Pfleggerichte Nr. 2 Bischofshofen; Bibl.St.Peter, Hs.Ebner XVII 30; Zillner, Pongau-Goldegg, in: MGSLK XVII 149 m. Skizze; H. Widmann, Gesch. Salzburgs I (1907) 325; F.Z.)

3. BUCHBERG-SPÖKERBICHL (SINNHUBSCHLÖSSL, PERNECK) (KG. Winkl)
Unmittelbar n. der Straßenbrücke über die Salzach, an der Abzweigung der Straße vom

**KASTENHOF**

Salzachtal in das Fritztal, erhebt sich am rechten Salzachufer ein markanter Felskegel, dessen schmaler Rücken vor dem Straßenbau gegen S zu noch ein kleines Plateau als Fortsetzung besaß.

Schon zur Heidenzeit, wird berichtet, soll hier eine Befestigung bestanden haben. Um 1900 waren noch niedrige, ca. 20 m lange Mauerreste vorhanden, welche heute allerdings im dicht verwachsenen Gelände kaum mehr zu erkennen sind.

Wahrscheinlich diente das *Sinnhubschlößl* als eine mittelalterliche Sperrbefestigung.

(Dürlinger, Po 105; Bibl.St.Peter, Hs.Ebner XIII 34 m. Bestandsskizze; ÖKT 28, 59; Fundber. 175; W.S.)

## 4. GÖTSCHENBERG

Eine auffallende, bewachsene Felskuppe aus braunrotem Gestein am Ausgange des Mühlbachgrabens ist der Standort einer schon in der Jungsteinzeit nachweisbaren Siedlung, welche auf Grund der nahen Kupfervorkommen bis in die Römerzeit Verwendung fand.

Gegen die Bergseite hin (NW) ist die Kuppe durch 3 künstliche Wälle abgeschirmt. Auf der bekrönenden, kleinen Hochfläche wurden bei Suchgrabungen Mauern in annähernd quadratischer Form festgestellt, welche in das frühe Mittelalter zu datieren sind.
(G. Kyrle, Urgeschichte d. Kronlandes Salzburg, in: ÖKT XVII 85—94; M. Hell, Der Götschenberg b. Bischofshofen u. seine Beziehungen zum Beginn d. alpinen Kupferbergbaues, in: Wr.Prähist.Zs XIV 8; ÖKT 28, 58; W.S.)

## D O R F G A S T E I N (Gastein)

### 1. KLAMMSTEIN (KG. Klammstein, Bp. 138)

Am S-Abfall des Klammpasses bewachen die Reste der Burg *Klammstein* die heute untertunnelte Straße in das Gasteinertal.

Das Gasteinertal wurde schon in urgeschichtlicher Zeit begangen, wie zahlreiche Funde bezeugen. Allerdings scheint der Weg über die ,,Drei-Waller-Kapelle" geführt zu haben. Die Benützung des Klammpasses ist erst für die Römerzeit nachweisbar, wo 1959 eine Sesterz des K. Antoninus Pius (136—161) gefunden wurde. In d. M. d. 10. Jh. setzen die schriftlichen Nachrichten über die Besiedlung Gasteins ein. Die Grafenfamilie der Sieghardinger besaß seit A. d. 11. Jh. ein geschlossenes Gebiet, die ,,provincia Castuna", in der sie auch die hohe Gerichtsbarkeit ausübte. Sie übergaben die Verwaltung des Tales einem ihrer Vasallen, der sich ,,de Kastune" nannte, und erbauten zur Sicherung ihres Besitzes die Burg Klammstein auf dem Grund des Bogenschützen Konrad. Die Sieghardinger änderten i. d. M. d. 12. Jh. ihr Adelsprädikat ,,v. Tengling" auf ,,Peilstein". Um 1200 war Siegfried v. Peilstein auch Herr auf Moerle und Kleeberg. Seine Witwe Eufemia stiftete 1208 Güter in Gastein für das Seelenheil ihres Gatten und ihres Sohnes Friedrich an das Kloster St. Zeno in Reichenhall. Gräfin Eufemia und ihre Schwiegertochter Adelheid v. Moerle verkauften 1218 das Gasteinertal an Hzg. Ludwig v. Bayern. Dieser verpfändete das Tal 1228 als Sicherstellung an EB. Eberhard II. v. Salzburg, da er sich verpflichtet hatte, seine Belehnung mit der Grafschaft Pinzgau dem Reich zurückzugeben, damit der Erzbischof dieses Lehen vom Kaiser erhalten konnte.

Die Vogtei über Gastein übte i. d. M. d. 13. Jh. Gf. Heinrich v. Ortenburg aus. 1251 verlehnte er seine Rechte an Salzburger Ministerialen weiter. Diese Gelegenheit benützte der Erwählte Philipp und löste sie von seinen Ministerialen auf dem Pfandwege um 4000 Silbermark ab.

In dieser Zeit bemächtigten sich die Herren von Goldegg des Gasteinertales, ob auf dem Erbwege oder durch Kauf, konnte nicht geklärt werden. Jedenfalls befahl 1272 der zum Erzbischof erwählte Friedrich seinen Onkeln Otto und Konrad v. Goldegg und seinen Brüdern Otto und Albero v. Walchen, den Streit um die Burg Klammstein zu beenden, die die Walcher für sich beanspruchten. Die Goldegger übten die Grafschaftsrechte in Form des Landgerichtes aus. Deshalb kamen sie in Schwierigkeiten mit den Herzogen von Bayern, den tatsächlichen Eigentümern des Tales. 1286 kam es zu einem Vertrag, der aber die kriegerischen Auseinandersetzungen nicht beendete. 1289 stimmte der Bayernherzog einem Verkauf seiner Gasteiner Güter zu. Da aber die Goldegger die geforderte Summe von 600 Salzburger Silbermark und 600 Pfd. Regensburger Pfennig als Leihkaufsumme nicht aufbringen konnten, mußten sie auf ihr Vorkaufsrecht verzichten. So erwarb 1297 das Erzstift die ,,provincia Castuna" mit allen Gütern und allen Rechten, wie vor allem das Landgericht.

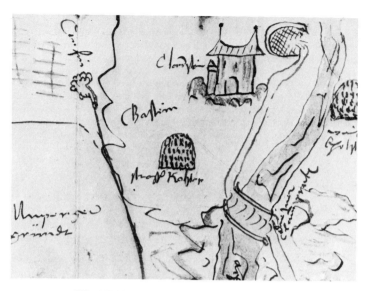

**KLAMMSTEIN auf einer Straßenkarte von 1542**

Die Goldegger fühlten sich trotzdem geschädigt und führten den Krieg nun gegen das Erzstift weiter. Erst 1327 kam es zu einer Einigung. Friedrich v. Goldegg stand um die Summe von 1000 Pfd. Salzburger Pfennige vom Anspruch auf das Hochgericht in Gastein ab. Zugleich gab er die Burg Klammstein mit der dazugehörigen Hofmark dem Erzbischof. Die Hofmarksgüter, die zur Burg dienten, waren „Chroph, Mosräuter", das Burglehen bei Klammstein „Lätsche", das „Brandstattgut" und „Haid". Die Hofmark Klammstein kam damit in den Besitz des Erzbischofs und wurde dem Hofurbar einverleibt.

Inzwischen hatte der Bergsegen das Gasteinertal zu einer der Haupteinnahmequellen des Erzbistums gemacht. 1342 erließ der Erzbischof eine Bergordnung für Gastein, in der die Landstraße zwischen Klammstein und den Bergbaugebieten besondere Rechte erhielt. Auf der Burg saß nun der eb. Pfleger, der zumeist in Personalunion mit dem Landrichter die hohe Gerichtsbarkeit in der Gastein ausübte.

Liste der Pfleger, die auf Klammstein residierten: 1399 Albrecht Paumgartner; 1403 Konrad Eisenstang und Albrecht Paumgartner; 1406 Albrecht Pawinger; 1411 Paul Kren, Pächter des Pfleggerichtes; 1422 Heinrich Weißenbacher; 1439 Oswald Keuzl; 1469 Leonhard Peyswegk; 1471 Konrad Strochner; 1490 Hans Strochner, sein Bruder; 1502 Georg v. Haunsperg.

1513 überschrieb EB. Leonhard v. Keutschach die Burg Sigmund v. Keutschach auf Lebenszeit. Der Landrichter bzw. Verweser des Pfleggerichtes mußte die Burg verlassen. Obwohl im Bauernaufstand 1525 die Rückkehr des Pflegers nach Klammstein gefordert wurde, kam es nicht mehr dazu. 1559 erwarb EB. Michael die Hofmarkswaldungen zurück. Die Hofmark wurde wieder vom jeweiligen Landrichter verwaltet. Von den Hofmarksgütern hatte Harpeunt die Auflage, das Kohlholz von der Schiffslende in Klammstein zum Schmelzwerk nach Gastein zu führen, das Brandstattgut mit der Taferne hingegen die des Geleitdienstes durch die Klamm.

1589 war die Burg bereits verfallen. Die Holzaufbauten waren vermodert, die von den

Außenmauern herausbrechenden Steine gefährdeten den Verkehr auf der Landstraße. Am 23. XII. 1589 erlaubte EB. Wolf Dietrich die Abtragung der Mauern.

1608 war das Schloß nicht mehr bewohnbar. In der Beschreibung wird betont, daß man im Hof ein halbes Maß Getreide anbauen könnte. Da man aber vor dem herabstürzenden Mauerwerk nicht sicher sei, könne nicht dazu geraten werden. Zur Burg gehörten damals keine eigenen Zehente oder Roboten mehr.

Bis 1760 fehlen dann Nachrichten. In diesem Jahr ersuchte Sebastian Rainer, der Wirt am Brandstattgut, um die Bewilligung zum Kalkbrennen, wie es schon sein Vater getan habe. Der Steinbruch war nichts anderes als die Burg Klammstein, die bis vor kurzem dazu verwendet wurde. 1778 stand im „zerfallenen Schloß Klammstein" noch eine sehr dicke Mauer in Form eines Viereckes. Unterhalb befanden sich „über die Hauptstraßen auch noch zwey beylich 4 Klaffter voneinander stehend alte offene Mauern, so jede einen Thor gleichen". Die Landstraße konnte also zwischen den beiden Hügeln, die befestigt waren, durch eine große Toranlage abgesperrt werden.

1840 kaufte Thomas Lackner die Tafern an der Brandstatt um viel Geld, da ihm versichert worden war, daß das Gut alte Privilegien besitze, weil es vor ungefähr 600 Jahren der Sitz des Pfleggerichtes Klammstein gewesen sei. Seiner Bitte um Ausfolgung der Urkunden konnte natürlich nicht Folge geleistet werden. Das Recht zum Kalkbrennen wurde aber auch ihm erneuert.

Ende d. 19. Jh. beschrieb Pater A. Ebner vom Benediktinerstift St. Peter in Salzburg die noch vorhandenen Ruinen und legte einen Lageplan und einen Aufriß bei.

Der Turm hat die Ausmaße von ungefähr 5,20 m im Quadrat im Inneren und 8,70 an der Außenkante. Er bestand damals nur aus dem Erdgeschoß und einem Oberstock. An der S-Seite war ein Schlupf durch die 1,75 m starke Mauer ausgebrochen. Das Innere war auf dem Boden und an den Gesimsen mit Strauchwerk dicht bewachsen. Im Erdgeschoß befand sich auf der S-Seite, im Obergeschoß an der S- und N-Seite je ein Mauerschlitz. Im 1. Stock war außerdem an der W-Seite eine segmentbogenförmige Maueröffnung, die vielleicht einmal den Ausgang auf einen Altan gebildet hatte. Daneben war noch ein rechteckiger Ausbruch. Dieses Aussehen bot der Turm bis vor kurzem. Erst 1972 kaufte Adolf Ferner die Ruine Klammstein von den Österreichischen Bundesforsten. Er leitete eine gründliche Renovierung des Turmes ein und ließ das hölzerne Obergeschoß wieder aufsetzen.

Von den übrigen Baulichkeiten waren zur Zeit Ebners noch Fundamentmauern an der N-Seite des Turmes zu sehen. Von dieser N-Mauer fiel das Gelände in den nur kurzen Wallgraben ab. Ihn umschloß an der Außenseite der Wall, den eine steile Böschung begrenzte.

An der W-Seite war die Burg durch steile Felswände gesichert.

Im S des Turmes breitete sich der langgestreckte Burghof aus, der früher mit hohen Mauern umfriedet gewesen ist. Der Hofraum hatte eine höhere n. Terrasse, die dem Turm zu bedeutend anstieg und E. d. 19. Jh. an der S-Seite die Stützmauer mit Brustwehr deutlich erkennen ließ. In einem kleinen Einschnitt nach SW war die alte, verschüttete Zisterne sichtbar. An der SO-Ecke zeigten eine große Erhöhung und Mörtelreste an, daß hier vielleicht ein weiterer Turm gestanden ist.

1904 kam es beim Bau der Tauernbahn zu einer Dynamitexplosion, die die als Steinbruch verwendete Burg noch mehr zerstörte.

(Grundb. KG. Klammstein EZ. 400/alt 223; SLA, U 44, fol. 1; HK Gastein 1561/B, 1589/M, 1760/3/C, 1773/2/D, 1778/4/C, 1798/1/B, 1807/1/C; Geh. A. XXV/K/9; Sbg. LR. 1905/XIII/E/5156, 1904/VI/E/2353, XIII/E/14251; Frank, Pfleggerichte Nr. 17 (Klammstein); Bibl.St.Peter, Hs.Ebner XX 4; Hübner III/2 H 464; Sartori VIII 80; A. v. Muchar, Das Thal u. Warmbad Gastein (1834) 62, 65, 161; Pillwein 425; Dürlinger, Po 207; Zillner, Pongau-Goldeck, in: MGSLK XVII 206 u. Skizze; H. Witte, Genealog.

Untersuchungen z. Reichsgeschichte unter den salischen Kaisern, in: MIÖG, Erg. Bd. V 466, 470; ÖKT 28, 143; Hinterseer, Bad Hofgastein; Badgast. Badebl. 1962 Nr. 10, S. 101; Arch. Austr. 1968, Nr. 43, 141; Zaisberger 11.7., 25.7., 8.8., 22.8., 5.9.1973; F.Z.)

## 2. KLAMMPASS (KG. Klammstein)(Gastein)

Die ehem. Straßensperre und Mautstelle lag am S-Abfall des Klammpasses am linken Ufer der Gasteiner Ache.
Die Burg Klammstein verlor im 15. Jh. ihre Funktion als Talsperre. Das Wachthaus im Klammpaß wird um 1450 das 1. Mal erwähnt. 1525 versuchte die Gerichtsgemeinde Gastein dort eine Mautstelle zu errichten, um einen Beitrag für die hohen Straßenerhaltungskosten zu gewinnen. 1563 wurden beim Wachthaus große Umbauten durchgeführt. Die Ausgaben wurden zwischen dem Erzbischof und den Gewerken Weitmoser, Zott, Katzpeck und Strasser aufgeteilt. 1575 wurde das Wächterhaus als Klause bezeichnet, wie es für derlei Talsperren im Salzburgischen üblich ist. 1693 ließ der Landrichter bei dem ,,Clambheisl'' Palisaden und einen Schranken errichten, um das ausgeführte Getreide kontrollieren zu können. Während der Emigration der sbg. Protestanten 1731/33 sollte das Wachthaus neu gebaut werden. Die für militärische Bauten zuständige Landschaft bezahlte aber nur die Neuaufstellung von 80 Palisaden. 1748 bat die Gerichtsgemeinde Gastein um die Auflassung der Mautstelle, die Religionskommission erhob aber Einspruch dagegen, weil dann der Kryptoprotestantismus im Land nicht mehr kontrolliert werden konnte. 1768 wurde das gänzlich vermoderte hölzerne Soldatenwohnhaus mit Steinen aus der ,,Ruine Klammstein'' neu gebaut. Die Wache übernahm reguläres Militär. 1784 mußte der Landrichter Josef Karl Schwarzacher die Geschichte des Klammpasses zusammenstellen. Er berichtete u. a. auch, daß anläßlich der Pest von 1597 die Gemeinde, die Gewerken, die Bergwerksgesellen und die Bruderschaften ein eigenes, kleines Häusel beim Paß errichtet hatten, um die Weiterverbreitung der Seuche verhindern zu können.
Die Instruktion der Wächter beinhaltete, daß sie gut katholisch sein mußten, den Handel zu überprüfen, den Erzschmuggel zu verhindern — vor allem den Export von Glaserz —, den Transport von Nahrungsmitteln zu kontrollieren und Fremde und Bettler nur mit Ausweisen ins Tal zu lassen hätten. Das Gattertor mußte bei Tag und Nacht geschlossen bleiben. Weil der Paß über die Drei-Waller leicht umgangen werden konnte, sollten sie häufig Patrouille gehen. Der Landrichter befürwortete die Erhaltung des Passes, da bis Kärnten keine Mautstelle mehr vorhanden wäre. Das Hochwasser von 1821 riß jedoch den Torbogen weg. 1867 waren die Pfeiler des Passes noch gut sichtbar. Dann vernichtete der Straßen- und Bahnbau die letzten Erinnerungen an den Paß Klamm mit seinen Wacht- und Sperranlagen.
(MarktA. Bad Hofgastein 1563, 10.10.1566; SLA, HK Gastein 1575—76/A, 1684/H, 1693/F, 1735/H, 1748/A, 1760/2/A; HR Generale 33; Laa XIV/37; — Literatur s. Klammstein; F.Z.)

## EBEN IM PONGAU (Radstadt)

### GASTHOF(KG. Gasthof, Hs. Nr. 23)

Im NO der Ortschaft Niedernfritz steht der Gasthof auf einer Terrasse, von der sich an schönen Tagen der Blick zum Hochkönig, gegen SO aber zur Wasserscheide zwischen Fritztal und Enns, nach Eben im Pongau, öffnet. Die lokale Situierung verhalf dem Hof zu seiner Bedeutung.
Im 8. Jh. schenkten die Bayernherzoge dem Erzbischof von Salzburg große Waldgebiete im Pongau. 1074 gab EB. Gebhard das Waldgebiet zwischen Fritzbach, dem Lammer-Ursprung und der Fradnitz bei *Scratengastei* dem von ihm

neu gegründeten Benediktinerstift Admont. Mit „Scratengastei" (ahd. scrato = die Elfe, der Schratt) ist der Gasthof 1074 zuerst urkundlich belegt. Für das neugewonnene Rodungsland installierte Admont im Gasthof einen eigenen Urbarpropst „in der Fritz". Der erste überlieferte Name lautet 1197 *Albero v. Schratengastei*. Von den Urbarpröpsten soll Eustach Jägermeister (1443—1462) erwähnt werden, der dem Haus die Wirtsgerechtsame mit Schank- und Zapfrecht für Bier und Wein verlieh. Georg Perkhaimer (1484—1497) stiftete einen gotischen Flügelaltar für die Hauskapelle, der 1938 in den Kunsthandel kam und seither verschollen ist. Die Fam. Graf zu Schernberg vereinigte zwischen 1513 und 1575 die Ämter des eb. Pflegers von Radstadt und des Admontischen Urbarpropstes „in der Fritz". 1525 wurde Christoph Graf gegen die Stellung von 2 Pferden bzw. von Schmalz und Käse die Sohnesfolge zugesichert. Ott Georg Graf erneuerte während seiner Amtszeit 1543—1564 die zahlreichen Baulichkeiten der Propstei. Daran erinnert das Sonnenuhrfresko mit der Jz. 1557 und dem Allianzwappen der Fam. Graf mit Ott Georgs Frau, einer geb. Kuenburg, an der O-Seite des Getreidekastens. Die Bautätigkeit Ott Georgs hatte eine große Verschuldung des Stiftes ihm gegenüber zur Folge. Als er 1564 starb, mußte Admont die Propstei Fritz der Fam. Graf bis zur Abzahlung aller Schulden überlassen.

Inzwischen waren die Differenzen zwischen dem Erzbischof von Salzburg und dem Stift Admont wieder aufgeflammt. Infolge der großen Verschuldung war Admont schließlich gezwungen, die *Propstei Fritz* mit dem Admonter Amt im Lungau zuerst 1556 an Salzburg zu verpfänden, 1575 endgültig zu verkaufen. Von der Kaufsumme in Höhe von 39.000 Gulden, die EB. Johann Jako bezahlte, erhielten 14.350 Gulden die Grafschen Erben. Das bedeutete das Ende der Admonter Präsenz im Salzburger Ennstal.

Die Güter, die bisher ihre Abgaben und Z ente in den Gasthofer Getreidekasten geliefert hatten, wurden dem eb. Hofurbar-Amt Propstei Fritz einverleibt. Der Gasthof selbst und der Kasten wurden als Freies Eigen des Salzburger Erzbischofs in eine Hofmeierei umgewandelt und bis 169 n einem Pächter bewirtschaftet. Reihe der Pächter: 1575 Augustin Felser; Andr inwöger; Thomas Wisperger; 1648 Thomas Schönrainer; 1654 Christian Schrotter 1678 Sebastian Schrotter.

1695 wurde der Gasthof an Ha Laubichler verkauft und damit durch die eb. Hofkammer dem Hofurbar einverleibt. Der Getreidekasten blieb jedoch weiterhin unter der direkten Verwaltung der Hofkammer und diente bis zur Grundentlastung 1848 als Zehentspeicher. Seit 1695 ist der Gasthof im Besitz der Fam. Laubichler geblieben und daher als Erbhof deklariert. Besitzer: 1739 Georg L.; 1793 Franz L.; 1827 Joseph L.; 1877 Franz L.; 1916 der mj. Josef und die Mutter Juliana L.; 1925 Josef L. allein; 1926 Julie L. und ihr Mann Felix Anselmi; 1953 Felix A. allein; 1958 seine 2. Frau Josefine, seit 1964 Josefine A. allein († 1973).

Von den Baulichkeiten stehen derzeit noch der große, 9 Fensterachsen tiefe Gasthof, de Getreidekasten, 3 Ställe, der Backofen und das Bauernbad. 1575 sah der Propsthof so aus: im Erdgeschoß rechts vom Haupteingang war die gemauerte Stube, in welcher 12 Tische standen. Zur Zeit der „Traidstift" wurden hier die Untertanen — 233 Personen — bewirtet. Daneben befand sich die Küche mit 2 Steinsäulen und die Gesindestube. Über 5 Stufen ging es in den Keller. Im Oberstock, der zu zwei Drittel gemauert, zu einem Drittel aus Holz war, lagen 3 Stuben, 4 Kammern und ein weiträumiges „Mueshaus" (= Vorhaus), in dem nach Beendigung des Dreschens das Gesinde tanzen durfte. Die Hauskapelle, die noch im 17. Jh. aus Holz angebaut war, ist heute kreuzgewölbt, mit einem Ringschlußstein und Graten. Der einzige Blickfang im heutigen Innenraum sind die modernen Glasfenster.

Der ganz gemauerte Getreidekasten ist an seiner Vorderseite 3 Stockwerke, an der Hangseite 2 Stockwerke hoch. Das Untergeschoß diente als Fleischbank, 3 Gewölbe

MOOSHAM

GOLDEGG

**GASTHOF IN DER FRITZ**

waren für das Stiftschmalz eingerichtet. In den Stockwerken darüber wurde der Zehent gelagert. Von den Fresken an der O-Seite ist außer der Sonnenuhr mit den Wappen noch das große Wappen des EB. Hieronymus Colloredo zu erwähnen, ebenso wie die Rötelzeichnung der ,,Blutmännlein". An der N-Seite ist in derselben Technik eine Ansicht der Stadt Radstadt erhalten. Die Steingewände der Türen und Fenster stammen aus der Erbauungszeit 1557. Die Holzbauten und Geräte wurden im Laufe der Jahrhunderte erneuert.
(Grundb. KG. Gasthof EZ. 23; SLA, U 1369 fol. 201; HK Radstadt 1565—1806; SUB 2 Nr. 140; Frank-Pfleggerichte Nr. 4 (Propstei Fritz): ÖKT 28. 92: Dehio 117; MGSLK 36, 50, 104; Dürlinger, Po 325; Zaisberger 3.10., 17.10., 31.10., 14.11.1973: F.Z.)

**F I L Z M O O S** (Radstadt)
BLOCKHAUS (Hachau Nr. 3; KG. Filzmoos, Bp. 181)
Das Blockhaus wurde 1769 an der Kreuzung der Filzmooser und Hachauer Fahrstraße an der Warmen Mandling errichtet.
1757 hatte EB. Sigismund den Wiederaufbau, der zu je einem Drittel von der Landschaft, der Hofkammer und der Gerichtsgemeinde zu tragen war, anbefohlen. Der Vorschlag des Radstädter Pflegers von 1750, die Blockhäuser in Forstau und Filzmoos abzutragen und direkt an der Grenze in Form der steirischen Überreiter-Häuser aufzubauen, war nicht verwirklicht worden. Der Paß war mit 3 Mann besetzt, die aber den Schmuggel wegen der weitläufigen Umgehungsmöglichkeiten nicht verhindern konnten.
(SLA; Franz.Kat; Laa XIV/52; HK-Laa 1791-94/D; F.Z.)

**F L A C H A U** (Radstadt)
1. HÖCH (HOHENFELDE) (KG. Höch, Hs. Nr. 1)
Ob das auf einem Hochplateau sw. von Reitdorf gelegene Schloß Höch mit jenem schon 1091 urkundlich genannten *Hohenvelde* identisch ist, konnte bisher nicht eindeutig geklärt werden.
Vom Beg. d. 13. Jh. an bis 1392 sind die Herren von Höch als Besitzer nachweisbar. 1392 erhält Hans Kölderer Sitz und Hof zu Höch als Lehen. In dieser Familie, von

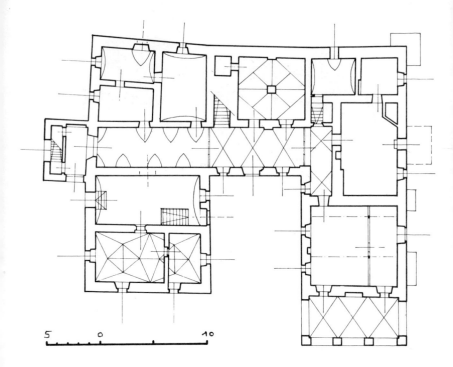

**HÖCH, Erdgeschoß**

welcher heute noch ein Holzepitaph und mehrere Marmorgrabsteine zeugen, bleibt der Sitz bis 1608. Die vor 1600 schon nachweisbare Verarmung der Költerer zu Höch zwingt Paul Költerer nach zahlreichen Güterverkäufen 1608 zum Verkauf des Sitzes an seinen Großneffen Karl Jocher, dem zu dieser Zeit reichsten und mächtigsten Gewerken im Lungau und Pfleger von Baierdorf ob Murau.

Bis 1608 war die heutige Hufeisenform des Schlosses noch nicht hergestellt: Als Hauptgebäude bestand der sw. Baukern, der sog. Grafenstock, welcher im Erdgeschoß schöne Gewölbe, im 1. Obergeschoß spätgotische Täfelungen mit einer Verbindungstüre in Form der „Keutschachertüren", beides aus der Zeit der Költerer, aufweist. Nach dem Besitzerwechsel von 1608 begann Karl Jocher mit dem Ausbau des Schlosses: Die n. Nebengebäude, Küche, Vorratsräume, Stallungen wurden zu einem Baukörper zusammengefaßt und der sö., 2. Flügeltrakt als Pendant zum Grafenstock neu errichtet. Um 1648 war der Umbau mit reicher Innenausstattung vom jüngsten Sohn des Karl Jocher, Adam, abgeschlossen.

Das 1. Obergeschoß als reich ausgestattetes Prunkgeschoß weist heute noch in der weit gewölbten, mit 2 Mittelsäulen versehenen Vorhalle 2 prächtige Holzportale mit jeweils 2 gewundenen Halbsäulen als Träger des breiten Gesimses auf, welches die Allianzwappen der Jocher und Grimming trägt. Die Inschriften auf diesen Wappen lauten: 16-A(dam) J(ocher) V(on) E(ggersberg) H(öhenrain) T(achenstein) H(öch) V(elden) H(arlanden) S(chrattenberg) V(nd) K(ropfsberg)-56 und am Wappen der Grimming: 16-J. G. R(egina) B(arbara) G(eborene) G(rimming) V(on) R(ain = Niederrain)-56.

**GRABSTEIN DES PAUL KÖLDERER ZU HÖCH** (Pfarrkirche Altenmarkt)

Speisezimmer, Salon, Schlafzimmer und Grafenstube zeigen guterhaltene Täfelungen mit Renaissance-Türen (1615) und Kassettendecken. Zum Teil sind noch die alten Öfen (1. H. d. 17. Jh.) erhalten. Aus der Zeit dieses Umbaues stammt auch der Altar der Hauskapelle (Überbau datiert 1649).

Ein für Salzburg sehr seltenes Beispiel im Rahmen der Schloßbaukunst stellt das Wissen um die hier tätigen Bau- und Handwerksmeister dieses Umbaues dar: Genannt sind der ,,Paumeister von Gmündt'', Abraham Scheicher als Maurermeister zu Dorf bei Saalfelden, Martin Niederstraßer als Ziegelmeister zu Altenmarkt, Maurermeister Wilhelm Taggenegger aus Radstadt und Wolf Mayr als Tischler. Zum Teil sind die Risse und Handwerkszeichnungen noch vorhanden.

Im Zuge dieses Umbaues wurde das Äußere durch jeweils zwei an den s. Gebäudeecken aufgesetzte Türmchen bereichert.

1657 heiratet die einzige Tochter des Adam Jocher, Herrin von Eggersberg und Höch, Johann Rudolf, Freiherrn von Plaz zum Thurn, wodurch das Schloß an die Familie der Herren von Plaz übergeht, welche es heute noch besitzen.

Hieronymus Gf. v. Plaz begann um 1880 eine weitgehende Modernisierung des Objektes, welche allerdings nie ganz abgeschlossen werden sollte. 1893 wurden zwischen die Aufsatztürmchen giebelförmige Mansarden eingebaut, an der W-Seite ein neues Stiegenhaus angesetzt und nach dem Vorbild von Schloß Klesheim bei Salzburg eine Auffahrtshalle mit breiten Pfeilern vorgesetzt. Hier sollte der repräsentative Hauptzugang in das Schloß geschaffen werden, aber es blieb bei der Vorhalle. Ein hölzerner Erker an der W-Seite des Schlosses trägt die Jz. 1893 und in der bemalten Hohlkehle die Allianzwappen der Platz-Münch-Bellinghausen.
(KG. Höch EZ. 1; SLA, Adel. hypoth. I Nr. 84; U 1376 fol. 7; LB 2, fol. 26; HK Radstadt 1514, lit. B; Geh. A. XXV/P 25; Plaz-A., Gebäu- u. Familiensachen; JB.SMCA 1853, 75; Dürlinger, Po 317; ÖKT 28, 109; Bibl.St.Peter, Hs.Ebner XIII 133, 159; W.S.)

## 2. SCHARFETT (KG. Feuersang, Hs. Nr. 2)

Der Bauernhof Scharfett liegt w. der Abzweigung der Flachauer Straße von der Straße nach Wagrain.

Der Name kommt i. d. 2. H. d. 12. Jh. als *Scharfert*, 1304 als *Scharviehtses* vor. Darunter ist eine Grenzfichte an dem wichtigen Verkehrsweg zwischen dem oberen Ennstal und der Hofmark Wagrain zu verstehen.

Die Aufnahme in diese Sammlung ist durch den bestehenden Baubefund gerechtfertigt. Das Haupthaus, das durch übergroße Breite auffällt, ist nur etwas mehr als 2 Fensterachsen tief. Das Mauerwerk im Inneren, rechts vom Hauseingang, überschreitet die Metermarke. Die Stockwerke an der O-Seite überschneiden sich mit den heutigen Stockwerkseinteilungen und lassen das Vorhandensein eines mittelalterlichen Turmes erahnen. Zu näheren Angaben fehlen derzeit genauere Untersuchungen sowohl in architektonischer wie auch in historischer Hinsicht. Ohne Zweifel gehörte der ,,Turm'' zur Talsperre zwischen Höch—Graben—Thurnhof.

Um 1350 heißt der Besitzer Hilin(us), Offizial, d. h. Richter von Radstadt. Ihm folgt Johannes Poytzenfurter, der um 1374 Amtmann in Radstadt war. Von Georg P. und seiner Gattin Sophie sind bereits mehrere Urkunden erhalten. 1415 und 1416 ist er als Stadtrichter von Salzburg belegt. Er bekommt von EB. Eberhard III. Lehen in Radstadt und Rauris. Jacob P. wird am 6. IV. 1434 mit Gütern in Flachau, Kleinarl, Rauris und St. Johann belehnt. Die Familie hat ihr Erbbegräbnis in der Pfarrkirche Altenmarkt beim Michaelsaltar. 1455 stifteten Mitglieder der Familie Trauner einen Anger zu Scharficht zu dieser Pfarrkirche. Die nächsten Besitzer des hofurbaren Gutes sind ausschließlich Bauern und nennen sich seit d. M. d. 15. Jh. *Scharfiechter=Scharfetter*. Zu E. d. 18. Jh. hat Burghard Siberer das Haus in die heutige Form bringen lassen. Seit 1954 ist Rupert Buchsteiner Eigentümer.
(Grundb. KG. Feuersang EZ. 2; SUB 1 S. 633; SUB 4 S. 231; F.Z.)

## 3. THURNHOF (KG. Feuersang, Hs. Nr. 10)

Verläßt man Reitdorf auf der alten Straße nach Flachau, gelangt man zum ,,Gerrnhof'' an der Stelle, wo die Straße die Enns erreicht. In ihm soll 1611 Salome Alt nach dem Sturz von EB. Wolf Dietrich auf der Flucht übernachtet haben. Der Hof war damals der Fam. Alt grundherrschaftlich untertan. Hier muß man die Landstraße verlassen und auf einer schmalen Holzbrücke die Enns überqueren. Im freien Feld steht dahinter der *Thurnhof*, ein großes Bauernanwesen mit einem turmartigen Nebengebäude.

Das Benediktinerstift Admont besaß bis 1575 weite Gebiete des salzburgischen Enns-

**THURNHOF**

und Fritztales. Die Besitzer der Flachau, die rittermäßigen Herren von Flachau, waren Lehenträger des Stiftes. Urkundlich genannt sind: 1160 Heinrich v. Flachau, 1290 Marquard, 1299 Otto v. Flachau. Die Familie verschwindet um d. M. d. 14. Jh. An ihre Stelle treten die Gärr, die ursprünglich aus Südtirol stammten, infolge der politischen Ereignisse des ausgehenden 12. Jh. aber nach Salzburg verschlagen wurden. Von Hermann Gärr, der um 1300 starb, hat sich im Kreuzgang von St. Peter/Salzburg der Grabstein erhalten, der sein Wappen — einen Ger — überliefert. Er oder sein Nachkomme Konrad, der in Radstadt das Richteramt ausübte, hat den Turm erworben. Konrads Gattin war Lucey v. Schernberg aus einer der bedeutendsten sbg. Familien. Auch der nächste Gärr, von dem ausdrücklich betont wird, daß er adelig sei, hieß Konrad und war Richter in Radstadt und im Lungau. Er führte die Bezeichnung ,,Gärr bei der Enns" oder ,,von dem Garrenhof". Sein Sohn Konrad nannte sich 1380 ,,von Flachau". Auf Niklas Gärr folgte Georg Gärr ,,von dem Turme in der Flachau". Er war am ,,Igelbund" beteiligt. 1432 befreite ihn der Abt von Admont von allen Abgaben, die er für sein Lehen an der Enns ,,da der turn aufstet" zu leisten gehabt hätte. Er war mit Katharina Kalchosberger verheiratet. Aus ihrem Ehevertrag erfahren wir, daß die Gärr inzwischen auch vom Erzbischof von Salzburg Lehen erhalten hatten. Um 1460 wurden diese Güter Konrad und Dorothea Gärr verliehen. Nach dem Tod des Georg Gärr 1473 baten seine Töchter Benigna und Dorothea um die Weiterbelehnung. Erzbischof Bernhard stimmte zu, daß die Lehen ausnahmsweise an den Mann der Benigna, Jakob Schlafhauser, ausgegeben wurden. Nach dem Aussterben der Gärr im Mannesstamm hören wir nur noch 1496 von einem Kristan ,,am Thurn in der Flachau".
Während der folgenden 80 Jahre wissen wir nichts vom Turm. Am Bauernhof wurde 1539 eine Fam. Neupacher ansässig (Urban und Brigitta, 1557 deren Tochter Veronika). 1580 wurde Michael Klinglmoser, dessen Vater noch Schreiber in Werfen gewesen war, zum Stadtrichter von Radstadt ernannt. Er erwarb den Turm in der Flachau als Zeichen für seinen sozialen Aufstieg. Sein Grabstein befindet sich im Presbyterium der Stadtpfarrkirche von Radstadt. Mit ihm wurde seine 1. Frau Sophie geb. Seibl v. Eppan (Südtirol) bestattet. Er gehörte einer aufstrebenden Familie an, deren Adel noch bezweifelt wurde. Sein Sohn Christoph mußte, als er Güter von seinem Vetter, dem Gasteiner Gewerken Martin Strasser v. Neidegg, erwarb, eine Beanstandung seiner Herkunft hinnehmen. Seine Rittermäßigkeit schien nicht gesichert. Auf Grund kaiserlicher Adelsfreiheiten führte er das Prädikat Christoph Klinglmoser ,,zum

Thurn". Er war Verwalter der Ämter Radstadt und Ennstal des Salzburger Domkapitels. Sein Wappen auf dem Grabstein in Radstadt zeigt einen, auf einem Dreiberg, springenden Greif, der in den Vorderpranken 3 Mooskolben hält. Seine Witwe Sabina geb. v. Graben zum Stain vermachte in ihrem Testament den freieigenen Turm und den dazugehörigen Bauernhof der damaligen Vikariatskirche von Radstadt: den Thurnhof „sambt ainem gemauerten Stöckhl daselbs, der Thurn genant, so der Grundherrschaft frei vorbehalten, aber derzeit Georg und David die Neupacher besitzen". Als 1641 der Erbfall zugunsten der Kirche Radstadt eintritt, wird der Turm dem Thurnhofbauern zur Nutzung überlassen. Besitzer: 1604 Ruprecht und Veit Neupacher; Veit übergibt seinen Söhnen Georg und David. Beider Söhne heißen Veit. Der Sohn des David kauft seinem verschuldeten Vetter den Anteil ab. 1666 heiratet Veit Barbara Puchsteiner, er übergibt seinem Sohn Hans, der 1708 Ursula Steger heiratet. 1742 Veit, er heiratet 1743 Maria Clara Laubichler. 1787 Thomas, heiratet 1802 Maria Steger. 1819 Rupert Neupacher; 1847 Anna Neupacher und ihr Mann Markus Rupert Scharfetter; 1861 Scharfetter allein. 1876 Franz und Katharina Klieber durch Kauf. 1887 Georg und Katharina Buchsteiner. 1892 Michael Laubichler; 1933 Elisabeth Laubichler; 1958 ihr Neffe Franz und seine Frau Maria Laubichler.

Innerhalb eines Grabenringes, der ca. 40 m im Durchmesser mißt, steht der ganz gemauerte Turm, dessen Grundriß ca. 7 m im Quadrat umspannt. Er ist 2 Stockwerke hoch, mit einem abgewalmten Satteldach, unter dem je ein elliptisches Dachbodenfenster an der N- und S-Seite ausgespart ist. Die Dachaufbauten können erst E. d. 19. Jh. aufgesetzt worden sein, weil Zillner 1881 schreibt: „. . . vor drei Jahrzehnten stand am rechten Ennsufer noch ein Turm mit drei Geschossen, der jetzt in Trümmern liegt." Dürlinger berichtet 1867, daß der verfallene Turm von armen Leuten bewohnt werde. Diese Aussage wird durch die jetzt noch vorhandenen 4 Feuerstellen bestätigt. Der würfelförmige Bau, dessen Ecken von Ortssteinen gebildet werden, die unter dem Verputz hervorsehen, weist an der O- und W-Seite je 2 Fenster pro Stockwerk auf. Eine früher vielleicht vorhanden gewesene Stuckrahmung ist im Verputz eingeritzt. Kleine, in der Mauer eingelassene Holzstücke mit eisernen Angeln haben wohl einmal Fensterläden getragen. Der Eingang befindet sich an der O-Seite. Im sog. Keller — er ist aber nur zu einem kleinen Teil unter dem Außenniveau — weisen 2 Fenster den ursprünglichen Zustand auf, im O ein vermauertes Rundbogenfenster, im W ist eine nach innen weit aufgehende Schießschartenöffnung in die hier etwa 1 m dicke Wand eingelassen.

Im ganzen Haus bilden Holztramdecken verschiedenen Alters die Plafonds, nur in der Rauchküche des 1. Stockes ist ein Gewölbe aus Ziegelmauern eingezogen. Aus Holz sind auch sämtliche Zwischenwände und der Stiegenaufgang. Die 4 Feuerstellen sind alle an einen Kamin angeschlossen und gestatteten, daß mehrere Familien bzw. Flüchtlinge im 1. Weltkrieg den Turm zugleich bewohnten.

Das einzige erwähnenswerte Einrichtungsstück ist eine Tür im 1. Stock, die sich in einer kunstvollen schmiedeeisernen Angel dreht. In der Türfüllung ist H. T. 1720 V. T. eingeschnitzt (= Hans und Veit Neupacher-Turner), auf der Tür selbst ist Caspar, Melchior, Balthasar 1793 eingeätzt.

Der THURNHOF (Feuersang Nr. 9) ist im Grundriß ca. 11 m² groß. Das Haus wurde mehrere Male umgebaut, nur die SO-Ecke weist noch den alten Baubestand auf. Zwei schöne Sonnenuhren verzieren die Außenmauern. Die Fenster haben noch die alten schmiedeeisernen Gitter und Schubläden. Die heute unterteilte Küche nimmt den Raum rechts vom Hauseingang ein. Das weitgespannte Gewölbe ruht auf einer prachtvollen Granitsäule aus d. A. d. 16. Jh. Darüber liegt im 1. Stock die sog. große Stube. Die Wände sind mit Holztäfelung versehen, in die 3 zierliche Wandkästen mit stilisierten Tier- und Blumenmotiven eingelassen sind. Die Tür weist eine Kassettierung auf. Die

Balkendecke wird von einem mächtigen Tram getragen, auf dem die Siglen für Maria und Jesus eingeschnitzt sind. Der darüberliegende Dachboden ist unverändert, aber abgesehen von 2 Tramstücken aus 1634 (Georg und David Neupacher) nicht bemerkenswert.
(Grundb. KG. Feuersang EZ. 17; SLA, U 1373 fol. 2—3; U 155/II fol. 80; U 8 fol. 157', 161'; Pfleg Werfen Lit. A, Kest, XI, Nr. 122; LA. 133; Geh.A. XXV/K 13; Frank-Beamte, Gärr, Klinglmoser; Pfarramt Altenmarkt, Matriken; Eb. Konsist. A. Radstadt 5/98; J. Wichner, Über einige Urbare a. d. 14. u. 15. Jh. i. AdmonterA; F. V. Zillner, Sbg. Geschlechterstudien, in: MGSLK 21 (1881) 70—79; Dürlinger, Po 294, 328; Lang, Sbg. Lehen/Stmk. 171; ÖKT 28, 90, 163; Dehio 26; Zaisberger 7.4., 21.4., 5.5., 19./20.5.1971; F.Z.)

## 4. GRABEN (KG. Feuersang, Hs. Nr. 1)

An der Abzweigung der neuen Straße nach Flachau von der Straße nach Wagrain liegt an der W-Seite das Grabnergut.

Der hinter dem bäuerlichen Anwesen liegende Hügel wurde im Oktober 1970 zur Schottergewinnung für die Tauernautobahn AG abgetragen. Dabei kamen Reste eines abgekommenen hochmittelalterlichen Ansitzes zum Vorschein. Es wurden Scherben gefunden, die aus Mangel an Vergleichsmaterial nicht exakt datiert werden konnten. Auf dem rund 10 m über dem Niveau liegenden Hügel wurden die Fundamente eines ca. 8×15 m großen Gebäudes festgestellt. Die Mauern in Gußtechnik mit Kalkmörtel waren ca. 1,20 m dick. An der N-Seite war der Hügel durch einen vorgezogenen Sporn gesichert, der Steilabfall war durch Abgraben verstärkt worden. An der W-Seite trennte ein 3 m breiter Graben den Burghügel von der dahinter ansteigenden Kuppe.

Der Grabnerbauer kann bis i. d. Beg. d. 14. Jh. zurückverfolgt werden *(Chunradus an dem Graben).* In d. M. d. 14. Jh. kam das Gut von der Ministerialenfamilie der Gutrater in den Besitz des Erzbischofes von Salzburg. In d. M. d. 16. Jh. trägt der Bauer den Namen ,,Grabmaier'', was wohl den Schluß erlaubt, in ihm den Meier der Herren von Graben zu sehen. Obwohl eine Familie dieses Namens in Salzburg bis ins 18. Jh. bezeugt ist, konnte aber doch der direkte Zusammenhang mit der kleinen Burg nicht hergestellt werden.

Der Name der Anlage wird von dem grabenartigen Einschnitt abgeleitet, der den Hügel von dem dahinterliegenden Berghang trennt und den die mittelalterliche Straße nach Wagrain benützte. Die Burg Graben war ein Teil der Talsperre, die von Höch über Scharfett — Graben zum Thurnhof führte und das s. Ennstal sicherte.
(Grundb. KG. Feuersang EZ. 1; SLA, U 6 (c. 1350—1450), fol. 99, Nr. 26; U 155/I (1605), fol. 349; Fundber. X (1971/72), 145 u. mündl. Mitt. v. Ludwig Gf. Plaz, Salzburg-Höch; F.Z.)

## F O R S T A U (Radstadt)

1. UNTER-BLOCKHAUS (Gleiming Nr. 12; KG. Forstau Bp. 46)
Die beiden Blockhäuser wurden 1769 anstelle eines älteren, 1750 ruinösen Wachthauses zur Unterbindung von Schmuggel gebaut.

Das 1. Blockhaus lag am Forstaubach gegenüber der ,,Beerwärtsrinne'' oder Paß Palfen, wo über eine Schotterriese mehrere verbotene Steige die Umgehung des Passes ermöglichten. Der alte Reit- und Fahrweg, der vor dem Haus vorbei in die Steiermark führte, war E. d. 18. Jh. durch Hochwasser unpassierbar geworden. In dem alleinstehenden Holzhaus war 1 lediger Mann als Besatzung untergebracht. Seine Aufgabe war es u.a., die Wiedereinreise ausgewiesener Protestanten aus der Steiermark zu verhindern.
(SLA, Franz.Kat; Laa XIV/52; HK-Laa 1791—94/D; A. Guggental, Ritterschloß am Oberstein b. Forstau, in: Grenzbote 1856 Nr. 58; F.Z.)

## 2. OBER-BLOCKHAUS (Gleiming Nr.14; KG. Forstau Bp.47)

Die 2. Straßensperre, an der die „neue" Straße nach Schladming vorbeiführt, war ein hölzernes Bauernhaus beim „Drechsler zu Habersbach" (= Traxl, Gleiming Nr. 13). Es wurde von 2 Mann bewohnt, die den Patrouillendienst an der steirischen Grenze übernommen hatten.

(SLA, Franz.Kat; Laa XIV/52; HK-Laa 1791—94/D; F.Z.)

## G O L D E G G  IM  PONGAU (St. Johann im Pongau)

1. GOLDEGG (KG. Goldegg, Hofmark Hs. Nr. 20)

Goldegg wurde auf einem Felsvorsprung am N-Ufer des Goldegger Sees erbaut.

Im Mittelalter verlief die Straße zwischen Schwarzach und Lend auf der Hochterrasse von Goldegg. Erst EB. Matthäus Lang hat die Straße i. d. 1. H. d. 16. Jh. in das Salzachtal verlegen lassen. Damals verlor die Burg, um die zuvor heftig gekämpft worden war, ihre strategische Bedeutung.

Die Herren von Goldegg, seit dem 12. Jh. eines der großen sbg. Ministerialengeschlechter, denen u. a. das Gasteinertal gehörte, hatten ihren Stammsitz bei Altenhof, ca. 1 km w. von Goldegg. Im Streit um den deutschen Königsthron zwischen Ludwig dem Bayern und Friedrich dem Schönen v. Österreich hatte EB. Friedrich die Partei des letzteren ergriffen. Wulfing v. Goldegg hingegen, da er mit dem Erzbischof auch wegen Gastein in Fehde lag (siehe Klammstein), unterstützte den Bayern. Nach der Schlacht von Mühldorf 1322 ließ der Erzbischof die Burg der Goldegger niederreißen, mußte aber infolge der politischen Ereignisse schon im nächsten Jahr erlauben, daß die Herren von Goldegg ihr Schloß „zu dem See . . . auf den Puhel, der in der Wis da leit" verlegten. Zugleich wurde auch das Dorf und die Kirche an den neuen Ort übertragen.

Aus dieser Zeit stammt der unregelmäßige innere Hof mit dem hohen Palas im N und den beiden Ecktürmen im S. Der ehemals mit Zinnen bewehrte Palas enthält die beiden größten Kostbarkeiten des Schlosses: im 1. Stock die originalen Holzeinbauten des 14. Jh., im 2. Stock den großen Wappensaal von 1536. Die Stockwerke ruhen auf 2 mächtigen Holzsäulen. Im 1. Stock war ursprünglich nur ein Raum eingebaut. Die Holzkonstruktion des 14. Jh. ist dann so in den Raum gestellt worden, daß zwischen Holzdecke und Geschoßplafond ein Zwischenraum von 1,5 m entstanden ist. Die Wandtäfelung ist mit halbrunden Säulchen, die Deckenbalken sind mit Rundsäulen verziert. Beide Säulenarten sind von Kapitellen bekrönt. An den Deckenbalken laufen 2 Reihen kreisförmiger Ansätze durch, die an gotische Schlußsteine erinnern, wie überhaupt die gesamte Innenausstattung der gotischen Steinarchitektur nachempfunden ist. Die Holzkonstruktion ist ohne Nagel zusammengesetzt und im Laufe der 600 Jahre nahezu schwarz geworden. Der Raum war durch 200 Jahre der einzige heizbare in der ganzen Burg. Erst um 1500 wurden neben ihm 2 weitere holzgetäfelte Zimmer eingebaut, die dann ebenfalls heizbar waren.

Am 19. IX. 1400 starb Haug v. Goldegg, als letzter seiner Familie (sein Grabstein befindet sich im Kreuzgang des Stiftes St. Peter/Salzburg). Zwei Jahre vor seinem Tod hatte er einen großen Teil seines Besitzes an EB. Gregor Schenk v. Osterwitz verkauft. Seiner Tochter Dorothea vermachte er das Schloß Goldegg, die Hofmark Wagrain und Wälder in der Rauris. Sie starb 1438 und hinterließ alles ihrem einzigen Sohn Wolfgang v. Freundsberg. Unter ihm begannen die Fehden mit dem Erzbischof neuerlich. Nach seinem kinderlosen Tod 1449 wurde die Burg von den Truppen des Erzbischofs besetzt. Seine Tiroler Verwandten waren zu schwach, um eingreifen zu können. Sie traten deshalb ihre Ansprüche an die Günstlinge des Hzg. Siegmund v. Tirol, die durch ihre maßlose Habgier berüchtigten Brüder Gradner, ab. Erzbischof Friedrich mußte daraufhin 1450 die Brüder mit dem Erbe der Goldegger belehnen, allerdings mit dem

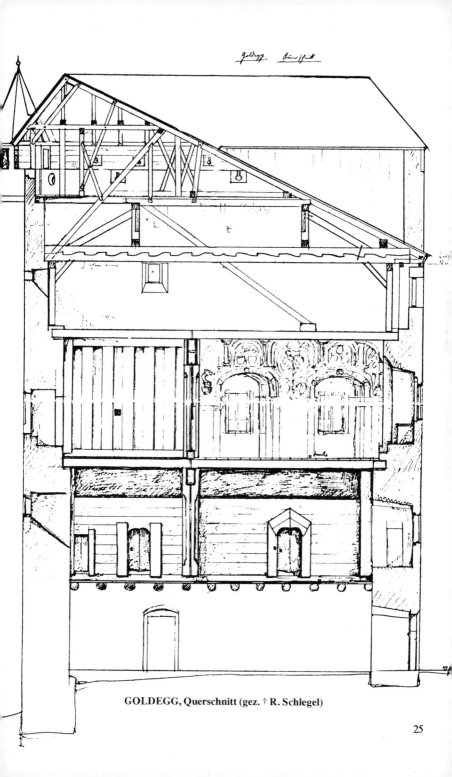

GOLDEGG, Querschnitt (gez. † R. Schlegel)

Vorbehalt eines Vorkaufsrechtes. Als die Feinde der Gradner 1455 in Tirol deren Sturz herbeiführten, eroberte Ulrich v. Freundsberg die Burg zurück. Erzbischof Siegmund v. Volkensdorf gab aber nicht nach. Er übernahm noch im selben Jahr — wohl nach einer militärischen Demonstration — die Burg endgültig.

Daran änderte auch der folgende Prozeß nichts, den alle Parteien gegen den Erzbischof anstrengten. Die Ansprüche der einzelnen Anwärter auf das Erbe wurden entweder aus formalen Gründen abgelehnt oder sie wurden auf andere Weise entschädigt. Ulrich v. Freundsberg verkaufte schließlich alle seine sbg. und tirolischen Besitzungen und ging nach Mindelheim, wo sein Sohn geboren wurde, Georg v. Freundsberg, der berühmte Landsknechtführer der Bauernkriege.

Bei der Besitzübernahme durch den Sbg. Erzbischof kam es zu den ersten Vorwehen der Bauernaufstände des 16. Jh. Zum 1. Mal ließ die Bauernschaft nicht einfach über sich verfügen. Die Bauern der Hofmark Goldegg legten EB. Burkhart v. Weißpriach ein Weistum über ihre Rechte vor. Von der alten Grundherrschaft waren sie nicht besteuert worden. Als der Kardinal und Erzbischof darauf nicht reagierte, kam es zum Aufstand. Die Bauern belagerten Goldegg eine Woche lang, mußten dann aber einem eb. Entsatzheer weichen. Der Erzbischof machte seinen Bruder Balthasar v. Weißpriach zum Pfleger von Goldegg, wodurch der Streit um den Besitz beendet wurde.

1481 verkaufte EB. Bernhard v. Rohr, der sich während seines Krieges mit K. Friedrich III. in ständigen Geldnöten befand, die Burg gegen Wiederkaufsrecht seinem Pfleger in Radstadt Wilhelm Graf und seinem Geldleiher in Gastein Konrad Strochner. Damals dürften die 1. Ein- und Umbauten in der Burg durchgeführt worden sein: die vergrößerten Fenster, die Wehrbauten am Palas und die Ecktürmchen. Die Fam. Graf begann damit ihren sozialen Aufstieg. Sie erwarb das Adelsprädikat der ausgestorbenen Familie von Schernberg. Christoph Graf heiratete Elisabeth v. Keutschach, eine Verwandte des EB. Leonhard v. Keutschach. Die große Stunde für Christoph Graf schlug beim Bauernaufstand 1526. Es gelang ihm, die bischofstreue Stadt Radstadt gegen das anstürmende Bauernheer erfolgreich zu verteidigen. Als Belohnung erhielt er im nächsten Jahr das Pfleg- und Urbaramt Goldegg zu Erbrecht verliehen.

In der Folge wurde Goldegg in ein bewohnbares Schloß des 16. Jh. umgebaut. Zwischen den Türmen wurde ein neuer Flügel errichtet, der mit dem Hauptbau verbunden wurde, so daß ein geschlossener Innenhof entstand. Die damit gewonnenen ,,modernen'' Wohnräume weisen dem alten Palas eine reine Repräsentationsfunktion zu. Der 2. Stock wurde mit dem sog. Rittersaal prunkvollst ausgestattet. Man betritt den Raum durch einen Türstock, der denen auf der Festung Hohensalzburg ähnelt, die aus der Zeit des EB. Leonhard v. Keutschach (1495—1519) stammen. Der mittelalterlichen Wandverkleidung wurde auf Anordnung Christoph Grafs eine Renaissancetäfelung vorgesetzt, die zusammen mit den Malereien zu den größten Schätzen Salzburgs aus d. 1. H. d. 16. Jh. zählt.

Die Innenausstattung des Rittersaales schenkte K. Franz Joseph 1856 dem Salzburger Museum Carolino-Augusteum. Die Abnahme des Plafonds, der Täfelung und der Fresken wurde damals in Angriff genommen. Der Transport nach Salzburg wurde aber wegen Raummangels im Museum bis heute nicht durchgeführt. Die Decke besteht aus 99 quadratischen Feldern, die 137 Wappen nach der sog. Quaternionentheorie enthalten. In einem Wappenbuch des Jahres 1483 wurde diese Gliederung zum erstenmal verwendet. Eine ähnliche Darstellung befindet sich im Rathaus von Überlingen am Bodensee. Vor der Abnahme hat Johann Rüssemayer den Plafond in Gouache für das Museum festgehalten. Dadurch wird eine Rekonstruktion ermöglicht.

Der Reichsadler im Goldenen Vlies, die Schilde der Familien Graf und Goldegg, das Sbg. Landeswappen je einmal mit dem Wappen des EB. Leonhard v. Keutschach und mit dem des Kard. Matthäus Lang bedecken als Fresken die O-Wand des Saales. Die

**GOLDEGG — RITTERSAAL (1973)**

ersten 4 mittleren Felder des Holzplafonds stellen Böhmen und Ungarn, den deutschen König, den römisch-deutschen Kaiser und das Haus Habsburg dar, gefolgt von den Gliedern des römischen Reiches in Vierergruppen: Kurfürsten, Herzoge, Vikare bis zu den vier Bauern, zu denen die Städte Salzburg, Konstanz, Regensburg und Köln zählen. Ein großer, kreisrunder Schild umschließt das Wappen der Fam. Graf v. Schernberg mit der Helmzier. Dem Rand folgt die Stifterinschrift: „den Sal hat Herr Christof Graf machen und malen lassen anno 1536." Damit haben wir eine genaue Datierung der Innenausstattung des Rittersaales. In den Hohlkehlen zu den Wänden laufen noch die Wappen der 4 sbg. Erbämter, der damaligen Domherren, der 8 Suffragan-Bistümer, der Stifte Admont und St. Peter und zahlreicher sbg. Adelsgeschlechter um den Saal.
Von künstlerisch hoher Qualität sind auch die Fresken an den 3 Seitenwänden. An der S-Wand dominiert die Falkenbeize. Mit ihrer Hilfe kann vielleicht einmal die Künstlerfrage geklärt werden, worüber sich die Verfasser an anderer Stelle zu berichten vorbehalten. Eine ähnliche Darstellung befindet sich jedenfalls im Castel Buonconsiglio in Trient aus 1532. Zwischen den beiden Kardinälen Matthäus Lang und Bernhard Cles v. Trient bestand ein freundschaftlicher Kontakt. Lang schenkte Cles u. a. einen sbg. Kachelofen für dessen Bad in Trient. Auch ihre Künstler tauschten sie aus. Ebenfalls

ähnlich in Motiv und Darstellung, aber weitaus derber ist ein Fresko in Landshut, das Hans Bocksberger zugeschrieben wird.

Die Jagdszenen geben auch eine Hirschtreibjagd wieder. Sehr qualitätsvoll sind an derselben Wand die 9 Musikanten, die auf einer gemalten Estrade zum Fest aufspielen. In der Fensternische steht links ein Mann mit Spitzhut und Kropf, vielleicht der Hofnarr von Goldegg, rechts ein Musikant mit Einhandlaute und Flöte. Die Fensterlaibungen sind mit biblischen Szenen dekoriert: Samson und der Löwe, mit dem Tempeltor, mit Dalilah. In einer vermauerten Fensternische ist links wohl Bathseba im Bade, rechts Kg. David mit der Harfe zu erkennen. Auf der rundbogigen Holztür ist ein lebensgroßer Jüngling mit einem Pokal in der rechten Hand gemalt.

Die W-Wand füllen zwei lebensvolle Fresken: links David und Goliath, rechts der hl. Christophorus. In einem Medaillon haben sich darüber Christoph Graf und seine Gattin selbst verewigen lassen. In der Fensternische sehen wir links Judith, rechts begeht Lukrezia Selbstmord.

Die O-Wand ist allegorischen Darstellungen gewidmet. In den Fensternischen symbolisieren links in der Wölbung Constantia und rechts Justitia die wichtigsten Tugenden des Rittertums. Erwähnenswert sind die Tafeln, die in Grisaillenmalereien spätmittelalterliche Themenkreise wiedergeben, wie die 3 guten Helden (Hektor, Alexander der Große, Julius Caesar) oder die 3 guten Christinnen (Helena, Brigitta, Elisabeth), die 3 guten Christen (Caesar Carolus, Kg. Artus, Hzg. Gotfrid), die 3 guten Juden (Josua, Kg. David, Judas Machabäus), die 3 guten Jüdinnen (Hester, Judith, Jael), aber auch 3 antike Götter (Juppiter, Saturn und Sol).

Eine mannshohe Grisailletäfelung verkleidet die N-Wand, die nur von 2 Türen durchbrochen wird. Die eine Tür trägt auf dem Sims die Jz. 1536, auf dem Feld ist die Dame mit dem Einhorn dargestellt. Darüber befinden sich Tafelbilder, die seinerzeit sicherlich zu einem Zyklus gehörten, deren Reihung in der jetzigen Anbringung aber unverständlich ist. Besonders hervorzuheben ist die Auferstehung Christi, die im Hintergrund eine der frühesten Ansichten der Stadt Salzburg wiedergibt, das Weltgerichtsbild, die Heimkehr des verlorenen Sohnes, Adam und Eva, Opferung Isaaks, Taufe Christi, Lot und seine Töchter, Gastmahl des reichen Prassers, Christus am See. Von hohem Wert ist das Ölbild mit der Anbetung der Heiligen Drei Könige aus d. 17. Jh. Den Hintergrund bilden Schloß und Kirche von Goldegg mit dem Goldegger See.

Über eine schmale Treppe verlassen wir den Rittersaal und gelangen in den Schloßhof. An der Außenwand des Palas ist die Kopie eines römischen Medaillons eingemauert, ein Ehepaar im Brustbild. Das Original wurde ebenso dem Sbg. Museum übergeben wie das des liegenden Löwen aus Sandstein an der Schloßmauer. Beachtenswert ist die achtseitige marmorne Brunnensäule, die vom ehem. Schloß in Eschenau stammt.

Unter Christoph Graf erlebte Schloß Goldegg seinen Höhepunkt. Christoph Graf d. J. mußte seine Lehen wegen großer Verschuldung verkaufen. Bei seinem Tod zog der Erzbischof 1612 den Besitz als Lehenheimfall ein. Die Bewaffnung wurde auf die Festung Hohenwerfen gebracht. Die Pflege wurde Frh. Dietrich Kuen v. Belasy auf Lebenszeit verliehen. Bereits damals begann das Schloß zu verfallen. Nach dem Tod Dietrichs 1635 wurde 1640 die Hofmark Goldegg und das Landgericht St. Veit zum Pfleggericht Goldegg vereinigt. Unter den Pflegern war Konrad Graf v. Schernberg, von dessen Gattin Maria Barbara geb. Ritz v. Grub ein Ölbild aus 1650 vorhanden ist.

Bis 1854 war das Schloß Sitz des sbg. Pfleggerichtsbeamten. 1859 kaufte es Gf. Max O'Donell, der durch seine Abwehr eines Attentates auf K. Franz Josef Ansehen erlangt hatte, von der k. k. Kameralbezirksverwaltung. Er ließ das Schloß umbauen, bewohnte es aber nicht selbst. 1874 bis 1959 blieb es dann im Besitz der Fam. Galen. Margarethe Gfn. Galen verkaufte Goldegg am 20. VII. 1959 an die Salzburger Erzdiözese, die es nun

1973 an die Gde. Goldegg weiterverkauft hat. Es beherbergt jetzt das Heimatmuseum des Pongaues.
(Grundb. KG. Goldegg EZ. 1; ÖKT 28, 93; Hübner III/2, 410; Pillwein 435; Dürlinger, Po 179; Sbg.-Sonntagsbl. 1856 Nr. 49; Zillner, Pongau-Goldeck 145; H. Klein, Der Streit um das Erbe der Herren von Goldegg, in: MGSLK 82/83 (1942/43) 1; R. Schlegel, Ein frühgot. Palas i. Schloß Goldegg i. Pongau, in: MGSLK 81 (1941) 193; Dehio 28; Zaisberger 8.3., 22.3., 5.4., 19.4., 3.5., 17.5.1972; F.Z.)

## 2. JUDENHOF (Alter Name: JUDENDORF) (Goldegg, Judenhof Nr. 1)

Der typisch ansitzähnliche Baukörper mit 2 runden Eckerkern an der Schauseite steht n. des Marktes Goldegg nahe der Straße nach Goldeggweng.
Als 1. Besitzer ist 1441 Konrad der alte Pründlinger nachweisbar, dem sein Sohn nachfolgt. Durch Einheirat kommt vor 1529 eine Hälfte des Hofes an Peter Aman v. Hundsdorf, dessen Vetter, Veit Aman v. Saal (Saalhof bei Maishofen), die andere Hälfte 1560 an sich bringt, nachdem er schon vorher als Gerhab der unmündigen Erben Lehenträger dieser Hälfte gewesen war. Erst 1594 kann Sigmund Aman zu Saal und Judendorf den Besitz wieder vereinen. 1598 erwirbt Veit Stöckl zu Schwarzegg, ab nun auch ,,von Judendorf'', berchtesgadnischer Propst auf dem Heuberg, den Sitz. Veit Stöckl kauft den Judenhof entweder in der Meinung, dieser sei frei, ledig und eigen, oder aber in der Hoffnung, den Hof samt Grundbesitz in freies Eigen umwandeln zu können. 1619 wird aber nach langem Verfahren um Zuerkennung des freien Eigens entschieden, daß ,,dieses Judenhof khain gefreyter adeliger Sitz nit'' sei. Veit Stöckls Sohn Adam verkauft darauf im Jahre 1632 den Hof an Absalom Mayrhofer, nachdem schon 1628 der Judenhof mit allen Abgaben dem Landgericht St. Veit unterstellt worden war. Mit Absalom Mayrhofer beginnt die Reihe der bäuerlichen und bürgerlichen Besitzer: 1638 Hans Schattauer, 1641 Ruprecht Mayr, von 1672 bis 1746 Fam. Zwaylinger, 1746 Johann Pauer, 1778 Sebastian Jakober, 1803 Josef Hochleitner, 1820 Johann Linsinger, 1825—1922 Fam. Hinterlechner, 1922 Peter und Theresia Piberger,

1929 Alois Bründl, dann nach Versteigerung Zuschlag für die Sbg. Landeshypothekenanstalt. 1938 Hermann v. Rautenberg (Berlin) mit kurzfristiger Umbenennung in „Sonnhof", ab 1959 Martha Kaiser.
Von der reichen Ausstattung ist heute nur noch ein kärglicher Rest vorhanden, wenn auch der Bau selbst mit seinen Gewölben und Erkern hohe Qualität aufweist. Ein Teil seiner Einrichtung kam in das Sbg. Museum (sog. „Goldegger-Stube"), der Großteil aber wurde 1878 durch einen Brand des Judenhofes vernichtet. Beim Wiederaufbau wurde auf die beiden Kegeldächer der Eckerker verzichtet und der gesamte Baukörper unter einem hohen, abgewalmten Satteldach zusammengefaßt.
(Grundb. KG. Goldegg, EZ. 67; SLA, U 1243, fol. 22; LB 6, 431, 496; LB 27, fol. 73 und 431; LA 43, 48, 173, 174; HK Liechtenberg 1644, lit. Q u. 1633, lit. J; Pfleg Werfen lit.B, Kest. XX/2, Bd. 8 u. 9; Dürlinger, Po 183; ÖKT 28, 101; F. Martin, Familiengeschichte d. Aman v. Judendorf zu Saal, in: MGSLK 82 (1942) 57; W.S.)

G R O S S A R L  (Markt/St. Johann im Pongau)
ALTE WACHT (STEG, STEGENWACHT) (KG. Au, EZ. 119, Bp. 229)
Die *Alte Wacht* im Großarler Tal stellt die letzte erhaltene Mautstelle im Land Salzburg dar, die lediglich zur Kontrolle und Verzollung von Handelswaren mit einem Wächter besetzt war. Mit Hilfe solcher Talsperren verhinderte man, daß für den Bergbau im Großarltal lebenswichtige Lebensmittel ausgeführt wurden.
Der ursprüngliche Name war *Steg,* später *Stegenwacht,* weil an dieser Stelle der schmale Weg in das Tal über einen Holzsteg um den Felsen herumführte. Erst EB. Johann Jakob ließ 1566 die Straße in den Felsen hauen. An diesem neuralgischen Punkt wurde daraufhin die Wacht als Handelsmaut errichtet. Nur im Pestjahr 1655 wurde das Blockhaus mit Soldaten besetzt, um die Ausbreitung der Seuche verhindern zu können.
1680/81 wurde die „Alte Wacht" nach Felssprengungen für die Straßenerweiterung von Grund auf neu gebaut, wie eine Planskizze im Salzburger Landesarchiv sehr schön zeigt. Ab 1682 war die „Alte Wacht" dann mit einem ständigen Wachtposten besetzt.
Militärische Funktion wurde ihr erst wieder bei der Protestanten-Emigration 1731/33 zugeteilt, da unter den protestantischen Bergknappen des Tales ein Aufstand befürchtet wurde.
1802 und 1835 wurden zum Teil grundlegende Ausbesserungsarbeiten nötig, welche das heutige, charakteristische Aussehen prägten. Leider wurde das Kulturdenkmal durch das erweiternde Aussägen der Durchfahrtshöhe in den letzten Jahrzehnten unseres Jh. stark verändert.
(SLA, K. u. R. N 1; ÖKT 28, 108; A. Kohlberger, Chronik v. St. Johann i. P. (1952) 203; F.Z.)

K L E I N A R L  (St. Johann im Pongau)
JAGDSCHLOSS (KG. Mitterkleinarl, Mitterkleinarl Hs. Nr. 8)
Unmittelbar gegenüber der Pfarrkirche Kleinarl steht das heute als Pfarrhof dienende frühere Jagdschlößchen der Salzburger Erzbischöfe.
Der zweigeschossige Bau mit seinem steilen, abgewalmten Satteldach weist eine Fassadengliederung um 1750 auf, womit der Umbau vom Jagdschloß zum damaligen Vikariatshaus nach Plänen des Hofbauverwalters Johann Kleber abgeschlossen war.
(ÖKT 28, 144; W.S.)

P F A R R W E R F E N  (Werfen)
1. PFARRKIRCHE
Die ehem. Dekanatspfarrkirche liegt am NO-Rand von Pfarrwerfen und bietet den Anblick einer mittelalterlichen Wehrkirche. Sie trat aber in historischer Zeit als solche nicht in Funktion.

**ALTE WACHT**

Die Altpfarre des n. Pongaues wird 1074 als *parrochia S. Cyriaci* urkundlich zuerst erwähnt. 1139 wurde sie von B. Roman v. Gurk geweiht, 1398 der eb. Mensa inkorporiert. 1854 bis 1858 wurde eine Regotisierung durchgeführt, wobei auch die Zinnen auf den Vorbau aufgesetzt wurden. Ein Schwibbogen verbindet die Kirche mit dem Pfarrhof, der in seiner jetzigen Gestalt 1712/16 errichtet wurde, ebenerdig aber noch gotisches Mauerwerk und 2 gotische Türen mit Konsolsturz aufweist.

Östlich vom Pfarrhof steht der Getreidekasten, ein mittelalterlicher Turmbau mit 2 Rundbogenportalen mit abgeschrägter Laibung. (Inzwischen nach Goldegg übertragen, s. d.)

(ÖKT 28, 76; F.Z.)

2. SCHLAMINGSCHLÖSSL beim Schlaminggut in Pfarrwerfen

Zwischen Werfen und Pfarrwerfen liegt oberhalb des rechten Salzachufers am Abhang der 1. Talterrasse das Schlaminggut, bei welchem, heute als Zuhäusl in Verwendung, das *Schlamingschlößl* oder *-stöckl* steht.

Es ist 1 zweigeschossiges, turmartiges Gebäude mit annähernd quadratischem Grundriß und steilem Walmdach.

Im 15. und 16. Jh. sind Herren von Schlaming urkundlich nachweisbar, siehe auch den Marmorepitaph in der Pfarrkirche von Pfarrwerfen des Erasmus v. Khuenburg und seiner Hausfrau Katharina Schlamingerin, 1585.

(Bibl.St.Peter, Hs.Ebner XIII 46; W.S.)

R A D S T A D T (Stadt/Radstadt)

1. STADTBEFESTIGUNG

Der auf einer Anhöhe gelegene mittelalterliche Kern der Stadt ist durch eine in weiten Teilen gut erhaltene Stadtmauer umschlossen. Der Grundriß weist eine annähernde Rechtecksform auf, dessen Ecken heute noch an 3 Stellen durch mächtige Rundtürme verstärkt sind.

Zwischen 1270 und 1286 wurde die Siedlung aus der Ennsniederung (heute noch „Altenmarkt") auf diesen Höhenrücken verlegt und nach der Verleihung des Stadtrechtes durch den Salzburger Erzbischof 1289 mit einer Mauer umgeben.

Schweren Schaden erlitt die Befestigungsanlage in der fast 3 Monate andauernden Belagerung durch das aufständische Bauernheer im Jahre 1526. Nur der Tatkraft des damaligen Pflegers von Radstadt, Christoph Graf v. Schernberg, ist es zuzuschreiben, daß die Stadt z. T. gegen den Willen ihrer Bürger gehalten werden konnte. Nach dem großen Strafgericht über die Aufständischen wurden diese verpflichtet, die beschädigten Ecktürme wieder instand zu setzen. Nachdem 3 Türme, der sw. „Hexenturm" und die beiden nördlichen, der nw. „Teichturm" und der nö. „Kapuzinerturm", vollendet waren (dat. 1534), wurde den Bauern auf ihre inständigen Bitten die Reparatur des 4., sö. Turmes erlassen. Von den 2 ehem. Stadttoren im O und W der Stadt existierte nur noch das östliche, heute allerdings zugemauert; die Straße führt s. an diesem vorbei.

(HiSt II 365; W.S.)

## 2. BURG — KAPUZINERKLOSTER (Radstadt Hs. Nr. 49)

In der nö. Ecke des von einer Stadtmauer umgebenen mittelalterlichen Kernes von Radstadt steht die ehemals landesfürstliche Burg, das Schloß. Hier saß der fürsterzbischöfliche Pfleger, welcher zugleich die Ämter des Land- und Stadtrichters innehatte. Das Schloß wird 1401 erstmals genannt. Die Frage, ob die Herren von Radstadt, welche bereits im 12. Jh. bezeugt sind, mit dieser Burg zusammenhängen, muß auf Grund der geringen Quellen unbeantwortet bleiben.

Das Stockurbar aus dem Jahre 1604 gibt uns folgende Beschreibung: „Erstlichen in der Stadt Radstadt ein alts Schloß so aber gar paufellig zum Thail eingefallen und derzeit nit zue bewohnen, daran liegt ein klains Wurzgärtl." Dieses baufällige Objekt wurde nach der Schenkung durch den Erzbischof an den Kapuzinerorden ab 1629 zu einem Kloster mit hoher Saalkirche umgebaut. Die Kapuziner sollten von hier aus die Rekatholisierung des Gebietes um das sbg. Ennstal durchführen. 1748 wurde die Kirche gegen N erweitert, wobei angeblich 1 Turm der ehem. Burg abgetragen werden mußte.

(SLA, HK Radstadt, 1716, lit. E; 1674, lit. A; und 1747, lit.L; ÖKT 28, 165; HiSt II 365; W.S.)

TANDALIER

HEUBERG

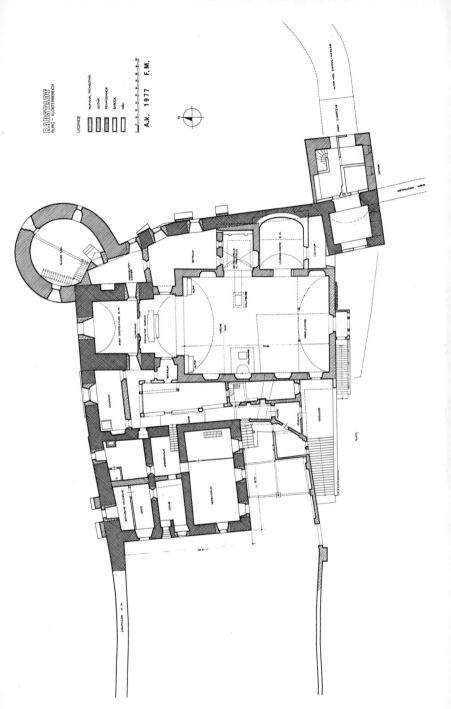

RADSTADT
BURG - KLOSTERBEREICH

LEGENDE

ROMANIK, FRÜHGOTIK
GOTIK
RENAISSANCE
BAROCK
NEU

A.K. 1977 F. M.

## 3. LERCHEN (Radstadt Hs. Nr. 103)

Im N von Radstadt steht unterhalb der Loretokirche der *Ansitz Lerchen,* dessen erste Nennungen i. d. 2. H. d. 13. Jh. zurückreichen.

Das Bauwerk selbst wird erstmals in den Bauernkriegen 1525/26 erwähnt, wo es von den Aufständischen geplündert und niedergebrannt wird. Um 1530 beginnt der Wiederaufbau unter Michael Wilpenhofer, dessen Nachkommen das Schloß bis 1633 innehaben. In diesem Jahr beherbergt Lerchen die vor der Pest in Salzburg geflohenen Benediktinerinnen vom Nonnberg für 36 Wochen. 1637 kauft es Johann Schmidinger, Hauptmann, gibt den Sitz aber schon 1648 an Joseph Christoph Ziurletti ,,von Lerchen'' weiter. Sein Sohn Johann Christoph übergibt Lerchen testamentarisch an die Stadt Radstadt, die es 1695 an Josef Felix Pflanzmann verkauft. Nach raschem Eigentumswechsel kauft 1779 die Salzburger Hofkammer das Schloß und baut es als Amts- und Wohnhaus für den Oberjäger und Waldmeister um. Der Erker an der O-Fassade zeigt heute noch das eb. Wappen (Colloredo) mit der Jz. 1779. 1823 kommt Lerchen zur Versteigerung. Josef Schaidinger, Bierbrauer und Wirt zu Radstadt, kauft den Besitz und richtet darin seinen Bräukeller ein.

Ab 1828 sind folgende Besitzer nachzuweisen: Katharina Zallerin; noch 1828 Franz Benedikt Steinwender, Dechant von Teisendorf; 1831 Gde. Radstadt; 1845 Benedikt Geringer; 1846 Matthias und Theresia Wisenegger; 1872 Cyril und Maria Darin; 1882 Leonhard Marangani, italienischer Sägewerksbesitzer, der das Innere völlig verunstaltet; 1904 verkaufen seine Kinder an Rupert Prehauser, der 1905 an das St. Katharina-Spital Radstadt verkauft, welches hier ein Kranken- und Versorgungshaus einrichtet. 1939 übernimmt die Stadtgemeinde Radstadt das Spital und erweitert es in den Jahren 1971/72 durch einen charakterlosen Zubau gegen Westen.

Der gotische Kern der Anlage ist in dem von den übrigen Objekten abgesetzten dreigeschossigen Stock festzustellen, der im NO der Gesamtanlage steht. Leider wurde aber das typische Bild des Ansitzes durch oftmalige Um- und Zubauten weitgehend entstellt.

(Grundb. Radstadt EZ. 150, KG. Radstadt; SLA, U 1376 fol. 30'/I, II; SUB 4 Nr. 203: U 2, fol. 62; U 7, fol. 75; LA 4, fol. 63; LA 208 (1613); Hieron. Kat. Radstadt Bd. 3, fol. 1562; Bauamtsmappen VIII/Pongau; Dürlinger, Po 303: Ostermayr 134; ÖKT 28, 168f; V. Vareschi, Stadt am Tauern 84; HiSt II 366; W.S.)

## 4. MAUER—OBERBRÄUSCHLÖSSL (KG. Radstadt Hs. Nr. 123)

Die 3 Ansitze in der Umgebung von Radstadt — Tandalier, Lerchen und Mauer — waren lange Zeit im Besitz derselben Familie, der Graf zu Schernberg. Diese war es auch, die den ursprünglichen Wohnturm d. 13. Jh. im 16. Jh. in einen adeligen Landsitz umwandelte. Aus einem Steuerbuch des Salzburger Domkapitels geht hervor, daß um 1350 Jakob v. Mauer das Gut Mauer besaß. Ob er aus der später im Lungau ansässigen Familie ,,aus der Mauer'' stammte, muß derzeit offenbleiben. In der Kirche von Mariapfarr befindet sich jedenfalls ein schöner Grabstein des Wolfgang aus der Mauer von 1536.

Von d. 2. H. d. 14. Jh. bis 1617 prägte die Fam. Graf das Aussehen von Mauer. Konrad Graf vertauschte 1344 seinen Posten als Urbarpropst von Werfen mit der Richterstelle in Radstadt. Sein Sohn Heinrich kaufte 1370 das Schloß Schernberg und übernahm zugleich von der ausgestorbenen Fam. Schernberg das Adelsprädikat ,,von Schernberg''. 1396 wurde Konrad II. Pfleger in Radstadt. Damit begannen die Gütererwerbungen der Fam. Graf um Radstadt: zuerst Mauer als befestigter Wohnsitz, dann 1400 das ,,Grafenhaus'' in der Stadt selbst. Aus jeder folgenden Generation war jeweils ein Mitglied der Familie Pfleger des Gerichtes Radstadt.

Von einem sanft ansteigenden Hang überblickte der Turm die Ebene ö. von Radstadt, aus der Slawen, Türken und die protestantischen Bauern der Steiermark die bischofs-treue Stadt Radstadt bedrohten. Der Verteidiger von Radstadt in den Bauernkriegen von 1526, Christoph Graf, erhielt als Belohnung für seine Treue das Schloß Goldegg (s.d.). Sein Bruder Konrad erwarb die Herrschaft Groppenstein in Kärnten und blieb dort ansässig. Da das Mauer-Schlößl in seinem Zweig weitervererbt wurde, bewohnte es die Familie nur fallweise. Es wurde zusammen mit dem Gutshof verpachtet. Konrads Sohn Jakob wurde 1565 Pfleger zu Radstadt und kehrte für seine Amtszeit nach Mauer zurück. Er dürfte das Schloß in seine heutige Gestalt gebracht haben.

Das Einfahrtstor an der O-Seite trägt die Jz. 1577 zwischen 4 steinernen Halbkugeln. Im Feld unter dem flachen Kielbogen ist das Hauszeichen eingemeißelt. Das Schloß selbst ist 3 Stockwerke hoch. An der S-Front springt ein Mittelerker vor, der im 1. Stock auf Konsolen aufgesetzt ist und in einem Holzaufbau mit Satteldach endet. Das hohe, tief herabgezogene Krüppelwalmdach ist mit Holzschindeln gedeckt. Der ursprünglich nur ebenerdige Vorbau an der SO-Ecke war früher wohl der Küche vorbehalten. An der

Hausrückseite befindet sich ein eigener Anbau für die Abortanlagen. Anschließend folgen die Meierei und die Stallungen. Im Inneren ist das Erdgeschoß von einer Eingangshalle mit Tonnengewölbe und Stichkappen in N-S-Richtung durchschnitten. Sie ist heute als Bibliothek eingerichtet. Im Obergeschoß ziehen die beiden prachtvollen, reich profilierten Kassettendecken aus der Zeit des Jakob Graf das Augenmerk auf sich.

An der O-Fassade befindet sich unter der Dachtraufe die große Speichertüre, durch die die Ernte auf den Dachboden des Schlosses gebracht werden konnte. Damit wird die zweifache Funktion dieses turmartigen Ansitzes unterstrichen: einerseits war er Mittelpunkt eines landwirtschaftlichen Betriebes, der rund 200 Jahre von den Graf selbst oder von Bauern als Pächtern bewirtschaftet wurde, andererseits aber Fluchtort für die bäuerliche Bevölkerung aus der Umgebung, die dann auch versorgt werden mußte. Die militärische Bedeutung von Mauer wird besonders durch die früher an allen 4 Seiten vorhandene Ringmauer unterstrichen, die dem Sitz wohl den Namen gegeben hat. Bis zum Brand von 1865 war die Mauer an allen 4 Ecken mit Rundtürmen bewehrt. Heute stehen nur noch die beiden südlichen, die mit einem spitzen Holzschindeldach gedeckt sind. Die Schießscharten in den Türmen und in der Mauer sind zugemauert und verputzt worden.

An der W-Seite der Ringmauer wurde eine Marmortafel angebracht, die vermutlich von einem Stadttor oder einer Befestigungsanlage Radstadts stammt. Sie trägt die Inschrift: „PARIS EX COM(ITIBUS) LODRONI ARCHIEP(ISCOPU)S SALISBURG (ENSIS) F(ECIT) ANNO DOM(INI) MDCXXXII". Diese Bauinschrift hat mit Mauer nichts zu tun, unterstreicht aber die Verteidigungsaufgabe Radstadts und seiner Umgebung auch während des 30jährigen Krieges.

Am 6. I. 1587 starb Jakob Graf. Er liegt in der Kirche von Radstadt begraben. Seine beiden Söhne Konrad und Heinrich verpachteten das Gut Mauer gegen Vorausbezahlung des Pachtgeldes, wofür den Pächtern eine Hypothek auf dem Schloß als Sicherstellung eingeräumt wurde. Als zusätzliche Leistung der Pächter wurde die Instandhaltung der Zäune und Dächer verlangt. Vom Pachtvertrag war nur der große Fischteich s. der Landstraße ausgenommen, dessen Nutzung sich die beiden Junker vorbehielten. Dafür übernahmen sie sämtliche Zahlungen an die Grundherrschaft, das Salzburger Domkapitel.

Die Brüder starben im gleichen Jahr 1610. Die Vormunde der 9 Kinder des Heinrich Graf — der Pfleger von Saalfelden Josef Hundt v. Ainödberg und der Landrichter von St. Veit Burkhard Schwaiger, der Besitzer von Tandalier — verpachteten Mauer zuerst im Namen ihrer Mündel. 1617 kam es schließlich mit Einverständnis des Domkapitels zu einer Zerteilung der Liegenschaft und ihrem stückweisen Verkauf. Den Hauptteil erwarb der neue Pfleger von Radstadt Heinrich v. Elsenheim, der allerdings schon im nächsten Jahr starb. Seine Witwe überließ Mauer Jakob Wilpenhofer, der bereits Schloß Lerchen besaß.

Die Wilpenhofer hatten ebenso wie die Graf ihren Aufstieg von der Radstädter Gegend aus gemacht. 1528 hatten sie die Erlaubnis zur Erbauung einer Taferne in Altenmarkt erhalten, 100 Jahre später waren sie bereits mehrfache Schloßbesitzer und Pfleger des Salzburger Erzbischofes. Jakobs Universalerbe war 1622 sein Vetter Abel Wilpenhofer, der die Mutter und die anderen Miterben ausbezahlen mußte. Nach seinem Tod 1628 veräußerte sein Schwager Johann Baptist Voglmayr, Land- und Bergrichter zu Rauris, das Schlößl an den Radstädter Bürgermeister Hans Wagnhitter.

Hans Wagnhitter war Wirt zu Radstadt und versuchte als erster, eine Gastgewerbekonzession für Mauer zu erwerben. Da er scheiterte, verkaufte er das Anwesen wieder an ein Mitglied der Fam. Wilpenhofer: Katharina Gößl. Da sie aber den abgesprochenen Kaufpreis bis 1638 nicht erlegen konnte, trat sie das gesamte

Anwesen dem Pfleger von Radstadt Josef Ziurletta ab, der außerdem auch Lerchen besaß.

Dieser nun — ein aufstrebender Mann, der für eine großzügige Ennsregulierung sorgte und sich eine Reihe von Verdiensten, nicht nur in seinem Pfleggericht, erwarb — trachtete zuerst, das Mauer-Schlößl von allen grundherrschaftlichen Belastungen freizubekommen. Nach längeren Verhandlungen stimmte das Domkapitel 1640 zu, daß seine Rechte auf Mauer mit Geld abgelöst wurden. Seither gehörte Mauer allen folgenden Besitzern als freies Eigentum.

Der Sohn Johann Christoph Ziurletta war Pfleger in Haus und Gröbming im steiermärkischen Ennstal. Er hatte am Schloß kein Interesse und verkaufte es 1662 an Christian Leitner, wiederum ein Gastwirt in Radstadt. Seine Tochter Luzia Barbara heiratete Martin Friedrich Wishofer. Die beiden besaßen Mauer mehr als 40 Jahre. 1721 wurde Johann Kaspar Pichler, dessen Vater schon Pfleggerichtsbeamter gewesen war, Unterschreiber bei demselben Pfleggericht. Er stieg zum hochfürstlichen Rat und Hofzahlmeister auf und konnte 1733 Mauer erwerben.

Auf ihn folgte für mehr als 100 Jahre die Gastwirte- und Brauerfamilie Kaswurm: 1741 Adam, 1754 Johann. 1797 erhielt Martin Kaswurm den gesamten Besitz. Er versuchte sofort, gemeinsam mit dem Besitzer von Tandalier, für die beiden Schlösser die Erlaubnis zu erwirken, Bier einlagern und ausschenken zu dürfen. Der eb. Pfleger verhängte aber ein striktes Verbot. Erst nach dem Regierungswechsel verlieh die kurfürstlich-salzburgische Regierung 1804 Mauer die Gastgewerbekonzession. Damit war dem alten Haus eine neue Lebensgrundlage geschaffen worden. Das „Oberbräuschlößl" — wie es im 19. Jh. hieß — wurde zu einem beliebten Ausflugsort der Radstädter und ihrer Gäste. Die Annehmlichkeiten des Hauses und die südseitige Lage wurden in allen zeitgenössischen Fremdenführern gerühmt.

Martin Kaswurm übergab 1830 seiner Tochter Theresia, die Peter Ehrenreich heiratete. Nach ihrem Tod 1855 erbte alles ihr Mann, der 1863 wegen vieler Schulden an seine Stiefmutter Anna Ehrenreich verkaufen mußte. Sie ließ das Anwesen 1864 versteigern, das durch Meistbot an die Brauerseheleute Johann und Karoline Kendlbacher überging.

Im folgenden Jahr 1865 vernichtete ein verheerender Brand das Schloß, alle Zubauten und die Ringmauer. Die Fam. Kendlbacher mußte einen mühsamen Wiederaufbau bewerkstelligen, bei dem nur die Ringmauer nicht wiederhergestellt wurde. 1892 erbte Eduard Kendlbacher, der 1906 ohne Hinterlassung eines Testamentes starb. Seine 5 Kinder waren noch minderjährig. 1913 erhielt Johann Kendlbacher den Gesamtbesitz, den 1917 seine 4 Geschwister Marianne, Eduard, Vinzenz und Karl beerbten. 2 Jahre später wurde Mauer zwischen Marianne und Karl aufgeteilt, der zuletzt 1922 als Alleinbesitzer übrig blieb.

1936 wurde das „Oberbräuschlößl" neuerlich versteigert, wobei die Sparkasse von Ried/Innkreis das Meistbot erstellte. Die Liegenschaft wurde den neuen Besitzern übergeben, nur das Hausarchiv mit zahlreichen Urkunden aus 4 Jahrhunderten blieb bei der Fam. Kendlbacher.

Im Dezember 1938 erwarb Hans Pichler das Mauer-Schlößl, der es 1947 an den angesehenen Kurarzt von Gastein Dr. Wagenbichler weitergab, der das Haus seither den Bedürfnissen des 20. Jh. angepaßt und damit bewohnbar gemacht hat. Derzeit ist Dr. Peter Wagenbichler der Besitzer.

(Grundb. KG. Radstadt EZ. 175; SLA, U 1376, 263/I, 323, 242/5—7; NB Domkapitel 378; HK Radstadt; Frank-Beamte, Graf, Wilpenhofer, Ziurletta; Hs. 99; Ilse und Oskar Pusch, Das Mauerschlößl b. Radstadt (1930); Ostermayer 134ff mit vielen Fehlern, ÖKT 28, 170; Dehio 63; HiSt II 366; Zaisberger 6.9., 20.9., 4.10., 18.10.1972; F.Z.)

5. TANDALIER (SULZBERGHOF) (Schwemmberg Hs. Nr. 36, KG. Schwemmberg)
Der ursprüngliche Name *Sulzberghof* bezeichnete den in der Ennsniederung zwischen
Radstadt und Altenmarkt gelegenen Hof, welcher als Vorgängerbau des heutigen
*Schlosses Tandalier* anzusprechen ist. Diesen Bauernhof besaß neben anderen Objekten
in Mittersill und seit ca. 1450 bei Radstadt die Familie der Tändler oder Tandalier,
welche für den späteren Ansitz namengebend wurden.
Im Jahre 1537 wird der ,,Hof Sulzberg", auch ,,Tandalierhof" genannt, für die Urbar-
güter Enns und Niederteufenbach eingetauscht. Erst 1553 kann der daraus entstandene
Zwist um die Zuteilung von Almen beigelegt werden: Die Hofkammer bestätigt, daß die
,,curia Sultzperg" dem jüngeren Wilhelm, Sohn des verstorbenen Wilhelm Graf zu
Schernberg, als freies Eigen übergeben wird. Er bzw. seine Vormünder haben dafür ein
gleichwertiges Gut in das hochfürstliche Urbar zu tauschen (siehe den Tausch im Jahre
1537).
Der Erbe Christoph Graf und seine Hausfrau Katharina (v. Paumgarten) bauen um
1569 den Hof in die heutige Gestalt um. Der ursprüngliche Bauernhof wird um 1 Geschoß aufgestockt und erhält an den 4 Gebäudekanten je einen Turm: An der N-Seite
mit rechteckigem Grundriß, an der S-Seite Rundtürme. Zwischen die beiden südseitigen
wird vor die ehem. Fassade eine zweigeschossige Arkadenfront eingefügt, die von
einem einfachen, offenen Holzgang im 2. Obergeschoß bekrönt wird. Die Ecktürme
sind mit Zelt- bzw. mit Kegeldächern abgeschlossen, welche von dem Hauptdach,
einem mächtigen Walmdach, überragt werden. Gleichzeitig wird das Innere prächtig
ausgestaltet. Leider ist bis auf einen mit dem Allianzwappen Graf-Paumgarten
geschmückten Deckentram im 1. Obergeschoß nichts mehr davon erhalten geblieben.
Um 1860 bis 1862 wurden die gesamten Täfelungen von dem damaligen Besitzer
verkauft, darunter eine komplette Saalausstattung mit reicher, bemalter und eingelegter
Wappendecke und 2 schönen Portalen, welche im Schloß Arenberg in Salzburg
eingebaut wurde.
Als die Fam. Graf wegen verfehlter Bergbauunternehmungen in finanzielle
Schwierigkeiten gerät, wird 1611 der Ansitz an den Markt- und Landrichter Burkhart

Schwaiger verkauft, dem sein Sohn Blasius Schwaiger, domkapitlischer Kastner und Mautner zu Mauterndorf, nachfolgt. Um 1680 kauft Sebastian Pürcher, Bergverweser in der Flachau, das Schloß, dessen Sohn die Erdgeschoßräume als Wirtshaus umgestaltet. 1753 wird Johann Josef Gottlieb Grimming auf Niederrain, Herr zu Emslieb und Tandalier, genannt. Seine Familie scheint schon um d. M. d. 17. Jh. die Grundherrschaft erworben zu haben, obwohl weiterhin bürgerliche Besitzer aufscheinen. 1763 läßt der Hofrat zu Salzburg Tandalier aus der Grundherrschaft Grimming zum Verkauf ausschreiben.

Ab 1839 folgt rascher Besitzerwechsel, der dem Schloß zum Teil ein sehr leidvolles Schicksal brachte: 1866 wird eine Tischlerwerkstätte eingebaut, 1873 dient Tandalier als Massenunterkunft für italienische Arbeiterkolonnen, die beim Bau der Ennstalbahn beschäftigt sind.

1929 kauft das Bundesland Niederösterreich Schloß Tandalier und läßt es zu einem Jugendheim adaptieren. Ab 1930 übernimmt es der Staat Österreich, der heute das Schloß als Bundesschullandheim des Bundesministeriums für Unterricht und Kunst verwendet.

(Grundb. Radstadt, EZ. 51, KG. Schwemmberg; U 1380, fol. 63 u. 68; HK Goldegg 1557 (Kaufbrief); U 8, fol. 140; U 7, fol. 76; HK Radstadt 1554, lit. J u. 1570, lit. B; 1585, lit. B; U 155/II, fol. 19 (Propstei Fritz); Geh.A. XXXIV/25, fol. 103; JB. SMCA 1853, 67; Dürlinger, Po 303; Ostermayr 135; Sbg.Int.Bl. 1833, S. 1672; R. K. Donin, Schloß Tandalier b. Radstadt (1933); ÖKT 28, 170f; HiSt II 366; W. S.)

6. PASS MANDLING (KG. Mandling Bp. 1, 17)

In einer zu 890 gefälschten Urkunde Kg. Arnulfs wird die Grenze zwischen Salzburg und der Steiermark an der Enns bei der Einmündung des Mandlingbaches festgesetzt *(Maior Medelicha)*. In den fortgesetzten Grenzstreitigkeiten ließ Hzg. Albrecht 1287 hier die *Ennsburg* bauen, die aber 2 Jahre später von EB. Rudolf zerstört wurde. 1295 erlaubte Kg. Adolf EB. Konrad IV., den *Mandling-Paß* zu befestigen. Im Wiener Frieden von 1297 wurde die Grenze zwischen Salzburg und Steiermark festgelegt, was aber Grenzstreitigkeiten keineswegs verhinderte.

**PASS MANDLING, 18. Jh.**

In den Bauernkriegen von 1525 fielen die Salzburger Bauern unter Michael Gruber von hier aus in Schladming ein, wo sie siegreich gegen ein steirisches Heer kämpften. Nach dem verheerenden Hochwasser von 1661 mußte der Grenzverlauf in langwierigen Verhandlungen neu geregelt werden. Um den seit 1589 andauernden Grenzstreit beilegen zu können, wurde Georg Matthäus Vischer beauftragt, die Grenze zu vermessen und zu zeichnen. Das 1677 gezeichnete Original ist verloren, die Kopie des 18. Jh. zeigt auch eine Ansicht der starken sbg. Befestigungen, die der Streitanlaß waren. Ein Aquarell des 18. Jh. im Salzburger Landesarchiv zeigt die Anlage der Schanzen im Gelände.

Heute sind noch bedeutende Reste der ausgedehnten Befestigungen erhalten, vor allem die Mauer, die sich von der Straße den Berghang hinaufzieht, und Teile der Bastei an der Mandling.

(SLA, K. u. R. N 2; Geh.A. VI/27, 32, 49, XXXIII/3; HK Radstadt 1663/M; ÖKT 28, 146; Dehio 47; HiSt II 363; Franz.Kat. KG. Mandling/VIII; F.Z.)

## 7. PFLEGGERICHTSGEBÄUDE (KG. Radstadt Hs. Nr. 1, 2)

Seit dem 16. Jh. wohnte der Pfleger nicht mehr in der Burg, sondern in einem eigenen Haus am Platz (1604: ,,ain Behausung und Hofstat am Platz, weliche derzeit ein Pfleger bewohnt"). Das Gebäude fiel 1781 dem großen Stadtbrand zum Opfer. Der Wiederaufbau wurde 1785 von den Maurermeistern Joachim Glaner von Werfen und Michael Aberger von Radstadt durchgeführt. Das Wappen des EB. Hieronymus Colloredo wurde vom Bildhauer Hitzl ,,nach dem hf. Geld" in Marmor gemeiselt. Die Inschrift entwarf der Salzburger Universitätsprofessor P. Augustin Schelle: ,,Curiam flammis exustam / et plurimorum lares familiares / pro salute coloniae / et procurationis publicae / commodo / denuo restituit / Hieronymus archiepiscopus / anno domini MDCCLXXXVI."

Das zweigeschossige Gebäude hat 13 Fensterachsen und entstammt mit seinen Vertikallisenen dem Klassizismus. Der Eingang ist ein Rundbogen-Portal. Nach einem Umbau 1865 beherbergt das Gebäude heute das Bezirksgericht mit dem Grundbuch.

(SLA, Stockurbar U 155/1; HK Radstadt 1723/M, 1786/H; K. u. R. G 32/a—e von 1819; ÖKT 28, 171; Hübner III/2, 422; Ostermayer 118; Dehio 62; HiSt II 365; F.Z.)

## S T. J O H A N N IM PONGAU (Markt/St. Johann im Pongau)
## 1. PLANKENAU (KG. Plankenau Hs. Nr. 3, Aubauer)

Im Salzachknie zwischen Schwarzach und St. Johann i. P. liegt, am rechten Salzach-ufer, ungefähr 3,5 km s. von St. Johann i. P. die *Ruine der Burg Plankenau.*

Die ungefähr 30 m über der Talebene liegende Hochfläche fällt nach allen 4 Seiten steil ab. Der Wall in Form einer verfallenen Steinmauer umgrenzt ein Areal von etwa 80 × 40 m. An der N-Seite bietet ein Erdwall zusätzlichen Schutz. Auf der Hochfläche sind die Überreste eines Turmbaues erkennbar. Der Burghügel wird in etwa 4 m Tiefe von einem System von Gängen mit der Gesamtlänge von 160 m durchzogen. Die weitverzweigten Gänge sind ungefähr mannshoch aus dem Konglomeratfelsen gehauen. Lichtnischen sowie Schlief- und Luftlöcher sind erhalten. Die beiden Eingänge befinden sich auf der NW-Seite beim Fluß bzw. an der SO-Seite dem Land zu. Die Anlage weist die Merkmale der sog. Erdställe auf. Nach mündlicher Mitteilung von Hofrat Martin Hell dienten die Gänge nach dem Verfall der Burg zum Schatz- bzw. Goldsuchen.

Die Burg Plankenau ist 1155 urkundlich belegt. Bertold v. Pongau schenkte eine Hälfte seines Hofes an das Salzburger Domkapitel, die andere an das Stift Admont. Genannt sind Rüdiger v. Plankenau, der Mundschenk EB. Eberhards I., der 1155 starb, und noch 1372 ein Hermann v. Plankenau.

(Franz.Kat.; Zillner, Pongau-Goldeck 145 m. Skizze; Bibl.St.Peter, Hs.Ebner XVI: ÖKT 28, 157 m. Skizze; A. Kohlberger, Chronik v. St. Johann i. Pongau, 1952; F.Z.)

2. ZEDERBERG (KG. Plankenau, Grub Hs. Nr. 10)

Nach mündlicher Auskunft des Salzburger Landesarchäologen Hofrat Martin Hell befand sich auf dem Zederberg, im Knie bei der Einmündung des Wagrainer Baches in die Salzach, eine vorgeschichtliche Wachtanlage. Die Vermutung stützt sich auf eine Geländebegehung und zahlreiche Funde aus der Umgebung, z. B. in Plankenau, Hubangerl, Halldorf und Klinglberg.

Das Gut Zederberg ist seit 1190 urkundlich belegt. In diesem Jahr gibt den Besitz EB. Adalbert III. seinem Ministerialen During (von Werfen) in einem Tauschgeschäft.

(M. Hell, in: Fundber. 1939, 142, 164, 173; Bibliographie Hell, in: MGSLK 101 (1961), 1; SUB 2, 640 Nr. 473; F.Z.)

3. RETTENSTEIN-SCHLÖSSL (KG. Rettenstein, Rettenstein Hs. Nr. 34)

Nördlich von St. Johann ließ Lorenz Straubinger um die Jahrhundertwende einen ansitzartigen Bau seiner Braut als Morgengabe überschreiben. Besitzer Dr. Gaëta.

S T.  M A R T I N  AM TENNENGEBIRGE  (Radstadt)

1. BURGECK (BURGSTEIN) (KG. St. Martin)

Auf einem markanten Felskegel s. der Ortschaft St. Martin erhob sich einst eine Burganlage, von welcher heute kein Rest mehr vorhanden ist. Durch die beiden benachbarten Bauernhöfe, *Burgeck* und *Burgstein,* lebt zwar der Name noch weiter, aber die letzten Reste von Grundmauern wurden E. d. vor. Jh. für einen Stallbau des Stallerlehens in St. Martin abgebrochen. Im Gelände des früheren Standortes ist nur noch ein seichter Halsgraben feststellbar.

(Bibl.St.Peter, Hs.Ebner XIII 201; W.S.)

2. PASS ST. MARTIN (Schober Nr. 23; KG. Lammertal Bp. 18)

Das Holzhaus am Schweigerbach im Lammertal, an der Grenze zwischen den Pfleggerichten Radstadt und Abtenau, war mit 2 Mann besetzt. Ihre Aufgabe war, die hauptsächlich für Erztransporte benützte Straße zu kontrollieren.

Schmuggler konnten den Posten leicht über den Klotzenberg oder die Kochaualpe umgehen. Im Winter war die Straße zumeist unpassierbar und der Paß eingeschneit. Schon 1791 erwog man die Aufhebung des Binnenpasses. 1807 wurde aber nochmals eine Reparatur durchgeführt, die anteilsmäßig von Landschaft, Hofkammer und Gerichtsgemeinde getragen wurde. Anschließend stand das Blockhaus 1 Jahr leer. 1809 wurde es zusammen mit dem kleinen Garten um das Mindestanbot von 110 fl. zur Versteigerung freigegeben.

(SLA, Franz.Kat; Laa XIV/52; HK Laa 1791—94/D; F.Z.)

S C H W A R Z A C H  IM  PONGAU

1. SCHERNBERG (Schernberg Hs. Nr. 1, KG. Schwarzach)

Auf einem deutlich abgesetzten Höhenrücken w. von Schwarzach i. P. steht das *Schloß Schernberg.*

Der unregelmäßige, annähernd trapezförmige Grundriß um einen Innenhof ist aus den diversen Um- und Zubauten an dem schon im Mittelalter genannten *Turm zu Scherenperge* entstanden. Das in beherrschender Lage situierte Schloß weist 3 Geschosse auf, dessen einheitliches Dach nur von dem in der sö. Ecke der Anlage aufgesetzten Türmchen über der im Erdgeschoß untergebrachten Schloßkapelle überragt wird. An der S-Seite des Schlosses besteht noch in Form einer geradlinigen Wehrmauer mit 3 Rundtürmchen ein Rest der ehem. ringförmigen Umfassungsmauer.

Schon 1193 werden die Herren von Schernberg genannt, deren Familie mit Adalbero, Alpert, Heinrich, Hans, Härtel, Katrein (Äbtissin am Nonnberg), Karl und Hartneid urkundlich bezeugt ist. 1370 verkauften Hartneid, der alte Schernberger, und sein Sohn Hartel dem Heinrich Graf, seiner Hausfrau und allen ihren Erben den Turm zu Schernberg, den dazugehörigen Hof und andere Güter, welche alle eb. Lehen sind. Erzbischof Gregor erlaubt 1402 dem Konrad Graf zu Schernberg, den Turm zu Schernberg ,,zu pawen und vest zu machen, doch daß er gemelten Ertzbischof und seine Nachkommen denselben Thurn und Vest offen halten sol zu all irer notdurfft''. Das Lehensverhältnis wird dann nochmals durch EB. Johann um 1430 bestätigt.

Schernberg bleibt in der Familie der Graf: Es folgen Wilhelm, dann seine 3 Söhne Konrad, Christoph und Sigmund, dann um 1460 wieder Wilhelm, ein Neffe der vorigen. 1527 erhält sein Sohn Christoph Graf, Pfleger zu Radstadt, für seine Verdienste um die erfolgreiche Verteidigung von Radstadt im Bauernkrieg 1525/26 Schloß Goldegg als Lehen dazu. Er und seine Familie erhalten das Recht, sich ab jetzt ,,von Schernberg zu Goldegg'' zu nennen. 1541 folgen auf Christoph Graf seine 3 Söhne Philipp, Jakob und Veith mit je einem Drittel von Schernberg. 1542 wurde der unter Christoph Graf begonnene Umbau des Schlosses nach außen hin abgeschlossen, wovon eine Inschrifttafel mit Wappen der Graf und Goldegg oberhalb des Haupteinganges im W zeugt. Ein Teil des Hofes, angeblich eine Arkadengalerie, wurde erst später fertiggestellt. Dieser Teil war mit dem 1548 datierten Wappen der Schernberg geschmückt, welches heute seitlich des Kapelleneinganges im Hofe angebracht ist. Das ähnlich ausgeführte Wappen der Keutschacher auf der gegenüberliegenden Seite dieser erwähnten Türe sollte scheinbar nur die verwandtschaftlichen Beziehungen zwischen Graf und Keutschach dokumentieren und dürfte ebenso von der Arkadenfront herrühren.

Das Güterverzeichnis der Graf v. Schernberg und Goldegg aus 1570 nennt neben den Hauptobjekten Schernberg, Goldegg und Tandalier bei Radstadt noch zahlreiche Lehen und Güter, darunter 4 große Höfe mit Almen, Zehenten und zahlreichen Untertanen.

Der letzte männliche Sproß der Schernberger war Konrad Graf, gestorben 1668 und begraben in der Schernberger Kapelle in der Pfarrkirche von St. Veit, deren Fußboden und Wände zur Gänze von prächtigen Grabplatten aus Adneter Marmor, hauptsächlich derer von Graf und Verwandten, bedeckt sind.

Die Tochter des Konrad Graf, Maria Barbara, heiratet in 1. Ehe einen Freiherrn von Motzl, in 2. Ehe einen Gold von Lampoting. Die Tochter, wieder eine Maria Barbara, ist ebenfalls zweimal verheiratet, erst mit Ulrich Frh. v. Ehingen-Bolzheim, dann mit einem Frh. Auer v. Winkl. Maria Johanna v. Ehingen, die Tochter aus 1. Ehe (gest. 1770), vermählt sich mit Franz Xaver Schmied, Frh. v. Haslach, deren gemeinsame Kinder hohe Schulden auf den Besitz Schernberg laden, wodurch dieser ab 1805 unter Administration gestellt wird. 1823 kauft Dr. Johann Paul Storch Schloß Schernberg mit den dazugehörigen Gütern, verkauft aber 1845 an Kardinal Fürst von Schwarzenberg, der das Schloß zu einer Kranken- und Versorgungsanstalt umbauen läßt. Im Zuge dieses Umbaues verschwindet der 1548 errichtete Arkadengang im Hof; aber auch ein über der in der SO-Ecke der Anlage über der Kapelle bisher bestehender Rundturm wird 1854 abgebrochen und an seiner Stelle ein Trakt mit Krankenzimmern errichtet. Das heutige zierliche Türmchen mit Glocke über diesem Trakt wurde 1887 aufgesetzt. Heute beherbergt Schloß Schernberg nach wie vor eine Versorgungsanstalt, betreut durch die Barmherzigen Schwestern vom hl. Vinzenz von Paul. Seit 1973 wird an einem Erweiterungsbau in unmittelbarer Umgebung des Schlosses gearbeitet.

(SUB 3, 271; HHSTA Rep. VIII/2; HK Goldegg, 1557, lit. J; LB. 3, fol. 73; HK Radstadt, 1570, lit. B; Frank-Orte; LB 6, fol. 54: Khuenburg-Akten, Fam. Sachen, A/a, I. 7½; ÖKT 28, 189; A. v. Pantz, Die Grafen v. Schernberg, in: Adler 10 Nr. 534/544 (1926); MZK II 1857, 250; W.S.)

**SCHERNBERG**

2. RÖMERPASS (KG. Schwarzach I.)
Bei der Abzweigung der alten Straße nach Goldegg von der Salzachtal-Bundesstraße
wurde auf einer Rückfallkuppe beim Stegergut eine befestigte römische Paßanlage
gefunden.
(M. Hell, Eine röm. Paßstelle bei Goldegg i. sbg. Pongau, in: Arch. Austr. 51 (1972)
104ff m. Skizze; F.Z.)

W A G R A I N  (Markt/St. Johann i. P.)
BURG (KG. Wagrain-Markt, Bp. 161)
Die Burg Wagrain ist heute noch im vollen Umfang erkennbar. Sie liegt auf einem
Geländehorst zwischen dem oberen und unteren Abschnitt des Marktes, auf halber
Höhe des Kirchweges. Sie ist an allen Seiten von natürlichen Steilhängen geschützt.
Die Frühgeschichte von Wagrain ist eng mit den Geschicken der Herren von Goldegg
verbunden. Der Ort am Übergang vom Salzachtal zum Ennstal über die Wagrainer
Höhe war schon früh mit einer Burg befestigt. Die mächtige Burganlage wurde 1322/23
im Krieg des EB. Friedrich gegen die Herren v. Goldegg zerstört und nicht wieder
aufgebaut. Die Hofmark Wagrain wurde, wie Goldegg, landesfürstlich und dem eb.
Hofurbar einverleibt.
1450 erhielten am 6. Juli die Tiroler Brüder *Wiguleius* und *Bernhard Grabner* mit
Goldegg auch die *Hofmark Wagrain* verliehen. 1463 mußten sie infolge der Ereignisse
(vgl. Goldegg) wieder darauf verzichten. 1593 wurden die Welser mit dem Prädikat „zu
Wagrain" in den Adelsstand erhoben. 1635 starb Abraham Welser v. Labach zu
Wagrain.
Der ebene Burgplatz hat das Ausmaß von 60 × 80 m. Der ganze Verlauf der Ringmauer
ist an der SW-Seite bis zu 3 m Höhe erhalten. Sonst ist noch der untere Teil eines Walles
mit Mauerkern sichtbar. Innerhalb der ö. Mauerflucht, wo sich das einzige Tor
befunden haben dürfte, ist in Erdgeschoßhöhe der Rest eines viereckigen Steinbaues zu
sehen. Dieser ehem. Turm im Ausmaß von 7 m² gehörte aber nicht zur alten Burg, da er

auf dem Fundament eines mächtigen Rundturmes steht, der eine Mauerstärke von 1,5 m und etwa 8 m im Durchmesser aufweist. Nach S sind noch Spuren von aufgehendem Mauerwerk erkennbar. Der massive Rundturm muß von entsprechender Höhe und dürfte wohl der Bergfried gewesen sein (vgl. Thurnschall). Der ehem. Ringmauerverlauf ist heute durch Bäume und Buschwerk markiert.
(HHSTA, OUrk; SLA, Anlaitlibell 1644; ÖKT 28, 199; M. Hell, in: Sbg. Volksbl. v. 19.7.1961; Dehio 122; HiSt II 386; F.Z.)

W E R F E N (Markt/Werfen)
1. BRENNHOF (Werfen Hs. Nr. 59, KG. Werfen)
Am Marktplatz von Werfen, gegenüber dem ehem. Pfleggerichtsgebäude steht anstelle mehrerer ursprünglicher Häuser der *Brennhof,* dessen Name auf einen der Vorgängerbauten, das ,,Brennerhaus" des Werfener Bürgers Wolfgang Brenner, zurückgehen dürfte.
Erzbischof Michael v. Khuenburg erwarb 1560 aus dem Nachlaß des Pflegers von Werfen, Blasius v. Keutschach, das Haus mit mehreren Grundstücken, um hier für sich einen Bischofshof zu errichten. Er scheint besonderen Gefallen am Markt Werfen gefunden zu haben, wurde aber durch seinen Tod an der Ausführung seiner Pläne gehindert. Sein Nachfolger, EB. Johann Jakob v. Khuen-Belasy, bestellte für den Neubau (1561—1565) den Hofbaumeister Jörg Vischer, dessen Bau in seinen Hauptteilen bis heute unverändert erhalten blieb:
Der Straßentrakt mit seinen 11 Fensterachsen besitzt ein prächtiges Portal mit Fischblasen-Maßwerkverblendung als Bekrönung des Segmentbogens und an 3 Fenstern des Obergeschosses durchbrochenes Maßwerk. Schwere Gewölbe leiten zu dem rechteckigen Innenhof über, dessen s. Trakt einen zweigeschossigen Laubengang mit dem eb. Wappen (1565) zeigt. Über den 7 breiten Öffnungen im Erdgeschoß öffnet sich ein kreuzgewölbter Gang mit 16 Arkadenöffnungen auf Rundsäulchen mit Kelchkapitellen. Der w. Flügel der Anlage ist durch eine schmale Terrasse von dem übrigen Hof abgehoben und beherbergte einst Kasten und Schüttboden. Der n. Trakt, z. T. leider nachteilig umgebaut, zeigt einen klassizistischen Wandbrunnen, um 1810, dessen fremde Herkunft unbekannt ist.
Der Brennhof diente als Unterkunft für Berg- und Forstämter mit den dazugehörigen Wohnungen, der w. Speichertrakt als Salz- und Getreidekasten.
1856 wurde das gesamte Objekt an Erasmus Kirchberger verkauft, der hier ein Bräuhaus einrichtete. 1912 erwarb es Ehzg. Eugen, der den Brennhof 1925 der Marktgemeinde zur Verfügung stellte, die das Haus zu Zwecken des Gemeindeamtes adaptierte.
(Dürlinger, Po 94; Hörrer, Ortsgeschichte d. Marktes Werfen; ÖKT 28, 212; Dehio 125; W.S.)

2. HOHENWERFEN (Werfen Hs. Nr. 86, KG. Werfen) (Umschlagbild)
Hoch über dem Salzachtal liegt n. des Marktes Werfen auf einem markanten Felskegel die *Burg Hohenwerfen.* Durch heute starke Begrünung des Burgberges ist für den Beschauer kaum erkennbar, daß sich die Vorburgen mit ihren zahlreichen Türmen und Torbauten weit herunterziehen und beinahe die Hälfte des gesamten Burgberges einschließen. Ein guter Überblick ist von der neuen Autobahn am rechten Salzachufer gegeben.
Der Raum um Bischofshofen und Werfen ist schon bei der Schenkung durch Hzg. Theodo an B. Rupert miteingeschlossen, doch erst während des Investiturstreites ist die erste sichere Nennung von Werfen nachweisbar: 1077 erbaut EB. Gebhard eine Burg, auf welcher er Ernest v. Guetrat als Hauptmann einsetzt. Wahrscheinlich diente die damalige Gründung der Burg als Vorposten für den für Salzburg so wichtigen Paß Lueg.

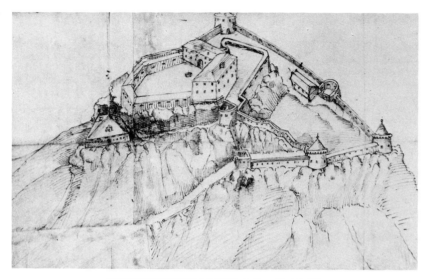

HOHENWERFEN, 1566 (SLA, K. u. R., G. 60)

Dies würde darauf hindeuten, daß EB. Konrad den Paß Lueg verstärkte und zugleich die Burg Hohenwerfen uneinnehmbar ausbaute. Erst mit EB. Eberhard III., der das Pfleggericht Werfen an sich brachte, folgen neuere Nachrichten über Erweiterungsbauten auf der Burg. Die Zwischenzeiten bringen nur spärlichste Nachrichten über ein mögliches Baugeschehen, sodaß Um- oder Zubauten nur Vermutungen bleiben können.

Erst mit der Zeit der Bauernkriege 1525/26 setzt eine durchlaufende Beurkundung ein: Auf Grund der geringen Besatzung und der großen Überlegenheit des Heeres der aufständischen Bauern wird die Burg kampflos an die Aufständischen übergeben. Sie scheint in dieser Zeit schweren Schaden gelitten zu haben, wenn auch sichere Nachrichten fehlen.

Nach der Niederwerfung der Bauern beginnt die große 1. Phase der Arbeiten an der Burg. Erzbischof Matthäus Lang erbaut den 2. Sperrbogen, die kleine Bastei mit dem anschließenden Wallerturm und die verdeckte Stiege. Bis 1538 müssen die Bewohner des Werfner Gerichtes als Sühne für die während des Aufstandes angerichteten Schäden Robot leisten für den Ausbau der Befestigungsanlagen auf Hohenwerfen.

1563 setzt die 2. Phase des Ausbaues ein, welche in einem im Salzburger Landesarchiv erhaltenen Bauprogramm detailliert beschrieben ist: Erasmus von Khuenburg zu Khuenegg, fürstl. Propst zu Werfen, der edl und vest Herr Karl Kain und der Hofbaumeister von Salzburg, Jörg Vischer, stellen ein weitreichendes Programm für die Verstärkung der Burg auf: Tore werden erneuert; Mauern erhöht und mit Schießscharten versehen; Brustwehren auf Basteien aufgesetzt; mit Ecktürmen versehene, neue Verbindungsmauern von den Vorwerken zum Hauptschloß aufgeführt; die Zisternen werden abgesichert und durch Mauern geschützt; Holzböden in den verschiedensten Objekten durch starke Gewölbe ersetzt; alte, baufällige Teile werden erneuert; die verdeckte Stiege wird völlig eingewölbt und überdeckt; Mauerteile werden abgebrochen, um, wehrtechnisch günstiger, kleinere Objekte unter ein Dach zusammenfassen zu können; Böden und Plattformen werden zur möglichen Aufstellung von Geschützen aufgeschüttet und verstärkt, wodurch sogar ein Turm niedriger wird; eine neue Zisterne wird für den obersten Teil der Burg geplant usw.

Aus dem Jahre 1565, wo der Umbau in vollem Gange ist, existiert das Protokoll einer Besichtigung, an welcher auch ein als Italiener charakterisierter Baumeister, ,,so uns die Röm. kais. Majestät allergnedigst vergont hat'', teilnimmt. Es ergeht daraufhin an den Erzbischof der Vorschlag, die Burg durch eine permanente Besatzung zu belegen, da Hohenwerfen als Befestigung ,,ain Schlüssel vor dem Gebirg heraus zu dem ganzen Land und dem Schloß Salzburg'' sein müsse. Außerdem wird die Weisung erteilt, die Schießscharten nicht mehr althergebracht, sondern den neuesten Erfordernissen angepaßt ausführen zu lassen, damit auch der Zwischenraum zwischen den einzelnen Luken bestrichen werden könne.

1570 wird als Nachfolger des alten Jörg Vischer ein Baumeister Hans genannt, welchem der Werfner Maurermeister Andrä Steiner zur Seite gestellt ist.

1573/74 scheint der große Palas in seiner heutigen Form errichtet worden zu sein, womit der Bau der Hauptgebäude mit den anschließenden Abschnittsmauern abgeschlossen scheint; der Innenausbau jedoch geht weiter, denn 1601 werden von Hans Neumayr, Tischler aus St. Johann, die Täfelungen der Fürstenzimmer nach altem Muster neu angefertigt.

Erzbischof Paris Lodron wendet der Burg Hohenwerfen während des 30jährigen Krieges im Zuge seines Gesamtkonzeptes für das Land Salzburg seine besondere Aufmerksamkeit zu: 1625 wird der große Pulverturm, 1632 die neue Zisterne neben zahlreichen kleineren Ausbesserungsarbeiten errichtet. Noch um 1650 wird zwischen Glockenturm und Bäckerei ein Wohntrakt für den Zeugwart errichtet.

Im Zuge der Napoleonischen Kriege werden im Jahre 1800 alle Geschütze abtransportiert, welcher Maßnahme 1804 der Abzug der Besatzung folgt. Die Burg wird gleichzeitig dem Verfall preisgegeben.

Nur einem Handschreiben von K. Franz I. ist es zu danken, daß der schon ins Auge gefaßte Abbruch der Burg 1807 verhindert wurde. Besonders Ehzg. Johann bemühte sich um die Erhaltung, er brachte zwischen 1824 und 1833 große Geldsummen auf, um die notwendigen Arbeiten durchführen zu lassen. Dies geschah aber nicht aus Gründen militärischer Gesichtspunkte, sondern allein, um das ,,pitoreske Altertum'' zu erhalten. 1876 wird die Burg als militärisches Objekt aufgelassen und an Gf. Oswald Thun als künftiges Jagdschloß verkauft. Erzherzog Eugen erwirbt 1898 Burg Hohenwerfen, läßt sie gründlich renovieren und durch eine reiche Sammlung alten Mobiliars ausstatten.

Der Brand am 8. I. 1931 vernichtet einen Teil der Burg, den S-Trakt mit Kirchturm samt Inneneinrichtung, völlig, doch der Wiederaufbau in den Jahren 1931/32 stellt bis auf kleinere Abweichungen im Bereiche der Dächer den alten Zustand wieder her. 1938 erwirbt das Land Salzburg die Burg zu Zwecken einer Gauschulungsburg. Heute beherbergt Schloß Hohenwerfen eine Gendarmerieschule und eine Jugendherberge.

Die Burg Hohenwerfen stellt heute neben der Festung Hohensalzburg die mächtigste Burganlage des Landes Salzburg dar, welche Bedeutung von dem Umstande herrührt, daß Werfen und Salzburg seit jeher die größten und bedeutendsten landesfürstlichen Burgen Salzburgs waren, auf deren Instandhaltung und Ausbau die Erzbischöfe größten Wert legten.

Zahlreiche Marmorwappen mit Inschriften auf der Burg zeugen von der langen und wechselvollen Geschichte Hohenwerfens. Die Tatsache, daß im Jahre 1612 EB. Wolf Dietrich nach seiner Gefangennahme bis zu seiner Überstellung nach Hohensalzburg hier eingekerkert war, verhalf der Burg zu zweifelhaftem Ruhme.

Besonderes Augenmerk verdient die an den Palas anschließende Schloßkapelle, in welcher neben guter Raumausstattung wiederverwendete, romanische Rundsäulchen

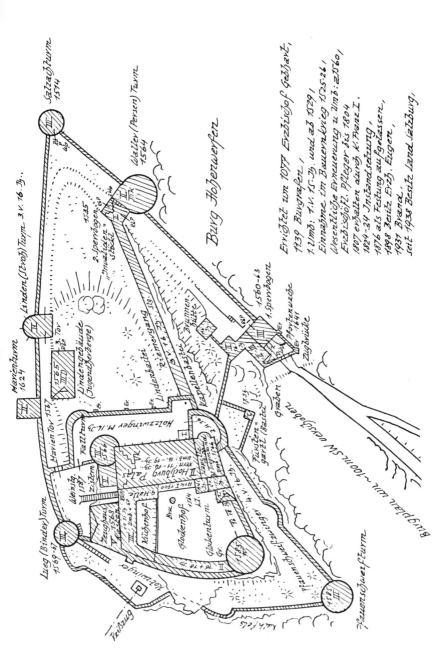

**HOHENWERFEN (A. Klaar)**

47

einerseits und sehr späte gotische Maßwerke (1566) andererseits Aufschluß über die reichhaltige Baugeschichte geben.

(Vita Chunradi, MG, SS XI cap. 20; SUB 3, 301; SLA, Pfleg Werfen, Reg. B XIV/106; HK Werfen, 1556, lit. F; 1566, lit. N; 1574, lit. O; 1576, lit. K; Hübner III/2, 354 (795); Dürlinger, Po 101; Bibl.St.Peter, Hs.Ebner XIII 3; M. Mayr, Veste Hohenwerfen 1903; A. Weber, Baugeschichtliches d. Veste Hohenwerfen, in: MGSLK 50 (1910) 479; ÖKT 28, 126; Riehl 82; W.S.)

## 3. PFLEGGERICHTSGEBÄUDE (KG. Werfen-Markt Hs. Nr. 1)

Das alte *Pfleggerichtsgebäude,* in dem heute das Bezirksgericht untergebracht ist, hatte bis zu einem Umbau 1840 ein burgähnliches Aussehen mit mehreren Erkern, Türmen und Vorbauten. Damals wurden auch Schießscharten, eiserne Fensterbalken und eine Pechnase am Hauptturm über dem Eingang entfernt.

Durch die Umfahrungsstraße ist heute die i. d. M. d. 19. Jh. errichtete Feuermauer an der Flußseite sichtbar. Die Vorderfront zum Markt ist dreistöckig und mit einem vierstöckigen, vorgebauten Turm gegliedert. Eine Tafel aus rotem Marmor trägt das Doppelwappen Salzburg und Khuenburg und die Inschrift: ,,Mihael D(ei) G(ratia) Archiep(iscopus) Saltzburg. A(nno) D(omini) MDLX (= 1560).''

(SLA, K. u. R. G 50 = Aufriß d. Pfleghauses; Hübner III/2, 352; ÖKT 28, 212; Dehio 125; F.Z.)

## 4. BLÜHNBACH (KG. Sulzau Hs. Nr. 24)

Vom großen eb. Jagdrevier Werfen war im Spätmittelalter nur noch das Blühnbachtal mit den angrenzenden Gebirgen übriggeblieben. Am 24. VIII. 1431 stellt EB. Johann II. zu *Pliembach* einen Lehenbrief aus, was die erste schriftliche Überlieferung des Namens bedeutet. Seine Entstehung ist mit einer Legende verbunden. Als EB. Hartwig (991—1023) im Tal eine Kirche weihte, soll ein dürrer Zweig in seiner Hand Blüten ausgetrieben haben (*Pluebach.* MG. Script. XI, 96).

1580 wird ein Herrenhaus mit Edelleut- und Wildhüterstuben genannt. Da die gesamten Baulichkeiten aus Holz waren, ließ EB. Wolf Dietrich zwischen 1603 und 1607 ein Jagdschloß bauen. Die Maurermeister des ,,hochfürstlichen Gepeys im Pliempach'' waren Ruep Eder, Andrä Maurer und Gabriel Prändtl. Den 1. Dachstuhl zimmerte Ruprecht Rebhuen von Hallein. Dieser stürzte infolge Schneedruck ein, worauf ihn Hans Sanktjohanser von Grödig und Hans Reitpacher von Wals erneuerten.

Durch den Bau des Jagdschlosses Weitwörth im Flachgau verlor Blühnbach wegen seiner ungünstigen Verkehrslage an Bedeutung. Seit d. 18. Jh. wurde es nur noch als Gestüt verwendet. Das bestätigt eine Holztafel in der alten Kapelle mit der Inschrift: ,,anno 1710 ist gegenwärtige an Kirchenzier ganz und gar abgekomen geweste Capellen durch Franz Pruggmoser, hochfürstl. Kammerdiener und Gstuettmeister, widerumben mit verschiedener Kirchenzierde versehen und aufgricht, auch veranstaltet worden, daß auf Anhalten d. dato 21. May 1728 alle Wochen so lang sich Gstuettbediente allda befinden, ein hl. Möss solte gelesen werden und von der hf. Pfleg Werfen bezahlt werden''. Die Bauern aus der Umgebung waren außerdem verpflichtet, Heu zur Wildfütterung, Holz zur Heizung des Schlosses und andere Dienstleistungen für das Gestüt zu erbringen.

Erzbischof Hieronymus Colloredo ließ dem Haus i. d. 2. H. d. 18. Jh. einen 2. Stock aufsetzen und es erneut bewohnbar machen. Nach dem Ende des alten Erzstiftes 1803 und der endgültigen Angliederung Salzburgs an Österreich 1816 wurde das nunmehr ärarische Schloß 1842 an die ,,Adelige Jagdgesellschaft'' verpachtet, deren Mitglieder dort bis 1910 die Hochgebirgsjagd ausübten. An sie erinnert ein eigenes Zimmer im Schloß mit zahlreichen Photographien. Als 1910 der Thronfolger Ehzg. Franz Ferdinand wegen seiner bekannten Jagdleidenschaft eingeladen werden mußte, wurde

## BLÜHNBACH

die Jagdgesellschaft genötigt, ihre Hochgebirgsjagd Blühnbach gegen Weinzierl-Wolfpassing/Niederösterreich einzutauschen.

Erzherzog Franz Ferdinand ließ das Schloß von Dombaumeister Ludwig Simon umbauen und gänzlich neu einrichten, wobei er Truhen, Schränke, Gemälde und Trophäen von überall her zusammentragen ließ. Nach der Ermordung des Thronfolgers 1914 veranlaßte K. Franz Joseph 1916 den Verkauf des Besitzes an die Fam. Krupp v. Bohlen-Halbach, die das Schloß heute noch besitzt (Arndt v. Bohlen-Halbach hat das Jagdgebiet am Hagengebirge im Dezember 1973 an die Österreichischen Bundesforste verkauft, behielt aber das Schloß und die umliegenden Grundstücke).

Die gegen SO gewendete Hauptfront besteht aus 5 Teilen. Der Mittelteil besitzt ein rundbogiges Portal mit Ort- und Keilstein. a. d. beg. 17. Jh., auf neuen Nagelfluhpilastern ruht ein profilierter Flachgiebel. Darüber befindet sich eine neue Marienstatue. Die anschließenden Zwischenteile sind nur dreistöckig, die Außenteile überragen den Mittelbau. Das Dach ist deshalb fünffach gegliedert. Die Schmalseite im SW ist viergeschossig, mit einem modernen, gotisierenden Portal und einer auf Säulen ruhenden Terrasse mit romanisierender Balustrade. Die Stockwerksgliederung durch Doppelfaschen und die gekuppelten Fenster stammen noch vom alten Gebäude. Sie sind charakteristische Merkmale der Bauten aus der Zeit des EB. Wolf Dietrich, wie sie auf dem Domplatz in Salzburg, am Schloß Gmünd/Kärnten und an der Burg Tittmoning, heute Bayern, noch zu sehen sind.

Durch das ganze Erdgeschoß zieht sich eine lange Halle mit Tonnengewölbe, in das Ehzg. Franz Ferdinand Grate aufziehen ließ. In den ehem. Stallungen wurde die Küche in letzter Zeit nach den modernsten Gesichtspunkten eingerichtet. Betritt man das Schloß über die Freitreppe und Terrasse im 2. Stock, so steht man in einem prächtigen großen Saal, an den sich weite hallenartige Gänge anschließen.

Das Jägerhaus im NO des Schlosses ist aus der Zeit um 1780. Es hat 2 gemauerte Geschosse, der 3. Stock ist aus Holz. Erzbischof Hieronymus Colloredo hat sein Wappen mit Fürstenmantel in weißem Marmor daran anbringen lassen.

Die alte Kapelle ist schon 1582 genannt. Durch den neugotischen Umbau wurde sie zur Seitenkapelle umfunktioniert. Die zahlreichen Einrichtungsgegenstände wurden unter Ehzg. Franz Ferdinand zusammengetragen.

(SLA, Geh.A. XX/3 m. Plänen; HK Werfen; HK Gestütmeisterei; Pfleg Werfen; K. u. R. F. 18—21, G 47/a—c, 48, 49, 52/a—c; Hs. 382; Hoffmann-Martin, Schloß Blühnbach, o. J; Hübner III/2, 362; Pillwein 471; Augustin 21; Dürlinger, Po 92; ÖKT 28, 60; Dehio 20; HiSt II 336; Peternell, Schloß Blühnbach, in: Sbg. Volksbl. v. 24. 12. 1968; F.Z.)

5. WINDBICHL (KG. Scharten Hs. Nr. 24)

Das an der Straße über den Paß Lueg gelegene Gut ist seit d. E. d. 13. Jh. nachweisbar. Es gehörte dem eb. Hofurbar an und wurde zu Erbrecht ausgegeben. Im sog. Stockurbar des EB. Wolf Dietrich lautet die Gutsbeschreibung 1605 so: ,,Windtpühl. Niclas Gschwantner stet vermüg Khaufbrieffs umb das Guet Windtpühel, het darauf Behaußung, Hofzimmer, Cassten und Pflanzgarten, sambt 3 undterschidlich eingezeinten Veldern . . .''

Im selben Jahr kauft den Windbichl der Landrichter und Verwalter der eb. Urbarpropstei Werfen, Josef Niggl. Im Tauschwege konnte er das Gut 1614 aus dem Urbarsverband lösen und den Windbichl als freies Eigen erhalten. Damit wurde die Umwandlung des Bauernhofes in einen Ansitz eingeleitet. Niggl brachte das Haus in die heutige Form: ein typischer sbg. Landsitz a. d. Beg. d. 17. Jh., am N-Abhang des Werfener Berges gelegen.

In der Beschreibung von 1795 heißt es: ,,1 ganz gemauertes Haus mit 2 Küchen, 3 Öfen; 1 halb gemauertes Maierhaus mit 1 Waschküche, 1 Back- und 1 Heizofen, 1 gemauertes Bad. 1 halbgemauerter Pferdestall, der obere Teil ist im Bundwerk nebst angebauter Holzhütte; 1 untermauerter Schweinestall, oben die Schnitzkammer im Schrett. 1 Kuhstall mit Thenn und Heuleg im Schrett. 1 Schafelstall im Bundwerk. 1 gemauerte Gmachmühle am Pliembach.''

Josef Niggl starb 1627. Da ihn sein Sohn Eustach nur knapp ein Jahr überlebte, fiel der ganze Besitz an die 2. Frau Josef Niggls, Maria Kern, die in 3. Ehe einen Freiherrn von Lamberg und in 4. Ehe Ferdinand Ludwig Gf. Spaur heiratete. Sie verkaufte den Ansitz 1662 an Reichard Grimming zu Niederrain, den Pfleger von Werfen, und seine Frau Euphrosine Jocher. Nach dessen Tod 1682 wurde das Erbe geteilt. Der zuerst ziemlich leichtsinnige Georg Carl, der zweitälteste Sohn, erhielt den Windbichl und fügte ihn als weiteres Adelsprädikat seinem Namen bei.

Georg Carl Grimming v. Niederrain, Stall und Windbichl ist am 31. III. 1707 auf seinem Ansitz Windbichl gestorben. Noch im selben Jahr verkauften seine Brüder das Gut dem Bauern Jakob Stöckhl und seiner Frau Maria Leophar. Die beiden verließen auf Grund des Emigrationsediktes vom 31. X. 1731 wegen ihres evangelischen Glaubens mit 5 Kindern und 2 Ziehkindern die Heimat und zogen nach Ostpreußen.

Nun wechselte der Windbichl die Besitzer in rascher Folge: 1732 erwarb ihn der Mautner von Werfen Johann Fritsch. 1736 kam er durch Versteigerung an Michael Lindenthaller und seine Frau Katharina Schenher, die ihn sofort an Ludovicus Alexius Simoni, den Hofmeister des Grafen von Trattenbach, weiterverkauften. Maria Ursula Theresia v. Schernberg, die Gattin des Wolf Bartlmä v. Waltenhofen zu Grub und Ramseiden, scheint den Windbichl zwischen 1748 und 1753 besessen zu haben. 1753 ging er neuerlich in bäuerliche Hände über. Christoph Lechner und nach seinem Tod 1761 seine Frau Maria Schattauer vererbten ihr Eigentum dem Enkel Gotthard Rauschgold. Er überließ am 31. I. 1775 die Hälfte seiner Frau Christina Sommer. Bei seinem Tod 1799 verzichteten die Kinder zuerst 1801 zugunsten des ältesten Bruders Joseph, der 1807 alles an den Bruder Christoph abtrat. Bei Christophs Tod 1845 kam es wiederum zu einer Versteigerung, bei der Joseph Steiner den Windbichl erwarb und ihn 2 Tage später an Joseph Lienbacher weitergab.

Auf ihn folgten 1850 Jakob und Anna Schärdinger, 1858 Mathias und Anna Golser, 1861 Jakob und Maria Mayr, 1863, wieder durch eine Versteigerung, Johann Meindl, Taubenwirt in Salzburg, und 1879 Elisabeth Meindl.

Sie verkaufte das Gut 1899 an die Brüder Isidor, Rudolf und Emil Weinberger. 1901 schied Isidor aus, 1937 starb Ing. Emil Weinberger. 1938 wurde der Windbichl der Firma ,,Eisenwerk Sulzau-Werfen R. u. E. Weinberger in Wien'' übergeben. 1946 trat Dipl.-Ing. Rolf Weinberger die Nachfolge an.

Bei einer Restaurierung des Windbichl unter dem jetzigen Besitzer kamen an den Nebengebäuden Zinnen zum Vorschein, was die bewußte Umwandlung des seit dem 13. Jh. nachweisbaren Bauernhofes in einen Edelmannssitz des 17. Jh. unter Beweis stellt.

(GB. Werfen, Grundb. KG. Scharten EZ. 22: M. Pagitz-Roscher, Das Gut Windbichl, in: MGSLK 109 (1969) 227; F.Z.)

## Bezirkshauptmannschaft T A M S W E G

L E S S A C H (Tamsweg)
RUINE THURNSCHALL (KG. Zoitzach, Gp. 254)
Südlich des sog. *Karnergutes* im Lessach-Winkl stehen w. des Baches auf einer steil gegen den Bach abfallenden Kuppe die Reste der Burg Thurnschall. Ehe die Straße in das Lessachtal entlang des Baches ausgebaut wurde, führte der Weg unmittelbar an der Bergseite der Ruine vorüber.

An der wehrtechnisch ungünstigsten W-Seite sind ca. 8 m hohe Reste eines anscheinend polygonalen Turmes erhalten, von dem sich in spitzem Winkel die im Gelände noch erkennbaren Teile der Umfassungsmauer in Richtung Lessachbach fortsetzen. Direkt über dem Steilabfall steht der am besten erhaltene Teil der Ruine: Eine ca. 18 m lange, geknickte und ca. 7 m hohe Mauer aus grobem Schichtmauerwerk, die in ungefähr 3 m Höhe, gemessen vom heutigen Niveau, eine Reihe von Pfostenlöchern, Auflager einer früheren Zwischendecke, an der Innenseite zeigt.

Die ersten Nennungen beziehen sich auf die Gründung des Klosters Admont, welches in Lessach Zehente erhält. Trotzdem ist Thurnschall wahrscheinlich nicht als Admonter Burg anzusprechen. Um 1200 gegründet, wird am A. d. 13. Jh. erstmals das *Castrum Lessach* erwähnt, das dem Gf. Wilhelm v. Heunberg gehört. Dieser schenkt es 1239 mit Zustimmung seines Landesherrn, Herzog Bernhard v. Kärnten, dem Gf. Hermann v. Ortenburg, der 1242 das Gebiet Lessach samt Burg dem Sbg. EB. Eberhard II. verkauft. Herren von Lessach oder Thurnschall hat es nie gegeben. Die Nennungen einzelner Personen ,,von Lessach'' deuten eher auf Burghauptleute hin: 1239 Pilgrim und Ortlin, 1266 Waltherus, 1272 Otto v. Lessach.

Der wahrscheinlich nach dem Erwerb durch den Erzbischof bereits eintretende Verfall der Burg könnte eine Bestätigung für die Meinung sein, daß Thurnschall als Schutz des Lungauer Gebietes gegen Übergriffe aus Schladming weiterhin innerhalb des ab nun rein erzbischöflichen Territoriums keine Bedeutung mehr besaß und daher dem Verfall preisgegeben wurde.

Im Jahr 1914 wurden tw. Absicherungsarbeiten durchgeführt, die durch den Krieg aber bald eingestellt wurden. 1975 wurden im Bereich der freistehenden, hohen Mauer Festigungsarbeiten ausgeführt, wobei vor allem der Sockelbereich saniert und damit ein

Abstürzen der Mauer verhindert wurde. Eigentümer: Österreichische Bundesforste.
(SUB 3, Nr. 942; 4 Nr. 54; Kürsinger, L 393; Hübner III/2, 520; JB.SMCA 1853, 87;
Klebel 84; ÖKT XXII 98, 101; W.S.)

## M A R I A P F A R R (Tamsweg)
### 1. BURG (Mariapfarr Hs. Nr. 1)
Schon Klebel vermutete, daß der Edelfreie Dietmar v. Lungau, der 1121 das Kloster
Elsenbach (später St. Veit bei Neumarkt an der Rott in Niederbayern) als Filialkloster
von St. Peter in Salzburg gründete, seine namengebende Burg in Mariapfarr hatte.
Durch genaue Beobachtungen des Franziszäischen Katasters von 1830 kam J. Schitter
zu der berechtigten Annahme, daß Burg und Burgkapelle dem heutigen Pfarrhof und
der Pfarrkirche entsprächen. Die ehem. Umwallung samt Graben ist durch die in
elliptischer Form um das bebaute Gelände führende Wegparzelle Nr. 1801 deutlich
erkennbar. Gegen E. d. 12. Jh. scheint die Burg Hochstiftslehen geworden und an einen
Ministerialen ausgegeben worden zu sein. 1217 plante der Hochstiftsministeriale
Konrad v. Pfarr (volkstümliche Aussprache heute noch ,,Pfåch'') die Teilnahme an
einem Kreuzzug. Er bestimmte für den Fall seines kinderlosen Todes, daß sein Haus
(,,aream et domum iuxta ecclesiam'') als Pfarrhof verwendet werden sollte.
(Franz.Kat; SUB 1, 327 Nr. 156; 2, 187 Nr. 119, 217 Nr. 144b, 308 Nr. 210b, 446
Nr. 321, 686 Nr. 508; 3, 214 Nr. 701, 331 Nr. 802; Klebel 64f; Schitter 88ff u. Abb. 29;
F.Z.)

### 2. RUINE PICHL (Mariapfarr-Pichl Hs. Nr. 10, beim Suppangut)
Unmittelbar n. des Suppangutes stehen am Rande der gegen die Taurach abfallenden
Terrasse die Reste des einstigen Turmes von Pichl. Bis zu dreigeschossige Mauerreste,
gefügt aus schönem Schichtenmauerwerk, lassen die Ausdehnung der kleinen
Burganlage noch erahnen. In die Ruine wurden im 19. Jh. 1 Getreidekasten und 1 Keller
eingefügt sowie an der W-Seite 1 Geräteschuppen angebaut. Neben dem s. Eingang in
den Getreidekasten befinden sich in 2 Wandnischen lebensgroße, hölzerne
Heiligenfiguren, hl. Georg und hl. Florian, die um 1900 in Stadl (Steiermark) erworben
wurden.
Die frühesten Nennungen des Turmes zu Pichl reichen in die Jahre 1123 *(Reginhard de
Püchilarn)* und 1141 *(Dionas von Pichleren)* zurück. 1287 wird Heinrich v. Pichl
genannt. Sie alle zählen zur Familie der Herren von Pichl, die mit den Schloßbergern
(s. d.) verwandt sind. Um 1360 geht der Turm an Hans den Waldecker über, dessen
Herkunft am ehesten von der Burg Waldegg in der Untersteiermark (bei Windischgrätz)
zu erklären ist. Pichl wird seitdem als ,,des Waldegkers Thurn und pau ze Pühel''
genannt. Sein Sohn Hans (II.) Waldecker beerbt ihn vor 1403 und besitzt den Turm bis
1450, zu welchem Zeitpunkt Alexis, sein Vetter, den Turm samt Zugehör übernimmt, da
Hans ohne Leibeserben gestorben ist.
Im Jahr 1466 erhält sein Verwandter, Konrad Thannhauser, gegen einen geringen
Kaufpreis, teils auch als Übergabe, den Grundbesitz samt Turm. Konrad war sbg. Rat
und Pfleger zu Moosham, er stirbt 1483 (sein schöner Grabstein befindet sich in der
Pfarrkirche zu Mariapfarr). Sein Sohn Konrad folgt ihm sowohl im Besitz von Pichl als
auch als Pfleger von Moosham nach. Um 1485 geht der Turm an seinen Bruder
Balthasar, der von seinem Sohn Balthasar beerbt wird, welcher aber schon 1516 stirbt.
Sein Bruder Franz v. Thannhausen tritt die Erbfolge an. Franz erlangt im Bauernkrieg
1526 dadurch Berühmtheit, daß er mit 700 Mann aus dem Lungau der von den
Aufständischen belagerten Stadt Radstadt zu Hilfe eilen wollte, auf dem Tauern aber in
einen Hinterhalt geriet und 200 Mann verlor, worauf er umkehren mußte. Aus Rache
scheinen ihm die Lungauer Bauern während seiner Abwesenheit den Turm zu Pichl

**PICHL**

niedergebrannt zu haben, da er erst 1546 wieder als bewohnbar bezeichnet wird. Franz stirbt 1548 als Vicedom von Friesach und wird auch dort begraben.

Von seinen Erben kauft 1630 der Lungauer Gewerke Karl Jocher einen Teil der Thannhauserschen Lehen, darunter den Turm und Hof zu Pichl. 1659 geht Pichl von seinem Sohn Adam Jocher als Heiratsgut für seine Tochter Johanna Maria, verehelichte v. Plaz, an die Fam. Plaz über, die sich daraufhin auch ,,von Pichl" nennt. Hauptsitz der Fam. von Plaz bleibt aber weiterhin Schloß Höch bei Altenmarkt (s. d.). Der Turm zu Pichl wird dem Verfall preisgegeben und schon 1846 berichtet Kürsinger, daß nur noch hohle Mauern zu sehen sind.

(Grundb. KG. Pichl, EZ. 56, Bp. 58 (Suppangut, Pichl Nr. 10); SLA, U 1169f 20/101; 1141f 73; 1139f 39; LA Nr. 161; LB 3f 17, 77; LB 6f 119'; JB.SMCA 1853, 83; Bibl.St.Peter, Hs.Ebner XIV 55, 57; ÖKT XXII 154 m. Grundrißskizze; Klebel 94, 121, 124; Schitter 184ff; W.S.)


3. NIEDERRAIN (Mariapfarr Hs. Nr. 38)
Westlich von Mariapfarr steht auf einem sanften Höhenrücken am Eingang zum Weißpriachtal Schloß Niederrain, ein echter spätgotischer Ansitz, der heute als Bauernhof dient.

Zwar fehlen dem Bau die für Salzburg so typischen Ecktürmchen der Ansitze, dafür aber weist er im Dachgeschoß einen knapp vor den Mauerkranz nach außen geschobenen Holzblockbau auf, der zumindest von außen her alle Merkmale eines Wehrbaues aufweist. Das über rechteckigem Grundriß errichtete zweigeschossige Bauwerk wird in seiner Eingangsachse durch ein vorspringendes Dachzimmer türmchenartig betont.

Im domkapitlischen Urbar (Oblai) liest man als 1. Nachricht zwischen 1519 und 1531, daß *Lienhart Ehrenreich am Rain* mit seiner Frau Katharina Besitzungen im Lungau hat. Frühere Nennungen sind nicht eindeutig mit Niederrain zu identifizieren, sie beziehen sich eher auf den Rain s. des heutigen Pfarrhofes.

1536 tauscht Kaspar Grimming seine freieigene Hube zu Steindorf gegen Niederrain, das Katharina, Witwe nach Lienhart Ehrenreich, und ihre 2 Kinder aus der

**NIEDERRAIN**

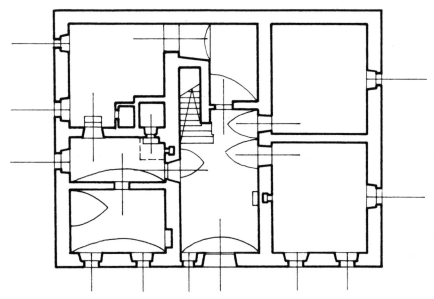

domkapitlischen Oblai zu Leibgedinge besitzen, und errichtet hier seinen Sitz. Durch diesen Tausch wird Niederrain freies Eigen. Christoph Horner, domkapitlischer Pfleger zu Mauterndorf, ist mit Anna, Tochter des Kaspar Grimming, verheiratet. Wahrscheinlich hat Horner die Ausgestaltung von Niederrain weitergeführt, denn sein Wappen, datiert mit 1539, befindet sich oberhalb des Hauptportals.

Durch seinen Tod im Jahr 1562 fällt Niederrain wieder an die Fam. Grimming, die 1617 von K. Matthias in den Freiherrnstand erhoben wird. Bis 1682 bleibt Niederrain im Besitz dieser Familie, die sich *von Niederrain* nennt. In diesem Jahr geht der Sitz an

Anna Katharina v. Grimming, verheiratet mit Ferdinand v. Neuhaus († 1694), über. Nach dem Tod der Witwe Anna Katharina (1728) kommt Niederrain an die beiden Kinder dieser Ehe und wird nach kinderlosem Tod des Sohnes von Anna Susanna v. Neuhaus, verheiratet mit dem Pfleger von Moosham, Freiherrn v. Schaffmann, übernommen. Die Tochter aus dieser Ehe verkauft den Sitz 1771 an den domkapitlischen Pfleger, Mautner und Kastner zu Mauterndorf, Abraham Joseph Seefeldner, der ihn 1782 um 4500 fl. an Matthias Ehrenreich verkauft. In dieser Familie bleibt Niederrain bis 1897, wo es durch Übergabe an die Fam. Lassacher kommt, die das „Schlößchen" heute noch besitzt.

(Grundb. KG. Mariapfarr, EZ. 28, Bp. 177; SLA, U 1141f 78; U 377/b (domkap. Oblai); U 1141; U 143/a, Moosham, freieig. f. 134; LA 80 u. 98; LB 3, f. 78, 125 u. 179; Pfleg Moosham-Tamsweg (1628) VIII/18; Bibl.St.Peter, Hs.Ebner XIV 55; Kürsinger, L 132; ÖKT XXII 128; Klebel 84, 125, 199; W.S.)

4. GRÖBENDORF (GRAVENDORF, GRÄBENDORF) (Mariapfarr-Gröbendorf Hs. Nr. 21, zum Pilzgut gehörend)

Inmitten der kleinen Ortschaft Gröbendorf stehen zwischen Pilzgut und Taurach die Reste des spätgotischen Ansitzes von Gröbendorf.

Durch ein Pultdach abgedeckt, erscheint die Ruine heute nicht größer als einer der gemauerten Lungauer Getreidekästen. Nur das Innere mit seinem kleinen Gewölbe, vor allem aber der Rest des einzigen Raumes im 1. Obergeschoß mit seiner getäfelten Decke erinnert noch an den Edelsitz, der sich einst von der heute noch bestehenden W-Mauer bis unmittelbar an die Taurach erstreckte.

Urkundlich reichen die Nennungen bis 1074 zurück, wo *Gravindorf* in dem Stiftungsbrief EB. Gebhards an das Stift Admont erwähnt wird. *Wicpoto v. Gravendorf* (1314) und die Gebrüder *Gregor* und *Otto v. Grebendorf* (um 1320) sind die genannten Familienmitglieder der Herren von Gröbendorf. Seit 1344 wird Gröbendorf als Sitz

(,,gesäzz") bezeichnet. 1359 erlauben Ulrich v. Gröbendorf und seine Hausfrau ihrem Sohn Otto, daß er seiner Hausfrau Kunigunde als Morgengabe einen Geldbetrag auf den Sitz Gröbendorf, das sie zu Lehen haben, ausweise.

Der Sitz geht ca. um 1400 an die Fam. Grimming über. 1433 wird Hans Grimming, dann anschließend seine Hausfrau und Witwe Dorothea genannt. Der Sitz bleibt im Besitze der Grimming, wobei die Reihung der Besitzer ohne Namennennung in den Urkunden große Schwierigkeiten bringt, da mehrere Linien der Familie im Lungau wohnten (zu Mauterndorf, Tamsweg, Niederrain und Gröbendorf).

1553 tauscht Balthasar Grimming von seinem Schwager Gröbendorf ein (Christoph Horner, gewester Pfleger von Mauterndorf, verh. mit Anna, geb. Grimming; siehe Niederrain). 1576 wird Ursula v. Gröbendorf genannt, die gleichzeitig den Turm zu St. Margarethen (s. d.) innehat.

Am 31. X. 1685 wird ,,ein adelicher Sitz zu Gröbendorf, so da ist ein gemauert vieregkertes Stöckhl und das Gärtl dabei" unter der Grundherrschaft der Fam. Firmian Freistift. Der Sitz Gröbendorf wird noch im Hieronymus-Kataster 1779 als gf. Firmianscher Besitz genannt, ging aber dann in bäuerliche Hände über und gehört besitzmäßig heute zum benachbarten Pilzgut.

Schon um 1900 war der ehem. Ansitz eine Ruine, reichte aber gegen O noch bis an die Taurach heran (ca. 10 m). Bei dem Brand eines benachbarten Hofes nach dem 1. Weltkrieg wurden die Reste des Sitzes nochmals schwer beschädigt, worauf der östliche, rückwärtige Mauerteil abgebrochen wurde.

(Grundb. KG. Pichl, EZ. 39, Bp. 74; HHSTA Rep. VIII, 26. 8. 1435; SUB 1 Nr. 279; 2 Nr. 140; SLA. U 1172; f. 1, LA 98; Domkap. NB 1685; Bibl.St.Peter, Hs.Ebner XIV 56; ÖKT XXII 97; Kürsinger, L 174; Klebel 178; W.S.)

M A U T E R N D O R F (Tamsweg)

1. SCHLOSS MAUTERNDORF (Hs. Nr. 1)

Auf einem gegen S steil abfallenden Hügel steht n. des Marktes beherrschend und weithin sichtbar das Schloß. Sein Bild wird geprägt durch den alles überragenden Bergfried, die hohen Umfassungsmauern, die zahlreichen Erker an den Wohnteilen und durch die hölzernen Wehrgänge an der wehrtechnisch ungünstigsten Seite im Norden.

**MAUTERNDORF, A. 19. Jh. (SLA, K. u. R., F 87)**

Mauterndorf war das Verwaltungszentrum jenes *praedium in Lungowe,* das EB. Hartwig von Kg. Heinrich II. im Jahre 1002 unter der Bedingung als Schenkung erhielt, daß es nach des Erzbischofs Tod an das Salzburger Domkapitel falle. Wenn auch zu dieser Zeit noch ohne Burg an dieser Stelle, besaß Mauterndorf große Bedeutung, weil an dieser verkehrstechnisch so wichtigen Stelle Maut eingehoben wurde, die ab 1143 durch Schenkung ebenfalls dem Domkapitel zufiel.

Die Burg geht unmittelbar auf die Erlaubnis Papst Innozenz' IV. zurück, der 1253 dem Domkapitel das Recht einräumte, auf eigenem Boden Burgen zu bauen. Diese Erlaubnis kann sich wohl nur auf Mauterndorf beziehen. Bis zum 27. Juli 1339 scheint die Burg samt Kapelle (Patrozinium: Heinrich, Kunigunde und Virgil) vollendet zu sein, da EB. Heinrich dieser Burgkapelle 40 Tage Ablaß verleiht. Es ist anzunehmen, daß die Burg im Besitze des Domkapitels blieb, wenn auch die Urkunden darüber schweigen. Die Ausschmückung der Burg durch Wandmalereien und die Stiftung der Altarflügel für die Kapelle durch den damaligen Dompropst Burkart v. Weißpriach (1452—1461) (s. d.) spricht ebenso für den domkapitlischen Besitz wie der dem Dompropst Christoph Ebran zugeschriebene Ausbau der Befestigungsanlagen von 1480. Erzbischof Leonhard v. Keutschach baute die Burg weiter aus, vor allem die Räume oberhalb der Kapelle wurden 1494 errichtet und mit hohem Kostenaufwand ausgestattet. Bei der Güterzuweisung in Zusammenhang mit der Säkularisation des Domkapitels fiel Schloß Mauterndorf jedenfalls an das Domkapitel (1514).

1546 wird wiederum an der Burg gebaut, ein neuer Teil wird angefügt. Dieser Bau wird durch Steuern, Robot und andere Hilfe finanziert, damit „. . . auch sie, die Unterthanen selbst, auch ihre Weib und Kind vor kunftige Kriegs- und Feindsnoth sovil müglich und Gottes Willen ist, verhuet und beschuetzt werden mügen." Der Anbau dauerte bis 1559, weil zu seinem in Aussicht stehenden Abschluß Meister Wilhelm Pongartner, Steinmetz zu Murau, genannt wird, der den Bau leitete. Dieser

**MAUTERNDORF, A. 19. Jh. (SLA, K. u. R., F 87)**

Bauabschnitt scheint das charakteristische Bild der Burg geprägt zu haben, wie es uns heute noch, trotz mancher späterer Umbauten, entgegentritt. Scheinbar war dieser Zubau der letzte entscheidende Eingriff in die Bausubstanz bis in die Jahre 1890—1900. 1806 wird die Burg als nicht ertragreich dem Verfall preisgegeben, nicht ohne vorher alles nur irgendwie Brauchbare abzumontieren. 1827 wird die Kapelle als lebensgefährlich bezeichnet und 1832 die Burg endgültig zur Ruine erklärt.

1836 kauft sie der Kreishauptmann Karl Gf. Welsperg-Raitenau, gibt sie aber schon 1839 an den Mauterndorfer Mühltalbauer Veit Mauser ab. Der Postmeister Isidor Gugg, der die Ruine 1892 von den Erben Mausers erwirbt, verkauft diese 1894 an Dr. Hermann Epenstein, kg. preußischer Stabsarzt. Dieser beginnt mit der Wiederherstellung und Sanierung der Burg, wozu er sich die Mitarbeit des Architekten und Konservators Vitus Berger sicherte. Trotzdem wird 1913 über den inzwischen wieder eingetretenen traurigen Zustand des Schlosses berichtet. Zu dieser Zeit tauchen auch erstmals Überlegungen auf, im Schloß ein Lungauer Museum zu etablieren (Arch. Geppert).

Bis 1942 bleibt die inzwischen etappenweise vollständig instand gesetzte Burg in der Hand der seit 1919 geadelten Familie von Epenstein-Mauternburg. 1942—1945 Deutsches Reich. 1965 kauft die Republik Österreich die Burg, gibt sie aber schon 1968 an das Land Salzburg weiter. Damit beginnen die schon wieder längst fälligen Restaurierungsetappen, wodurch die Burg Mauterndorf derzeit zu den bestinstandgehaltenen Burgen des Landes zählt.

(Grundb. KG. Mauterndorf, EZ. 124, Gp. 27; Martin, Reg. III, Nr. 1152 (27. 7. 1339); SUB 2, Nr. 64; SLA, U 1102, f. 1002 u. 1094; Kreisamt 60; Domkap.-Prot. passim; Hübner III/2, 502; Kürsinger, L 107; JB.SMCA 1853, 80; MZK, NF. XXV 39, 73 (Piper), 203; BDA, Baualterplan A. Klaar; ÖKT XXII 25; W.S.)

2. BURGSTALL (KG. Mauterndorf, Gp. 64 und 66)

Unmittelbar w. der markanten Treppengiebelhäuser am Hauptplatz von Mauterndorf steigt das Gelände, im N durch die tiefeingeschnittene Taurach begrenzt, zu der zum Teil bewaldeten Kuppe des sog. ,,Burgstalles" an. Vereinzelte Streufunde bieten bisher zu wenig Anhaltspunkte, um eine exakte Vorstellung über die Kuppe als Standort einer Burg- oder Wallanlage zu erhalten. Erst eine gründliche archäologische Untersuchung wird einigen Aufschluß über die wahre Bedeutung des Burgstalles geben können. Urkundlich konnte der Burgstall bisher noch nicht fixiert werden.

(Grundb. KG. Mauterndorf EZ. 45, Gp. 64 (Wiese Burgstall) und Gp. 66 (Acker Burgstall); SLA, U 1107 f. 67, 110 B — 177 A, 113 A, 179 B, 235 u. 31; W.S.)

R A M I N G S T E I N (Tamsweg)

1. FINSTERGRÜN (Ramingstein Hs. Nr. 65, alt 71, KG. Ramingstein, EZ. 241, Bp. 133, 134)

Der strategisch wichtige Platz an der Mur wurde schon früh mit zwei Burgen befestigt.
1139 ist der Edle *Wilhelm v. Ramnstein* Zeuge in der Salzburger Bestätigungsurkunde für Admont. Er und seine Nachkommen saßen auf der Burg Ramingstein (heute Finstergrün), während Otto v. Machland 1188 seine Güter in Ramingstein auf Vermittlung des Gf. Heinrich v. Peilstein-Schala zuerst dem niederösterreichischen Kloster Waldhausen, dann aber dem Sbg. Domkapitel übertrug (heute Wintergrün). Mit der Durchführung der Besitzübergabe wurde der Edle Hadmar v. R. bzw. dessen gleichnamiger Neffe beauftragt. Als Zeuge ist noch der Ministeriale Dietmar de Ramnstain genannt. Als Folge des Krieges zwischen den Sbg. EB. Rudolf v. Hohenegg und Konrad v. Fohnsdorf gegen Hzg. Albrecht I. v. Österreich seit 1286 scheint die Burg R. in den Besitz von Rudolf v. Vansdorf, dem Bruder des Erzbischofs, gekommen

zu sein. Als ihm das Vizedomamt Friesach entzogen wurde, verzichtete Rudolf 1300 auf das ,,HOUS ZE RAMUNGESTEIN IN DEM LUNGEW". Die Burg und die dazu erworbenen Güter löste der Erzbischof seinem Bruder um den Kaufwert ab. 1324 entschädigte EB. Friedrich III. die Brüder Ulrich und Heinrich v. Weißpriach für den im eb. Dienst im Streit gegen Bayern erlittenen Schaden und die Gefangenschaft mit 200 Mark Silber Schmerzensgeld. Bis zur endgültigen Ausbezahlung der Summe übergab ihnen der Erzbischof die Veste Ramingstein samt der gewöhnlichen Burghut. 2 Jahre später versprach er Ulrich v. Weißpriach, seinem Landrichter im Lungau, ihm die an der eb. Veste R. durchgeführten Reparaturen zu bezahlen, allerdings erst nach Billigung durch den damaligen Vizedom von Friesach, B. Gerold v. Gurk. Dann wurde die Burg von eb. Pflegern verwaltet. Zwischen 1429 und 1557 übten das Amt Mitglieder der Familie der Mooshamer aus. Die Witwe des verstorbenen Pflegers Wilhelm v. Moosham, Anna, versuchte 1558 die wenigen Gründe, die zur Burg gehörten, zu ihrem Schwaighof zu ziehen, der der Grundherrschaft des Domkapitels unterstand. Der neue Pfleger Blasius Erlbegkh meldete die Vorgangsweise nach Salzburg und fügte seinem Bericht bei, . . . *daß die FESSTEN dermaßen paufellig und die Zimer und Gaden gar eingangen seien.* Der Erzbischof hatte angeordnet, daß die Burg bewohnt werden muß, . . . *damit sie nit ed steen soll.* Er selbst wollte in der hochgelegenen Burg wegen seiner ,,Gerichtshändel" nicht leben. Deshalb vermietete er sie und verpachtete die Gründe (den Krautgarten, vor und hinter dem Schloß eine Etz, ein kleines Wiesfleckerl bis zur großen Fichte neben dem Schloß) an einen ,,Inwohner", der damit ein oder zwei Kühe überwintern konnte. Da dem Mieter nun durch Anna v. Moosham die Lebensgrundlage entzogen worden war, kündigte er. Erlbegkh, der sich gegen die verwitwete Pflegerin nicht durchsetzen konnte, verlor seinen Posten. Daraufhin erhielt der Pfleger von Moosham, Christoph v. Kuenburg, den Auftrag, für die Burg zu sorgen. Von 1558 bis 1779 bekamen die Herren von Kuenburg ein jährliches Deputat an Geld, Getreide und Käse von der eb. Hofkammer, für das sie die Burg und die Brücke in Ramingstein erhalten mußten.

1672 wurde die Burg nach einem Lokalaugenschein durch den Hofbaumeister Joh. Paul Wasner mit Holz vermacht, damit ,,hinfüran die lose Leuth sich nicht mehr darinnen aufhalten können".

Nach dem Tod eines Inwohners wurde anläßlich der Inventur 1713 festgestellt, daß ,,die Burgg oder das sogenannte alte Schlössl ob dem Paß zu R. undisputierlich zu dem Hohen Erzstifft gehörig, darvon der Graf (von Kuenburg) bloß wegen Underhaltung dessen das jährliche Deputat in Gelt, Getraidt und Khäsen von der Pfleg aus zu genießen". 1735 ersuchte der hochfürstliche Hüttenschreiber um Renovierung des ,,sog. Schlössl Hintergrien", das ihm als Wohnung angewiesen worden war. Da die Reparaturkosten für das ganz verfallene Gebäude zu hoch erschienen, erwog man den Verkauf. Die Bergwerksverwaltung erhob jedoch Einspruch, weil der Turm als Getreidekasten in Verwendung stand. Der eingereichte Kostenvoranschlag ergab, daß die Täfelung im großen Wohnzimmer und in den 2 anstoßenden Kammern wegen des zahlreichen Ungeziefers herausgerissen und neue Fenster und Türen eingesetzt werden mußten. In den Kammern sollte 1 Ofen gesetzt und ein neuer Rauchfang aufgezogen werden.

Am 17. III. 1775 wurde das ,,uralte Schlössl Fünstergruen, samt Stallung, dann ain Gründtl und Mädl daselbst" von der Hofkammer zur Versteigerung freigegeben. Der einzige Bieter war der hochfürstliche Bergknappe Joseph Ruef, der die Burg bisher zu Untermiete bewohnt hatte.

1796 folgte ihm sein Sohn Georg, 1837 dessen Sohn Georg, 1848 seine Witwe Maria geb. Taferner, 1849 Eva Maria Kerschhackl (samt dem zum Kloster Nonnberg gehörigen Grund), 1865 deren Bruder Josef Kerschhackl, 1894 Elisabeth Lerchner.

Am 15. IX. 1899 erwarb Sandor Gf. Szapary die verfallene Burg zu seinem Bergwerksbetrieb. Ursprünglich sollte nur der noch stehende Turm und ein Teil des Palas instand gesetzt werden. Dann aber entschied sich der Besitzer für einen völligen Neubau, der nach seinem Tod 1905 von seiner Witwe Margarethe geb. Gfn. Henckel v. Donnersmark fertiggestellt wurde. Infolge der wirtschaftlichen Veränderungen wurde das reiche, aus allen Teilen Mitteleuropas zusammengetragene Inventar 1941 in München versteigert. 1945 erbten Bela und Jolantha v. Szapary, die die Burg 1972 an das Evangelische Jugendwerk in Österreich verkauften.

(SLA, Franz.Kat.; Planslg: Schloß Finstergrün; SUB 2, Nr. 182, 196, 458, 3, Nr. 213; Martin, Reg. II, Nr. 532, 753, III Nr. 465, 571, AB 2, Nr. 27, 44, 54, 55, 91, 121; Pfleg Moosham — ohne Rep. 5. 4. 1558; Pfleg Moosham-Tamsweg XXVIII/34, LXXX/102; Hieron.Kat. 1774 fol. 2435; U 1136 fol. 842; AL Moosham 1775 Nr. 24; NB Moosham 107 zum 2. 9. 1775; Unrest. 153, 170, 191; Kürsinger, L. 336f; J. Steiner-Wischenbart, Burg Finstergrün im Lungau, 1911; ÖKT XXII, 158—165 m. Abb. 184, 186; Versteigerungskat. Nr. 28, A. Weinmüller, München, 1941: Möbel, Plastik u. Kunstgewerbe des 15.—18. Jh.; Klebel 79f; F.Z.)

2. WINTERGRÜN (Ramingstein Hs. Nr. 58; KG. Ramingstein, EZ. 199, Bp. 54)

1188 übergab Otto v. Machland seine Güter im Lungau dem Sbg. Domkapitel (s. Finstergrün), das bis zur Grundentlastung Grundherr der Herrschaft Ramingstein blieb. Das Gebiet war wegen der zahlreichen Bergwerke von wirtschaftlichem Interesse. 1459 erklärte EB. Sigmund das Bergwerksgebiet zu einer Freiung und verlieh sicheres Geleit. Der Bergrichter sollte über alle Streitfälle richten, ausgenommen solche, die Todesstrafe zur Folge hatten, für die der Landrichter in Moosham zuständig war. Die 2. und 3. Instanz für Rechtsfälle außerhalb der Freiung R. war der Vizedom in Friesach. Jeden Samstag wurde ein Wochenmarkt zur Versorgung der Bergleute bewilligt. Das Gebiet der Freiung R. wurde genau umgrenzt: ,,Vorerst in dem Mattall an dem Drogpach unz auf die Höch, was der Trauff hereinsagt, unz auf an die Muschniz und nach dem Muschniz heraus in die Muer, sunhalben, nach dem Rigl auf, neben des Edwegs auf die Höch, was der Trauf schaidet und hinab auf den Gauwerspach alls der Trauff schaidet . . .''

Der Verwaltungsmittelpunkt war Schloß Wintergrün, der Ansitz der Familie der Mooshamer, von der sich deshalb eine Linie *von Mosshaimb zu Ramingstain* nannte. Der Sohn des 1556 verstorbenen Wilhelm v. Moosham und der Anna v. Haunsperg (sie nahm ihren Witwensitz in R.), Seyfried v. Moosham, baute in seinem Schloß eine Kapelle zu Ehren der hl. Helena ,,darin rastent'' und der Kreuzauffindung und bestiftete sie mit 2 Messen wöchentlich. (Seine Gattin war Helena Freiin v. Teuffenbach.) Außerdem bestimmte er, daß am Tage der Kreuzauffindung, dem 3. Mai, die Priester für den Festgottesdienst in ,,seinem Zimmer hervorn, so am Hof heraus gehet, neben wohlgemelten St. Helena Gottshaus gelegen'' unterbracht werden sollten. Seine Schwestern Elisabeth und Ursula hatten Christoph und Hans Weitmoser zu Winkl, Ramseiden und Grueb geheiratet. 1601 wurde ein Inventar aufgenommen, in dem nicht nur die Räume des Schlosses aufgezählt sind (,,Hädwig-Stibl, Leobenegger Zimmer, Kamer daran, Schläminger, Prameckher Zimer, Khnecht Khamer, Söller, vorder Kheller''), sondern auch die Einrichtung der Kirche beschrieben wird. In ihr befanden sich 2 Altäre. Auf dem einen waren 2 Tafelbilder mit dem letzten Abendmahl und der Kreuzigung sowie 2 Messingleuchter, auf dem anderen ,,die Ausspierung Christi auf einer alten Tafel, je eine alte Tafel, darauf die Billnuß Cristi und die Urstennt Cristi'' sowie 2 viereckige und 2 runde Gipstafeln. Außerdem waren noch eine kleine Glocke und zahlreiche Meßgewänder, u. a. mit dem Wappen der Mooshamer, in einem Kasten vorhanden. Nach dem kinderlosen Tod von Hans Weitmoser 1603 erbten die

**RAMINGSTEIN — FINSTERGRÜN und WINTERGRÜN**

Töchter des im selben Jahr verstorbenen Christoph. Regina, die Hans Friedrich Fuchs v. Fuxberg heiratete, erhielt bei der Erbteilung mit ihrer Schwester 1631 das „alte Schloß Ramingstein". Ihr Mann übertrug die Meßstiftung zur Kirche von St. Margarethen (s. d.). Die Fundationsgüter wurden am 17. XI. 1664 an das Kloster Nonnberg verkauft. Aus dieser Zeit scheint eine Beschreibung der Liegenschaft zu stammen, die offensichtlich für einen geplanten Verkauf erstellt wurde, da im Nachsatz vermerkt wird, daß der insgesamt auf 6000 fl. geschätzte Besitz auch einzeln verkauft werden könne. Zum Schloß mit der Kapelle gehörte noch ein „gemauertes Haus, auch zunechst an das Schloss die gemauerten Stallungen auf 6 Pferdt, zween Traidtkhästen, das gemauerte Mayrhaus, Wagenhütten und Khuestallungen". Rund um das Schloß gehörten Getreidefelder dazu, die 300 Schober Ernte einbrachten. Das gesamte Gut unterstand dem Domkapitel, das es auf ,,ain, zween oder drey Leib zu Leibgeding'' verlieh. 1647 folgten die Geschwister Wilhelm Carl, Ursula und Eva Jocher, 1658 Andree Salzleitner, 1661 dessen Sohn Franz und seine Miterben.

1662 kaufte der Pfleger von Mauterndorf, Balthasar Pockh v. Arnholz auf Niederaich, Schloß Wintergrün mit der ausdrücklichen Bemerkung nur deshalb, ,,damit die darin wohlerbaut und mit nothwendigen Ornat versehene Capellen, zu St. Helena genand, in keine andere Hand oder Verwiestung gerate''. Fünf Jahre später verkaufte er die ,,gemauerte Behausung, Hofstatt und Gartl, sambt der Aus- und Einfahrt, auch darbey verhandtnen Rosstall und darauf ligendten zwayen Traidtcässten in der Finstergrien, so ein absonderliches Stockh, item ain Platz im Hof, welches sich vom Schloss bis auf das Egg des undtern Millhaus yber zwerch erstreckhen thuet'' (mit ,,Traid-Casten, Holzhitten, Thenn, Mayerhaus, Milchstube, Kasten'') an den hochfürstlichen Ramingsteiner Bergwerkshandel. Die Aushändigung der Kapellen-Ornate wird besonders betont. Aus der Eintragung im domkapitlischen Anlaitlibell wird ersichtlich, daß der Name Finstergrün auch für das Schloß im Tal verwendet wurde. 1684 erwog man, in dem ,,Schlössl zu Ramingstain, alwo jezo der Perckhrichter und der Ranttner wohnen, und darinnen dem Vernemen nach, ain besondere Capellen verhandten ist'', den Vikar und den Mesner unterzubringen, weil große Räume für alle kirchlichen Aufgaben zur Verfügung standen. Ein Lokalaugenschein ergab, daß für den Vikar 1 saubere, große Stube mit einem eingebauten ,,Studio'', 2 große Kammern, Küche, Waschküche, Backofen, Speise und Keller, für den Mesner 1 große, gewölbte Stube und Kammer zur Verfügung standen. Weil die Entfernung zur St.-Achaz-Kirche aber zu groß war, wurde dieses Vorhaben nicht ausgeführt. 1701 wollte Wolf Jacob v. Wibmern das Schlößl kaufen, konnte die Kaufsumme aber nicht erlegen. Deshalb plante er im nächsten Jahr das Gebäude gemeinsam mit den Kendlbrucker Gewerken zu pachten bzw. 1708 als Lebensmittellager zu kaufen. Diese Vorhaben scheiterten aber am Konkurs der genannten Gewerken. 1750 wurde dem Fronboten dort bis zum Bau eines eigenen Hauses eine Wohnung zugewiesen (,,Das Schlössl, wo der Hüttenschreiber wohnt, wo 2 Stuben, als die Benedict und Rantnerstuben lähr seindt, sambt einer eigenen Kuchl und Keller, auch Aufgang, auch die Kheuchen sich aldort befindten''). Reparaturen waren keine nötig, nur die Hüttenschreiberin mußte ihre Hühner aus den Räumen entfernen. 1759 wurde das Haus saniert. Erzbischof Sigismund v. Schrattenbach weihte am 16. IX. die Kapelle der hl. Helena neu und stiftete Reliquien der Heiligen Urban, Benedikt, Creszenzius, Deodat, Chrysostomus und Daria. Er verlieh außerdem einen 40tägigen Ablaß. Auf Bitten der Bergarbeiter wurden die seit 1699 nicht mehr abgehaltenen Messen wieder eingeführt. Die Schloß-Kapelle erhielt den Rang einer eb. Hofkapelle. Aber schon im nächsten Jahr (1. IV. 1760) wurde der Tragaltar der Helena-Kapelle zur Aufbewahrung dem Bergverweser in Gastein übergeben.

1778 wurde der Bergwerksbetrieb eingestellt. 1781 wurde ein ausführliches Inventar über die Einrichtung der Kapelle angefertigt. Es waren vorhanden: in der Kapelle 1 Paar hölzerne, vergoldete Leuchter, von Engeln gehalten, 2 Paar gewöhnliche, vergoldete Leuchter, 2 alte Büsche von Federrosen, 4 alte Buschenkrüge ,,von Bildhauer Arbeit'', 1 Kreuzweg, 1 Buchkissen aus rotem Taft, 1 kupferner Weihbrunn-Kessel, 3 Kanon-Tafeln, 2 geschnitzte alte Statuen St. Barbara und Katharina, 1 sehr schlechtes Altartuch, 1 grüner, sehr schlechter Überzug ,,von Linzerzeig'', 1 sehr zerrissenes Substratorium; in der Sakristei wurde in einem unangestrichenen Fichtenholzkasten ohne Schloß aufbewahrt: ein schöner und ein schlechterer vergoldeter Kelch samt Patene, ein reiches, blau-weiß mit Gold und Mooshamer Wappen gesticktes Meßkleid samt Stola und Manipel, ein rot-weißer

Damast-Ornat mit gelben Blumen und leonischen Borten, ein grüner Damast-Ornat. Der schwarze Taft-Ornat sowie der blaue ,,dobinene" waren in sehr schlechtem, unbrauchbarem Zustand, ebenso wie der Ornat aus blauem Moirée und der aus rotem Taft mit dem Mooshamer Wappen. Außerdem waren noch verschiedene färbige Kelchtücher u. a. vorhanden. Auf kleine Kissen waren Reliquien aufgeheftet. An Meßbüchern lagen auf: ,,ein altes Missale in rothen Leder gebunden", das Kölner des Peter von Lichtenstein von 1515, das Grazer von 1651 und das Supplementum Salisburgense von 1773. Ein kleiner, geschnitzter Christus mit der Osterfahne, eine Kirchweihtafel, vier gelb ausgeschlagene Bruderschaftskutten aus Leinen mit den dazugehörigen Hauben ergänzten das Inventar. In 2 Fichtenholzkästen wurden dazu noch bekleidete Figuren der Heiligen Johann Nepomuk, Vinzenz, Barbara und Katharina aufbewahrt. Die Einrichtung der Kapelle wurde 1796 aus dem aufgehobenen Kapuzinerkloster in Tamsweg vervollständigt, wovon aber nur das Venetianische Missale von 1743 erwähnenswert ist.

1806 wurde der Bergbaubetrieb wieder eröffnet. 1825 kaufte das Kk. Bergwerks-Aerar die Liegenschaft an Fürst Schwarzenberg und die Kk. Salinen-Direktion Salzburg übergab den gesamten Komplex 1827 an das Schwarzenbergische Oberverwesamt Murau. Da das Schloß nicht mehr für den Bergwerksbetrieb verwendet wurde, händigte der schwarzenbergische Kommissar den Schlüssel zur Kapelle dem kk. Revierförster Mathias Klettner aus. Dagegen erhob das Konsistorium in Salzburg Einspruch. Die folgenden Kompetenzstreitigkeiten beendete der furchtbare Waldbrand, der vom 18. bis 23. Juli 1841 Ramingstein vernichtete. Wie durch ein Wunder blieb der Altar unversehrt. Beim Wiederaufbau des Schlosses wurde die Kapelle aber abgetragen. Seit 1827 ist Wintergrün im Besitz der Familie Fürst Schwarzenberg: Josef, 1840 Johann Adolf, 1900 Adolf Josef, 1920 Johann, 1940 Dr. Adolf, 1951 Dr. Heinrich, 1967 Dr. Karl Johannes v. Schwarzenberg.

(SLA, Franz.Kat., Karten und Risse J 28, BW Lungau Nr. 6a: Ansicht d. Schlosses; SUB 2, Nr. 458; Kat. priv. I fol. 171; Pfleg Moosham-Tamsweg LXXX/2, 14, 42, 72, 88, LXXXI/148; BW Lungau: Ramingstein 1735 Nr. 3, 1763 lit. T; Domkap.-Akten 54/26. Fasz. Nr. 3; DK-AL 1667, DK-NB 655; Hieron.Kat. 1774 fol. 2431; U 266 fol. 401, 267 Nr. 428, 1143 fol. 214, 1144 fol. 336; Kuenburg-Tamsweg U 34 (Beilage); Eb. Konsist.A. Ramingstein 9/79, St. Margarethen 9/82; Kürsinger, L 327—335; ÖKT XXII 158, Abb. 185, 186; F.Z.)

3. PASS RAMINGSTEIN (Ramingstein Hs. Nr. alt 83, abgekommen)

Von der Burg Finstergrün führte eine Mauer, am Friedhof vorbei, zur Mur und bildete so eine Talsperre.

Beim Lokalaugenschein, den der Hofbaumeister Johann Paul Wasner 1672 abhielt, wurde festgestellt, daß neben dem Tor ,,ain viereggender Thurn, gleich deme bei der Clausen (Seethal s. d.) stand". Das Tor war durch Palisaden gesichert und mit Gattern versehen, vor denen ein Schrankbaum war. Das Stöckl rechts vom Tor, das vom Bergwerkshandel zum Rösten der Erze verwendet wurde, war im Verteidigungsfall hinderlich und sollte deshalb abgetragen werden. Auf der linken Murseite erstreckte sich bis zum aufgehenden Fels ein ebenes Feld von etwa 200 Schritten, das mit Palisaden abgesichert war. Der alte, vorhandene Turm sollte zu einem neuen Wachthaus umgebaut werden. Nach einem Lokalaugenschein durch Ruprecht Marith wurde der Umbau in Angriff genommen. Im Erdgeschoß wurde die Wachtstube eingerichtet, im 1. Stock ,,Stibl, Kuchl und Kämerl", im 2. Stock eine Stube und eine Kammer. 11 Fenster wurden ausgebrochen und vier hölzerne Böden eingezogen. Als die Türkengefahr 1683 drohte, wurde beim Friedhof eine neue Schanze angelegt, die als Geschützbasis diente. Schon einmal, 1656, war der Paß rasch mit Infanterie und

Kavallerie besetzt worden, als in Friesach die kaiserlichen Soldaten revoltierten, die nicht nach Italien und Spanien ziehen wollten. Der Paß, als Haupteinfallstor in den Lungau, hatte große strategische Bedeutung. Deshalb wurde er stets instand gesetzt und zuletzt noch 1798 mit einer neuen Toranlage versehen. Über dem Gewölbebogen, unter dem die Landstraße durchführte, war das hölzerne Blockhaus aufgesetzt. Zu dieser Zeit bestand die Besatzung nur noch aus 2 Mann. Vom Wohnhaus führte eine Mauer zum Friedhof. Das Tor darin konnte von den Posten nicht kontrolliert werden. In der Beschreibung der Salzburger Pässe von 1791 wird erwähnt, daß deshalb ursprünglich an der äußersten Landesgrenze noch ein gesondertes Blockhaus gestanden hat. Der Backofen vor dem Paß, der zur Verpflegung der Mannschaft diente, war zu diesem Zeitpunkt bereits völlig unbrauchbar. Als Salzburg 1816 zu Österreich kam, wurde der Binnenpaß unnötig und an die Gewerken Alois Steiner und Co. verkauft. Beim Waldbrand 1841 wurde das Paßhaus zerstört.
(SLA, Franz.Kat.; Pfleg Moosham-Tamsweg LXIV/31, 37, 18, 52, 53$\frac{1}{2}$, 82; HK Moosham 1779/A; Laa XIV/48; HK Laa 1791—94/D., F.Z.)

S T. M A R G A R E T H E N IM LUNGAU (Tamsweg)
TURM (KG. St. Margarethen, EZ. 2, Bp. 38 ,,Schloßruine'')
Der *uralt befreidte adeliche Syz und gemauerte Stock zu St. Margarethen* dürfte der Stammsitz der seit 1212 nachweisbaren Familie der Mosheimer sein. Als die Burg Moosham 1285 verlorenging, zogen sie sich nach St. Margarethen zurück. Zum Sitz gehörten außer dem Stock noch das Meierhaus, Stall, Garten und Obstgarten, die Schmiedpeunten, ein Garten beim Stock, der durch einen Zaun abgeteilt war und in dem ein Haus samt Getreidekasten und Stall stand, sowie eine Badstube in der ,,Brandstatt'' und eine Mahd am Triegen. Ein Teil der Güter wurde 1556 von Balthasar v. Thannhausen zu der mit Hofmarksrechten ausgestatteten Herrschaft gekauft.
Nachweisbar saß von der im Spätmittelalter in Diensten der Erzbischöfe stehenden Familie Thomas Mosheimer in St. Margarethen. Auch das Familiengrab befand sich hier, wie die beiden prachtvollen Grabsteine an der Außenmauer der dortigen Kirche bezeugen: der portraitähnliche, in der Tradition der Spätgotik verhaftete des Wilhelm v. Mosheim aus 1533 und der Renaissancestein der Brigitta v. Leobenegg, geb. v. Mosheim, von 1554.
Die Witwe nach Georg v. Mosheim, Ursula Diether zu Schedling, erhielt ihr Ausgedinge in St. Margarethen zur lebenslangen Nutznießung zugewiesen. Da sie aber nach Neumarkt übersiedelte, überließ sie die Bewirtschaftung Lukas Kölderer. Ihr Sohn Ehrnreich v. Mosheim übernahm 1579 das Leibgeding von ihr. Der Enkel Andre v. Mosheim und seine Frau Elisabeth v. Staudach geb. Hofer zu Uhrfahrn verkauften schließlich den Sitz samt Zugehör am 1. XI. 1616 in Tamsweg an Carl, Reichardt, Erasam und Christoph v. Kuenburg zu Kienegg, Neukirchen, Hieburg, Prunsee. Darüber wurde am 16. III. 1637 in Klagenfurt von deren Sohn Laux Ehrnreich v. Mosheim auf Ottmanach der Kaufvertrag ausgestellt. Von da an blieben Sitz und Herrschaft im Besitz der Fam. Kuenburg bis 1877. Der gemauerte Stock und die landwirtschaftlich nutzbaren Gründe wurden verpachtet. Zur Zeit des Verkaufs bewirtschaftete Gertrauth Gellin die Meierei zu Leibgeding, d. h. auf Lebenszeit. Den gemauerten Stock bewohnten Untermieter: 1658 lebte Andre Topler im 1. Stock links in einer Stube samt Zimmer, wozu noch Kellerräume gehörten, die mit Läden vor dem Getreidekasten aufgesetzt waren. Die Küche benützte er gemeinsam mit Ambrosi Khendler, dem die große Stube, 1 Kammerl, Garten und Stall zugeteilt waren. Der ,,allenthalben herumben mit starckhen und fessten Meyrn bewarthe'' Sitz war der Herrschaft vorbehalten.
1859 plante man die Widmung der Liegenschaft für eine Beschälstation im Lungau. Das

Projekt wurde aber wegen zu hoher Kosten nicht durchgeführt. 1877 erhielt den Sitz Albine Spieß durch Einantwortung, Filipp Abuja heiratete im selben Jahr ein. 1912 kauften Franz und Aloisia Lanschützer das Gut, 1938 folgte Franz, 1967 Helmut Lanschützer. Im Stallgebäude sind die Mauern des Stockes noch sichtbar.
(SLA, Franz.Kat; Kuenburg-Tamsweg U 39, 39 1/2, 40—42; U 1162 fol. 375, 447; LRegg. 1860 IX/E; AB II Nr. 115; Hübner III/2, 505; Winkelhofer 226; Pillwein 481; Kürsinger, L 674; ÖKT XXII 49, 55; Klebel 78, 104, 116; F.Z.)

S T. M I C H A E L IM LUNGAU (Marktgemeinde/Tamsweg)
1. HEISSHAUS IN ST. MARTIN (St. Martin Hs. Nr. 1)
An der alten Landstraße im Ortszentrum von St. Martin steht das sog. Heißhaus, ein ehem. Ansitz, ein länglicher, zweigeschossiger Bau mit abgewalmtem Satteldach. An der O-Seite ist ein gemauerter Getreidekasten unter das einheitliche Dach miteinbezogen, wodurch das Eingangsportal an der S-Seite nicht in der Mittelachse des Gesamtbaukörpers zu liegen scheint. Zahlreiche Umbauten und Adaptierungen, zuletzt ein Brand im Jahre 1925, haben die sichtbare historische Bausubstanz sehr beeinträchtigt. Ein schön getäfelter Raum im Obergeschoß mit Wandschränken und reichen Türumrahmungen läßt die einstige Pracht noch erahnen. Im Zuge einer derzeit laufenden Restaurierung soll, soweit eindeutig nachweisbar, der historische Zustand wiederhergestellt werden.
Andrä Heiß, Gewerke im Lungau, erwirbt 1478 vom Stift St. Lambrecht in der Steiermark das freieigene Haus mit 2 Huben. Er stirbt 1508 im 97. Lebensjahr; sein und seiner Gemahlin Dorothea Pernerin Grabstein befindet sich an der Filialkirche St. Martin.
Die nächste, für die Geschichte des Hauses wichtige Nachricht war die durch den Brand 1925 zerstörte Inschrift auf einem Türstock in dem getäfelten Saal: ,,Hans Gensprunner zw Radstadt und Apolonia Geporne Heissin sein Gemachl MDXXXXV." In dieser Zeit wurde anscheinend zumindest das Innere des Ansitzes reicher ausgestattet, wenn nicht schon damals der bauliche Zusammenschluß der vorher getrennten Baukörper (Wohnhaus und Getreidekasten) und damit im wesentlichen die heutige

Erscheinungsform hergestellt wurde. Kürsinger berichtet noch von einer in der Zwischenzeit längst verschwundenen gläsernen Wappenscheibe im Fenster des kleinen gewölbten Raumes im Obergeschoß.

Bis 1838 verblieb der Ansitz im Besitz der Fam. Heiß; in diesem Jahr verkaufte Andre Heiß die Liegenschaft an Matthias Prem, den ersten der langen bürgerlichen und bäuerlichen Besitzerreihe zwischen 1838 und heute. 1973 kaufte Dr. Gerhardt Plöchl das Heißhaus und ist seitdem um eine echte Restaurierung im Sinne der denkmalpflegerischen Erhaltung bemüht.

(Grundb. KG. St. Martin, EZ. 42, Bp. 21; SLA, U 1104, f. 19, 132; OUrk. 23. 1. 1561; HK Moosham I, Wald- und Urbarsachen, 1. Bund, Nr. 7 (1541); HK Moosham 1633/M; Bibl.St.Peter, Hs.Ebner XV 80; Kürsinger, L 630; ÖKT 22, 62 (Fußn. 1); Klebel 102, 132; W.S.)

2. OBERWEISSBURG (Oberweißburg, ehem. Standort auf Gp. 31, Wiese des Ilgengutes)

Die Trasse der Tauernautobahn führt n. der Ortschaft Oberweißburg genau über den ehem. Standort der Burg Oberweißburg.

Als Notgrabung wurde daher 1973 vor Beginn der Erdbewegungen die Burgstelle archäologisch untersucht, wobei der Grundriß der rechteckigen Anlage erfaßt werden konnte (11,65 × 18,60 m). Teilweise konnte noch bis zu 2 m hohes aufgehendes Mauerwerk festgestellt werden, das in den Fundamenten eine Stärke von 1,05 bis 1,35 m aufwies. Vor Durchführung der Grabung waren nur seichte Niveauunterschiede im Wiesengelände kenntlich.

Über die Bau- und Besitzgeschichte der Burg konnten nur wenige Hinweise gefunden werden: Pfarrer Winklhofer war der Ansicht, daß die Burg von den Herren von Weisbach erbaut worden war (Grabplatten dieses Geschlechtes in der Pfarrkirche zu St. Michael), die von den Herren von Weißpriach beerbt wurden. Kürsinger glaubte, daß die Herren von Weißpriach vor d. 2. H. d. 14. Jh. den Turm erbauten, zum Schutz ihrer Bergwerksanlagen im Zederhaustal. Fest steht, daß schon im 15. Jh. das Bauwerk dem Verfall preisgegeben wurde.

Die Herrschaft Oberweißburg aber existierte weiterhin, es werden die Herren von Trauttmannsdorf, von Thurn und letztlich die Grafen von Plaz als Besitzer erwähnt, die Oberweißburg auch in ihrem Adelsprädikat führten.

(KG. Oberweißburg, Gp. 31; Hübner III/2, 505; PfarrA. St. Michael, Ms. Pfr. Winklhofer (um 1830); Kürsinger, L 598, 618, 726; Bibl.St.Peter, Hs. Ebner XV 98; ÖKT XXII 44; BDA-Akt, Fundbergungsprot. Dr. Moosleitner, 1973; W.S.)

3. PRITZGUT (Amt Oberweißburg) (St. Michael-Höf Hs. Nr. 16)

Nur noch eine Zirbe inmitten des Autobahnkreuzes bei St. Michael erinnert an den Standort des im Zuge des Baues der Tauernautobahn 1973 abgebrochenen Pritzgutes.

In seinem Äußeren ein großer Lungauer Bauernhof, zeigte er als Besonderheit an der O-Seite (längsseitig) eine Reihe von 4 Rundbogenöffnungen, getragen von Rechteck-pfeilern, deren Flucht ca. 80 cm vor der Außenwand des Erdgeschosses mit der dahinterliegenden, gewölbten Rauchküche lag. Das Obergeschoß setzte mit seiner Außenwand auf der Rundbogenreihe auf.

Die Vermessung des Grundrisses des vom Schema der Bauernhäuser abweichenden Baues zeigte, daß im rückwärtigen Teil ein mittelalterlicher Wohnturm mit den Grundmaßen 8,42 × 9,90 m und ca. 1 m Mauerstärke (Erdgeschoß) unter das einheitliche Satteldach des Bauernhauses miteinbezogen war. Im Obergeschoß des Turmes zeigten sich an der N- und W-Seite (hier durch einen späteren Anbau eines Getreidekastens vermauert) je eine Fensternische mit abgefastem Steingewände der

Wandöffnung und den für den Burgenbau seit dem 13. Jh. in Salzburg festzustellenden seitlichen Sitzbänken. Der Eingang in den Turm erfolgte in beiden Geschossen jeweils aus dem s. angebauten Vorhaus des späteren Bauernhauses und war im Erdgeschoß als abgefaster Rundbogen, im Obergeschoß als Spitzbogenportal gestaltet. Beide Eingänge aber stellten spätere Einbauten dar, der ursprüngliche konnte nicht festgestellt werden. Ebenso fehlte für die Festlegung der ursprünglichen Höhe des Turmes jeder Hinweis.

Historisch scheint das Pritzgut identisch zu sein mit dem Sitz des ,,Amtes Oberweißburg'', das noch 1853 in adeligem Besitz war (G. Plaz).

Der Name des Hofes geht zurück auf die bäuerliche Familie Pritz, die schon 1797 auf dem Gut, damals genannt ,,Neuhof am Moos zu Michael'', nachgewiesen werden kann. (Grundb. KG. Höf, EZ. 42, Bp. 15; SLA, U 1105 f. 64, fortf. 303; W.S.)

4. BURGSTALL ST. ÄGIDI (ST. GILGEN) (St. Michael-Höf Hs. Nr. 21, ,,Burgstallergut'')

Nördlich der Filialkirche St. Ägidi bei St. Michael liegt das Burgstallergut, wo sich einst der Burgstall der Herren von St. Gilgen befand. Eine rondellförmige Gartenstützmauer wird oft noch als Rest der früheren Burg bezeichnet.

Im Jahr 1244 wird die Burg St. Gilgen erstmals erwähnt, Herren von St. Gilgen werden ab 1278 genannt: Als Zeuge in St. Michael ein *H. de s. Egidio* 1278, dann 1358 Eberhard von St. Gilgen und um 1360 Otto, sein Sohn.

Wahrscheinlich schon 1428, sicher aber 1492 geht die Burg an die Herren von Weißpriach über: ,,item die lehenschaft und mannschaft von Sand Gilgern''.

St. Gilgen scheint schon im 15. Jh. verfallen zu sein und wird weiterhin nicht mehr als Burg bezeichnet.

(KG. Höf, Bp. 45; SUB 3, 601, Nr. 1054; 4, 104; HHSTA, KB 2, 428 Nr. 590; DK.LB 1, f. 2'; LB 2, f. 44; Bibl.St.Peter, Hs.Ebner XV 57; Klebel 96; ÖKT XXII 75; HiSt II 380; W.S.)

## 5. PASS STRANACH

Der Mautschranken, eine Viertelstunde außerhalb des Marktes St. Michael im Lungau an der Kärntner Straße zum Katschberg gelegen, verdiente die Bezeichnung Paß eigentlich nicht, da in aktenmäßig gesicherter Zeit keine Befestigungsanlagen aufgeführt waren.

Das alte Schildwachehaus war schon 1664 mit keiner Besatzung mehr belegt. 1676 wurde ein Holzhaus für einen Offizier gebaut, das 1794 nach dem Tod des letzten Oberleutnants versteigert werden sollte. 1796 kaufte es der Weinschreiber um 100 fl. Auf der gegenüberliegenden Straßenseite stand ein halbgemauertes Häusl für den Gefreiten, dem vorne eine Holzhütte angefügt war und zu dem ein 50 Schritt vom Paß entfernter, gemauerter Backofen gehörte. Dieses 1675 auf Kosten der Landschaft aufgeführte Haus war in gutem Zustand und sollte 1794 beim Verkauf 60 fl. einbringen. (SLA, Pfleg Moosham-Tamsweg LXIV/Nr. 38, 82; Laa XIV/48; HK-Laa 1791—94/D; Winkelhofer 224; Kürsinger, L 620; F.Z.)

## T A M S W E G (Marktgemeinde/Tamsweg)

### 1. KUENBURG-PALAIS (Hs. Nr. 107; KG. Tamsweg EZ. 122, Bp. 95/1)

Christoph III. v. Kuenburg wurde 1556 als Pfleger von Moosham eingesetzt. Damit begann der Ankauf von Gütern im Lungau durch die Fam. Kuenburg. 1560 schloß er mit seinem Bruder Erasam einen Erbvertrag, in dem der Besitz auf die Linien Kuenburg-Neukirchen (s. Hochneukirchen) und Kuenburg-Tamsweg mit Zustimmung von EB. Michael aufgeteilt wurde. Auf Grund dieses Vertrages wurde 1681 ein Fideikommiß eingerichtet, das zwar 1812 von der Bayerischen Regierung aufgehoben wurde, praktisch aber bis 1954 in Geltung blieb. Auf Christoph III. folgten: 1584 Christoph IV., 1592 Georg, Carl, Reichardt, Erasam und Christoph V. (s. St. Margarethen), 1640 Reichardts Sohn Christoph VI. Sigmund, 1704 Johann Christoph VII. Maximilian, 1735 Johann Maximilian Sigmund. 1773 wurde die salzburgisch-kärntnerische Linie im Sinne der Fideikommißbestimmungen von der steirischen abgelöst. Nach Johann Nepomuk Christoph Karl erbte 1789 sein Bruder Franz Kaspar Wilhelm, 1809 Alois Johann Nepomuk, 1839 Wilhelm Caspar Ludwig, 1870 Alois Josef Ferdinand, 1874 Therese Gfn. Kuenburg geb. Goes, Karoline Gfn. Cerrini geb. Kuenburg, Alois Gf. Kuenburg, 1884 nach Karoline und Karl Cerrini Edmund Cerrini und Bertha Freiin Wucherer. 1885 nach Alois Kuenburg Marianne Baronin Buddenbrock, seine Tochter, und nach Therese Kuenburg Wilhelm Kuenburg, 1886 die 7 Kinder der Bertha Wucherer nach ihrer Mutter und Erich Baron Buddenbrock Anteile durch Kauf, 1907 Marianne Buddenbrock allein, 1933 Siegfried Kuenburg-Ungersbach aus der böhmischen Linie, 1946 Eberhard Kuenburg durch Schenkung, 1954 Marktgemeinde Tamsweg durch Kauf.

Das Palais entstand durch Umbauten mehrerer Häuser, die seit dem 15. Jh. urkundlich nachweisbar sind und systematisch angekauft wurden. Die Fam. Kuenburg wollte sich hier einen Herrschaftsmittelpunkt schaffen, der 1598 bereits fertig war und sich in seinem Aussehen deutlich von den Bürgerhäusern des Marktes unterschied. Der Marktbrand von 1742 machte die durchgreifende Umgestaltung durch Baumeister Fidelis Hainzl nötig. Zahlreiche Abrechnungen geben Auskunft über die Mitwirkung der Handwerker und Künstler am Bau dieses Frührokoko-Hauses, darunter der Maler Johann Lederwasch aus der angesehenen Lungauer Maler-Familie, der Bildhauer Johann Puldt und der Stukkateur Johann Cajetan d'Androy aus Graz, der vor allem das Hauptportal schuf. Der Salzburger Schlossermeister Philipp Hinterseher fügte dem das seltene Schmiedeeisen-Allianz-Wappen der Kuenburg-Rollingen bei. Von der einst interessanten Ausstattung mit vielen Familienbildern ist nur noch wenig erhalten.

Im Hauseingang wurde eine Inschrifttafel aus der 1790 demolierten Kapuzinerkirche angebracht, die daran erinnert, daß EB. Max Gandolf v. Kuenburg diese Kirche 1671

**KUENBURG-PALAIS**

eingeweiht hatte. Im 1. Stock sind Grisaille-Ansichten von Tamsweg und von den Schlössern Finstergrün, Mauterndorf, Neukirchen und Moosham bemerkenswert. Der 1745 angelegte, einst wohlgepflegte Schloßpark mit alten Baumbeständen ist zu einem Gemeindepark umgewidmet worden.
(Franz.Kat.; SLA, Kuenburg-Tamsweg Nr. 123; Geh.A. XXV/K 27/4, 5; Bestandsaufnahme v. 1954 i. d. Bauamtsmappen; Kürsinger, L 244f; ÖKT XXII 194—202 m. Abb.; Hatheyer 324, 409; Klebel 86; E. Kuenburg, Die Fam. Kuenburg i. Lungau u. i. Salzburg, in: MGSLK 102 (1962) 51—76; HiSt II 384; F.Z.)

2. RATHAUS (ehem. Gressingische Behausung, Knappenwirtshaus, Gögginger Haus, Lederwaschhaus, Bockwirtshaus „Zur Krone") (Hauptplatz Hs. Nr. 134)
Das Rathaus stellt mit seinen beiden charakteristischen Eckerkern an der Hauptfassade das markanteste Bauwerk am Hauptplatz von Tamsweg dar.
Obwohl seit jeher in bürgerlichen Händen, weist es die typischen Merkmale eines spätgotischen Ansitzes auf. Dieser schlößchenartige Bau scheint als bürgerliche Kopie der adeligen Ansitze entstanden zu sein. Im Inneren des Rathauses sind die schweren Gratgewölbe in den Vorhallen der beiden ersten Geschosse sowie eine geschnitzte,

**TAMSWEG — RATHAUS**

spätgotische Balkendecke im Erdgeschoß beachtenswert. Zahlreiche Fenster- und Türgewände aus Stein blieben trotz diverser Umbauten bis heute erhalten. Oberhalb des segmentbogenförmigen Einganges sind seit 1897 zwei Inschrifttafeln mit völlig irreführenden Angaben eingelassen: Das Objekt wurde von keinem Erzbischof erbaut, noch war es jemals eb. Besitz.

Michael Fresner wird 1452 als 1. Besitzer eines Hauses an dieser Stelle der ,,Hofstatt am Egg am Platz'' genannt. Ihm folgt 1480 durch Kauf Oswald Gressing zu Tamsweg, 1502 dessen Sohn Leonhard Gressing. 1545 erhält sein Sohn Christoph den Besitz und bringt das Haus bis auf wenige spätere Veränderungen in seine heutige typische Gestalt mit den beiden Eckerkern. Gleichzeitig erwirbt er für das Haus die Wirtsgerechtsame. Ihm wird das Bürgerrecht von Tamsweg zuerkannt.

Sein Sohn Leonhard Gressing ,,der Jung'' übernimmt vor 1580 den Besitz. Ihm folgt 1620 sein Sohn Abraham, der aus finanziellen Nöten das Gressing-Haus gegen den Gasthof an der Murbrücke von Balthasar Prunner eintauscht. Unter dessen Sohn Matthäus Prunner berichtet eine Objektsbeschreibung von 1636: ,,Eine schöne, großgemauerte Behausung mit Türml . . .'' 1663 folgt Lorenz Prunner, der 1666 an den Jocherschen Verwalter der Herrschaft Rottenfels und Oberwölz, Michael Gögginger, verkauft. Im Jahr 1667 übernimmt dessen Tochter Johanna, Frau des Jakob Arnetspichler, Kuenburgscher Verwalter im Langenhof zu Salzburg, das Haus, verpachtet es aber an den Wirt Paul Gell. 1719 verkauft die Witwe Arnetspichler um 3000 fl. die Gastwirtschaft zusammen mit dem angeschlossenen Salz- und Obsthandel an Adam Gambs, Sohn des Zechners zu Lessach.

Schon 1723 kommt die ,,Eckbehausung am Platz'' durch Gantkauf (Notverkauf) an die Fam. Glanner, 1756 aber wieder durch Gantkauf an Georg Koller, Bäckermeister, der das Gastgewerbe auf seine heimatliche Bäckerei übertragen läßt und das Haus 1757 um 600 fl. an die Pfarrkirche Tamsweg verkauft.

1775 erwirbt es der Maler und Geometer Gregor (IV.) Lederwasch, bisher Mesner zu St. Leonhard, dem 1792 sein Sohn Franz nachfolgt. Wahrscheinlich hat Gregor Lederwasch die Malereien an der Hauptfassade angebracht, die im Zuge der letzten Renovierung von 1958 unter Sonnenuhren freigelegt und restauriert werden konnten (Immakulata und Madonna mit Sonnenuhr). 1796 kauft es der Bauer Jakob Lintschinger und erhält dadurch das Bürgerrecht zu Tamsweg. Seine Tochter Maria, verheiratet mit Peter Egger, Wirt zu Tamsweg, übernimmt den Besitz 1809.

Von ihren Erben kauft im Jahr 1831 Nikolaus Ernst, Wirt zu Tamsweg, das Haus, der das Gastgewerbe von seinem ,,Flottenwirtshaus" auf das Gressinghaus am Platz überträgt. Seine Witwe verkauft das Wirtshaus, nunmehr mit dem Namen ,,Zur goldenen Krone", 1846 an den Uhrmacher Rupert Bock. 1896 erwirbt die Marktgemeinde Tamsweg das Haus und baut es 1897 unter Miteinbeziehen des Dachgeschosses zu ihrem Rathaus um. 1943 werden weitere Ausbauten im Dachstuhl vorgenommen, jedoch unter größtmöglicher Wahrung des historischen Bestandes. (Grundb. KG. Tamsweg EZ. 9, Bp. 71; SLA, U 1179 f. 25 u. 115; f. 197; NB Tamsweg (1795) Nr. 87; Stift Nonnberg OUrk. Nr. 418 (1494); Akten BDA Sbg.; Bibl. St.Peter, Hs.Ebner XIV 194; Hatheyer 432; Hatheyer, Zur Geschichte der Fam. Gressing und des Rathauses Tamsweg, in: MGSLK 44 (1904) 101; HiSt II 384; ÖKT XXII 202; Dehio 116; Riehl II 223; W.S.)

3. ST. LEONHARD — WEHRKIRCHE (Kirche und Mesnerhaus Tamsweg Hs. Nr. 38)

Südwestlich des Marktes Tamsweg steht auf dem N-Hang des Schwarzenberges weithin sichtbar die gotische Wallfahrtskirche von St. Leonhard.

Eine Legendentafel berichtet, daß 1421 ein Bild des hl. Leonhard dreimal nacheinander aus der Pfarrkirche Tamsweg verschwand und jedesmal in einem Baum nahe der späteren Wallfahrtskirche aufgefunden wurde. Eine Kapelle stand bereits im Jahre 1424, der heutige Kirchenbau wurde 1433 vollendet. Baumeister der Kirche war auf Grund eines Freskos links neben dem Hochaltar Meister Peter Harperger aus Salzburg.

Erst durch die drohende Türkengefahr 1478 kommt es zum Bau der rings um die Kirche laufenden Befestigungsmauer. In der NO-Ecke der Anlage steht seitlich des Eingangstores ein gemauertes Haus mit Stallungen an der Ringmauer, das um 1612 als Wohnung für einen Priester umgebaut wurde. An der O-Seite und in der SW-Ecke befindet sich je ein Turm in der mit Schießscharten und früher hölzernen Wehrgängen ausgestatteten Mauer. An der S-Seite liegt das gleichzeitig mit der Kirche erbaute Mesnerhaus, ehemals Wohnhaus der bedeutenden Lungauer Malerfamilie Lederwasch, die hier durch Generationen Mesnerdienste leistete.

Zum Bau der Mauer wurde die Vermutung laut, daß die Kirche nur zum Schutz ihrer angehäuften Schätze wehrhaft umgürtet wurde. Fest steht, daß EB. Bernhard v. Rohr in Bündnis mit Kg. Matthias Corvinus von Ungarn gegen K. Friedrich III. Krieg führte und vor allem der Lungau zum Kriegsschauplatz zwischen ungarischen und kaiserlichen Truppen wurde. Zwischen 1480 und 1490 war die Wehranlage Hauptquartier der ungarischen Truppen im Lungau. Seitdem scheint die Wehrkirche keinerlei fortifikatorische Funktionen mehr erfüllt zu haben.

1912 wurde die Kirche eingehend restauriert, ebenso die Wehranlage instand gesetzt. 1971/72 war auf Grund aufgetretener Setzungen eine tw. Verhängung der Risse im Mauerwerk des Wehrmauerringes notwendig. Gleichzeitig wurden die Dächer der Türmchen und der gesamten Ringmauer neu mit Lärchenschindeln eingedeckt.

In den Jahresrechnungen der Kirche finden sich seit jeher Hinweise auf die schwere finanzielle Belastung, welche die Instandhaltung dieser Wehranlage darstellte.

(KG. Tamsweg; Hübner III/2, 518; Kürsinger, L 279; Dürlinger, L 31; MZK 1874, 71 (Johann Gradt); Martin, Die Wallfahrtskirche St. Leonhard b. Tamsweg (1926); ÖKT XXII 208; Hatheyer 218, 366; HiSt II 379; W.S.)

## 4. KLAUSE SEETHAL (Seethal Hs. Nr. 25, Bp. 20)

Fährt man von Tamsweg nach O ins Leißnitztal, erreicht man kurz hinter der Ortschaft Seethal die Landesgrenze zwischen Salzburg und Steiermark. Zur Grenzsicherung dienten dort die Klause, eine Talsperre ähnlich der ,,Alten Wacht'' im Großarltal, und auf einer Anhöhe darüber die Burg Klausegg (s. d.).

Die Talsperre besteht aus einem Torhaus und dem s. daran angebauten Torwächterhaus, der sog. alten Kaserne. Das Torhaus ist im Untergeschoß gemauert und an der Lungauer Seite gewölbt. An der steirischen Seite ist der flache Bogen abgetragen. Ebenso sind die Torflügeln, mit denen das Tor früher während der Nacht versperrt werden konnte, entfernt worden. Das Obergeschoß ist aus Holz, mit quadratischen Luken und einem abgewalmten Schindelsatteldach. Über der Tür des Torwarthauses befindet sich die Jz. 1681 mit den Initialen M. M. An der N-Seite des Tores ist eine kleine Kapelle angebaut, die die Verbindung zu einem gemauerten Getreidekasten herstellt. Über einen gedeckten, hölzernen Gang gelangt man von dort zum Gasthaus, der sog. Tafern an der Klausen, die im Besitz der Fam. Macheiner ist, aus der der verstorbene Sbg. EB. Eduard Macheiner stammte.

Von der Mauer, die das ganze Tal absperrte, sind n. und s. der Klause noch Reste vorhanden. Ein steiler Pfad führt s. der Klause zur Burg hinauf. In halber Höhe sichert eine hohe Mauer mit Zinnen den Weg aus dem Pfarrdorf Seethal.

## KLAUSE SEETHAL

Die Burg hatte seit etwa 1600 keinerlei militärische Bedeutung mehr. Die Klause hatte die Funktion des Grenzschutzes, der Maut- und Zolleinnahmen übernommen. Sie verkörpert bereits einen neuzeitlichen Befestigungsbau wie die Anlage am Mandlingpaß.

Die Taferne war rund 100 Jahre im Besitz der Fam. Puegger. 1634 verständigte Thomas Puegger den Pfleger von Moosham, daß sein Haus, der Kasten und die Stallungen durch das einstürzende Mauerwerk der Klause auf das äußerste gefährdet sei. Wegen der akuten Einsturzgefahr des Grenzturmes könne er keine Gäste mehr bei sich übernachten lassen. Beim Lokalaugenschein wurde festgestellt, daß das Dach ,,am Gräniz-Thurn an der Clausen im Seethal'' schon viele Jahre verfault und eingefallen sei. Deshalb sei auch vor 4 Jahren ein Gewölbe eingestürzt. Hauptmann Walther v. Waltherswil wollte den Grenzturm abtragen, was aber nicht geschah. 1667 tat Korporal Peter Wolf an der Klause Dienst. Er war mit Katharina Puegger verheiratet und hatte 9 Kinder.

1729 bis 1731 und 1759 wurde die Paßbefestigung repariert. 1729 war das Blockhaus völlig verfault. Es wurde abgetragen und neu aufgebaut. Dabei wurden im Paß über der Tordurchfahrt Wohnungen für den Korporal, den Musketier und eine Stube für die Soldaten eingerichtet. Die Mauer, die das Tal sperrte, war zum Großteil eingestürzt. Deshalb wurden auf einer Länge von rund 51 m Palisaden errichtet. Die Lungauer Gemeinden mit ihren 884 Herdstätten mußten trotz ihrer Weigerung die Robot für die Verteidigungsbauten übernehmen.

In einem Bericht von 1791 wird der Paß wie folgt beschrieben: ,,der Paß Seethall besteht in einem über die Straße gebauten Thorbogen und Blockhaus darauf, dann einem Schlagbaum, nicht minder in einem rechterhand anstossenden halbgemauerten, halbhölzernen Wohnungsstökel der commandierten 2 Mann, und liegt in dem Seethall zwischen zwey flachen Anhöhen, dem k. k. Gränzmauthamt Seebach gegenüber. Eine 7 Schuh hohe Mauer ist an dem Paß etlich 40 Schuh lang aufwärts des linken Flügel befindlich, die zimlich baufällig ist; an dieser Mauer stosset ein etwa 50 Schuh langer Liechtzaun, der mit Stiegeln über die an der Leite befindlichen 2 Gangsteigen versehen ist. Rechterseits an dem Wasser ist ebenfalls eine Mauer von circa 40 Schuhen, an selber schließen sich bis zum Wasser — und jenseits bis zu einer alten verfallenen Schanze, dann etwas in der Höhe befindlich alt eingefallenen Schloß Klausek Pallisadten an, die z. T. schon abgefault und in Kürze sich ganz in Moder auflösen werden."

1794 wurde der Schrankbaum ausgebessert, 1796 der Fußboden in der Wachtstube und der Küche erneuert und die Wölbung des Kellers unter der Küche geplant, damit der Ofen nicht einstürzen könne.

Beim 1. Einfall der Franzosen im Winter 1797/98 wurden die Haustüren und der Keller beschädigt. In der Folge wurde in der Küche der Herd gepflastert, das Haus geweißigt und das Dach repariert. Die Klause Seethal überstand mit ganz wenigen Ausnahmen die Franzosenkriege und den modernen Straßenverkehr bis heute.

(SLA, Franz.Kat; Hieron.Kat. Moosham 1774 fol. 2127; Pfleg—Moosham—Tamsweg VIII/19; U 90, 91; HK Moosham 1619—1622/G, 1634/A, 1683/H; HK Landschaft 1791—94/D; Laa — Akten 189; Hs. 100, S. 905ff; Bibl.St.Peter, Hs.Ebner XIV 173ff; ÖKT XXII 171ff; Klebel 33f; Zaisberger 9.1., 23.1., 6.2., 21.2., 6.3.1974; F.Z.)

### 5. KLAUSEGG (KG. Seethal Bp. 64, Ruine)

Klauseggs Burg oder Turm steht auf einem Hügel rund 40 m über der Talsohle. Talsohle.

Die rechteckige Anlage hat ein Ausmaß von rund $30 \times 15$ m, wobei die beträchtliche Mauerstärke von 2,5 m besonders bemerkenswert ist. Die noch stehenden 4 Stockwerke des Turmes sind dreigeteilt und in den unteren Geschossen mit Auflagern für die einstmals vorhandenen Flachdecken versehen. Im obersten Stock sind die Zwickel für den Gewölbeansatz noch zu sehen. Der Eingang, der an allen 4 Seiten von einem Graben gesichert ist, befindet sich heute an der S-Seite, war aber ursprünglich wohl an der N-Seite in einem Obergeschoß. Im Inneren geben die tiefen Fensternischen einen Eindruck von der Wehrhaftigkeit der Burg.

Die Frühgeschichte liegt im dunkeln, d. h. bis jetzt konnten keine schriftlichen Quellen gefunden werden. Dem Baubestand nach stammt sie a. d. 13. Jh., was mit Vierthalers und Kürsingers Annahme parallel geht, daß Klausegg unter EB. Eberhard II. 1246 vom Erzstift erworben worden sei. Hübner schreibt 1796, daß das „uralte Pflegschloß Klauseck . . ., das nun mit großen Lärchen und Fichten bewachsen sei . . . einst den Grafen von Pettau gehörte und von EB. Gebhard eingetauscht wurde". Das kann nicht stimmen. Vielmehr ist anzunehmen, daß die Grenzbefestigung gegen Steiermark im Zuge der Landwerdung des Erzstiftes im 13. Jh. zu Salzburg gekommen ist. Um die Burg nach ihrem Heimfall nicht wieder zu Lehen ausgeben zu müssen und die Erblichkeit zu verhindern, haben die Erzbischöfe vermutlich, wie auf anderen Ministerialenburgen, einen Pfleger eingesetzt. Sie betrauten einen Beamten mit der Burghut, dessen Verfügungsrecht mit seinem Tod erlosch. Die Pflege Klausegg umfaßte kein so großes Gebiet wie die übrigen Pflegen des Landes, etwa Mittersill. Der Einfluß des Pflegers war auf den Bereich des Burgfrieds beschränkt: „. . .vom Weißofen nach der Landschidung (= Grenze) bis auf die Stoder Höch (= Gstoder), herab nach dem Schwarzwaldperg, bis auf den Weyerpach".

Hier stand dem Pfleger das Recht der Vogeljagd und alle Waldnutzung zu. Um seine Einkünfte zu mehren, durfte er den großen Fischteich gegen einen Kapaun zur Pacht ausgeben. Die 12 Bauern von Seethal mußten je einen Tag im Sommer zur Mahd und je 1 Tag im Winter zum Heuführen Robot leisten. Über eigene Güter zur Versorgung der Burg verfügte Klausegg nicht, sondern nur über 10 Grundstücke, die alle in der Umgebung der Burg lagen und lange Zeit vom Wirt an der Klausen bewirtschaftet wurden (der ehem. Meierhof?).

Darunter war auch die sog. „Große Etz oder Roßetz", in der die Burg steht. Ihr

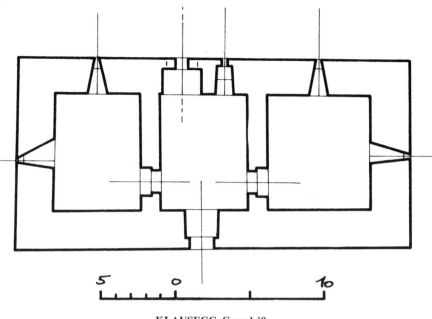

KLAUSEGG, Grundriß

Ausmaß reichte für die Ernährung von 30 Rindern zwischen St.-Urbans-Tag und Laurenzi (25. 5. bis 10. 8.). Außerdem konnte der Pfleger zusammen mit den Seethaler Bauern seine Kühe auf den Gstoder, seine Ochsen auf den Sattel zur Almzeit auffahren. Die Einkünfte aus dem Klausegger Urbar betrugen je 40 Maß Roggen und Hafer, 5 Zentner Käse, 5 Gulden Bargeld und 26 fl. 2 ß 6 d (= 26 Gulden, 2 Schilling, 6 Pfennig) als Ertrag von den Wiesen. Die Bauern, die ihr Vieh im Wiesberg weiden ließen, mußten zu Ostern 1 Lamm stiften. Für dieses nicht große Einkommen war der Pfleger verpflichtet, stets ein „gerüstetes Pferd" bereitzuhalten.

Der Pfleger von Klausegg war hauptsächlich mit der Burghut, also mit militärischen Aufgaben, betraut. Er hätte auch Gerichtsrechte ausüben können, was er aber laut einer Aussage von 1633 nicht tun mußte, da keine Gerichtshändel vorkamen. Größere Streitfragen wurden im Pfleggericht Moosham verhandelt (s. d.).

Der 1. Pfleger, der namentlich bekannt ist, war Wulfing v. Moosham, aus der Lungauer Ministerialenfamilie. Er ist 1354 als Burggraf genannt. 1362 war Ernst v. Nußdorf Pfleger, 1379 Lipp der Schalchdorfer, 1388 Wolfgang v. Moosham. 1429 bezeugt Andreas v. Moosham als Pfleger von Klausegg eine Urkunde, in der Jörg Gärr vom Thurnhof (s. d.) in der Flachau einem Mitbürger in Tamsweg ein Grundstück verkauft, das Lehen der Fam. Gärr war.

1431 verkaufte Peter aus der Mauer als Pfleger den „Lasachhof zu Lessach" an die St.-Leonhards-Kirche in Tamsweg. Ein Zusammenhang dieses Mannes mit dem Mauerschlößl bei Radstadt (s. d.) und dem Standlhof (s. d.) ist sehr wahrscheinlich.

1449 gab Andrä Trientner EB. Friedrich einen Revers, daß er Veste und Pflege Klausegg auf Lebenszeit erhalten habe. Ihm folgten 1451 Christoph Moshaimer, 1457 Andrä Perner, 1466 Georg Pruckdorfer, 1468 Wolf v. Lawbenegk und 1477 Sigmund v. Leobenegk.

Während des Ungarischen Krieges wurden die Lungauer Burgen von ungarischen Truppen besetzt. Erst 1490 befahl Kg. Wladislaw v. Ungarn seinen Militärkommandanten, den Lungau mit Ausnahme des Schlosses Klausegg dem Erzstift zurückzugeben.

1492 verlieh EB. Friedrich dem Vizedom von Friesach, von wo aus der Lungau verwaltet wurde, die beiden Weiher bei Klausegg und am Seebach auf Lebenszeit. Wegen dieser Fischrechte kam es kurze Zeit später zu einem Streit zwischen dem damaligen Vizedom Franz v. Thannhausen und dem Pfleger von Moosham, Wolf v. Keutschach. Im Kompromiß von 1529 erhielt Thannhausen das Fischrecht für die Dauer seiner Amtszeit als Vizedom von Friesach.

Noch im selben Jahr 1492 übernahm Kaspar Hauser die Pflege auf 40 Jahre, als Ersatz für 100 Gulden, die er EB. Friedrich geliehen hatte. Nach dem raschen Ableben des Landesherrn bestätigte EB. Leonhard die Ansprüche Hausers, der ihm 1498 darüber einen Revers aushändigte. Aus seiner Amtszeit sind Urbare und Stiftregister erhalten, so daß wir über die Einkünfte der Pflege gut unterrichtet sind. 1511 wollte Wolf aus der Mauer, damals Verweser der Pflege Moosham, mit Klausegg belehnt werden, um sein Einkommen zu erhöhen. Sein Gesuch wurde aber vom Hofrat abgelehnt. Die Verwaltung Klauseggs überließ Kaspar Hauser seinem Sohn Hans, der 1533 anläßlich der Übergabe an den neuen Pfleger eine genaue Aufstellung über Einkünfte und Ausgaben der Pflege anfertigte. Der neue Pfleger mußte ihm auch die 100 Gulden aushändigen, die sein Vater dem Erzbischof geliehen hatte.

Kardinal Matthäus Lang übergab 1533 Klausegg Christoph v. Thannhausen, dem noch unmündigen Sohn des Franz v. Thannhausen, Hauptmann und Vizedom von Friesach. Weil die Burg damals schon sehr baufällig war, bewilligte der Kardinal 100 Gulden zur Renovierung.

Nach dem Ableben des Christoph v. Thannhausen erhielten seine 4 Söhne Sigmund, Wilhelm, Ehrnreich und Franz 1566 die Pflege mit der Auflage, daß jeweils der Älteste der Inhaber sei. Zwischen 1580 und 1583 verwaltete Georg Samitz die Pflege im Auftrag der verwitweten Frau v. Thannhausen.

Der Drittälteste, Ehrnreich, nahm im kaiserlichen Heer an zahlreichen Türkenkriegen teil. Er überließ Klausegg dem Umgeldeinnehmer von Tamsweg Christoph Kuchelmaister gegen eine Pacht von 140 Gulden. Er fiel schließlich 1611 bei der Einnahme der Stadt Sisseck durch die Türken „. . . . als ein Mamelugg". Obwohl sein Vetter Balthasar IV. v. Thannhausen bei den EB. Wolf Dietrich und Markus Sittikus den Versuch unternahm, Klausegg zu erhalten, fiel die Pflege doch an das Erzstift zurück.

Während der Streitigkeiten um das Thannhauser-Erbe gelang es den Freiherren von Khuen die Grundstücke der Pflege ihrem Urbar anzuschließen, u. a. auch jene Parzelle, in der die „Vesst oder Thurrn Clausegg" steht. Der 1614 installierte Pfleger Heinrich Länttaller verständigte 1616 die Hofkammer von diesem Vorgehen. Nach längerer Weigerung mußte der in Straubing (Bayern) lebende Ferdinand v. Khuen zugeben, daß die Grundstücke ohne Rechtstitel in seine Nutzung gekommen sind. Sein Gutsverwalter im Lungau, der oben erwähnte Christoph Kuchelmaister, hatte sie als Pächter der Pflege in einer Hand vereinigt. Derselbe Kuchelmaister hatte auch das verfallende Schloß ausgeräumt und u. a. 11 Doppelhacken von dort in das Khuen-Haus nach Tamsweg gebracht. 1617 wurde die Burg jedoch renoviert und wieder mit Türen und einem Tor versehen. Deshalb forderte Pfleger Länttaller die Grundstücke und das bewegliche Inventar vom Khuenischen Verwalter Karl Jocher zurück.

1618 starb Heinrich Länttaller. Sein Nachfolger Martin Jocher stellte 1622 fest, daß sein Vorgänger 200 Gulden erhalten hatte, um die Burg („den Thurn"), die ganz verfaulten Stiegen, alle Zimmer, Kammern und Gemächer zu renovieren und eine standesgemäße Wohnung einzurichten. Da Länttaller plötzlich verstorben war, bat Jocher um die Aushändigung des Geldes. Weil auch er kurz darauf starb, scheint die Burg nicht mehr hergerichtet worden zu sein.

1624 wurde Wolf Reichhart Jocher Pfleger. Erhard Walther v. Waltherswil, Hauptmann und Pfleger von Moosham, bewarb sich 1633 um das ,,Gränizhaus Clausegg", wurde aber abgewiesen. Von ihm ist 1635 eine Verordnung von der Kanzel in der Kirche zu Seethal verlesen worden, in der er den Holzarbeitern die Saisonarbeit in Italien verbietet, um das Abwandern der Waldarbeiter zu verhindern.
Der letzte selbständige Inhaber der Pflege ist ab 1634 der Kammerdiener des EB. Paris Lodron, Andreas Gille. Der Mann weilte im diplomatischen Dienst an den Höfen des Königs von Polen und des Großherzogs von Toskana. Als Dank erhielt er die Pflege zu Erbrecht. Nach seinem 1636 erfolgten Tod mußte aber der Sohn Andreas Rudolf Gille die Pflege abtreten. Er bat um Ersatz, da er sich beim Einfall des Kurfürsten von Bayern in das Erzstift Salzburg 1647 auf den Schanzen von Straßwalchen als Patrouille verdient gemacht habe. Obwohl ihm das Hofgericht 1645 Klausegg zugesprochen hatte, erhielt er nur zu Lebzeiten von EB. Paris die Einkünfte ausgehändigt. 1650 wird das Urbaramt Klausegg endgültig der Pflege Moosham einverleibt.
1672 beschrieb der Hofbaumeister Johann Paul Wasner den Zustand der Burg so: ,, . . . an disem Pas ainen Pixen-Schus inerhalb des Landtmarchs ligt Schadseiten in der Höche ain oblong 3 Gaden hoches Gebey in die Leng 86 Schuech und in die Praite 42 Schuech, undten herumb mit 8 Schuech und oben undter dem Tach in 5 Schuech steendem dickhen Gemayr. Zu eben Fues hinein ist rechte Handt ain Stallung und linkhe ain Keller, doch ohne Gewelb, über ain Stiegen ain Vorhaus und beeder Seiten Traid-Cästen, über 2 Stiegen ain Vorhaus, Stuben, Cammer, ain gewelbte Kuchl. Über 3 Stiegen als undter dem Tach ain Stuben, umb und umb ain hiltzene Wehr und zway Wachtheisl." Die 64 großen eisernen Nägel, die den Dachstuhl mit dem Mauerwerk verbunden hatten, waren verrostet. Dadurch war der hölzerne Wehrgang, der auf den Tramen auflag, so gefährdet, daß ,,man darauf ohne Gefahr nit mer geen" konnte. Das ganze Gebäude war völlig leer, nur die hölzerne Stiege war noch, wenn auch baufällig, erhalten. Der Bauverwalter schlug vor, die Zugänge zu vermauern, um Gesindel am Zutritt zu hindern. Es geschah aber nichts.
Damit verschwindet die Burg aus den Quellen. Im vorigen Jahrhundert zeigte man zwischen Felsengeröll und der Waldung eine ziemlich große Öffnung aus Stein mit Spuren von Meißelung, die sich senkrecht im Boden verlor. Hinabgeworfene Steine ergaben nach längeren Zwischenräumen ein dreimaliges Echo. Nach Meinung der Einheimischen war dieses Loch der unterirdische Zugang zur Burg. Zur Nachtzeit soll dort ein magisches Licht aufflammen. Im Schloß soll es außerdem spuken. Zu diesen Erzählungen paßt die Beschwerde des Pflegers Länttaller von 1617, daß der Wirt an der Klausen (s. Klause Seethal) Thomas Puegger das Schloß Klausegg mit seinem Schatzgraben ,,alchimieren und rößten" am meisten ruiniert habe.
(Franz.Kat; SUB 3 Nr. 1096; AB II Nr. 44, 48, 92; HHSTA, OUrk. Pflegreverse; SLA, Hs. 100 fol. 905; Pfleg Moosham—Tamsweg XL/6, XL/8, 10, XLIX/1, 11, LXIV Nr. 52, VIII/15, 19; HR Katenichl 1512 fol. 134; Laa XIV/48; HK Moosham 1447—1541/J, K, M, 1619—22/G, 1634/A. 1633/G, 1683/H; LA. 189; U 90, 91; Frank, Pfleggerichte: Klausegg; Bibl.St.Peter, Hs.Ebner XIV 173ff; ÖKT XXII 171ff; Klebel 33; Hübner III/2, 520; Kürsinger, L 355; Koch-Sternfeld, Beitr. III 58, 92; JB.SMCA 1853, 77; Zaisberger 9.1., 23.1., 6.2., 21.2., 6.3.1974 m. Grundriß; F.Z.)


6. BURGSTALL SAUERFELD (Nordöstlich der Ortschaft Sauerfeld, ,,Burgstall")
Auf einer Kuppe am rechten Ufer des Preberbaches befinden sich über einer Steilstufe die wenigen Mauerreste des Burgstalles zu Sauerfeld, urkundlich bezeichnet als ,,Burgstall bei Tamsweg" und deshalb auch oft an anderen Stellen vermutet.
Die höchste Stelle dieser Kuppe nahm wahrscheinlich ein Turm ein, doch ist eine grundrißliche Zuordnung der Reste ohne archäologische Untersuchung kaum möglich.

Über Entstehungszeit und Auflassung dieser Burg ist nichts bekannt, auch sind bisher nur zwei eindeutige Nennungen dieses Burgstalles überliefert: Am 6. XII. 1290 verzichten Offo v. Teufenbach und seine 2 Söhne zugunsten des Salzburger Domkapitels auf Lungauer Güter, darunter eine Hube an dem Burgstall bei Tamsweg. Am 28. X. 1381 wird Heinrich an dem Burgstall genannt.
(PfarrA. Tamsweg, OUrk. 28. 10. 1381; HHSTA, Kop. Buch d. Domkap., f. 60; ÖKT XXII 171; MGSLK XXXIV 192: Zillner suchte diese Burg irrig an Stelle der späteren Kirche St. Leonhard/Tamsweg; W.S.)

7. ZECHNER AM SCHLOSSBERG (BURG SCHLOSSBERG) (Zechnergut in Tamsweg-Seethal, Ruine auf Gp. 150, KG. Seethal)
Nordöstlich oberhalb des Zechnergutes an der Straße von Tamsweg nach Seethal stand auf einem kleinen markanten Plateau die Burg Schloßberg.
Nur mehr geringe Mauerreste, vor allem in der nw. Hälfte, lassen die Anlage in ihrer unregelmäßigen Ausdehnung von ca. 20 × 20 m noch erkennen. Die Stärke der Mauer betrug hier ca. 1,20 m. Gegen N und W scheinen sich im Gelände noch Reste von Wällen erhalten zu haben. Erst eine eingehende archäologische Untersuchung könnte genaueren Aufschluß über die tatsächliche Ausdehnung der ehem. Burg erbringen.
Die Herren von Schloßberg (,,Slospergarii'') scheinen eine Seitenlinie der Herren von Moosham (s. d.) gewesen zu sein, da sie mit demselben Wappen (halber Bock) siegelten. Sie gehörten zum höheren Adel des Lungaues und waren bis zu ihrem Aussterben am A. d. 15. Jh. Ministeriale, wahrscheinlich der Herren von Ortenburg.
Als erster seines Stammes wird 1278 *Otto v. Schloßberg* als Zeuge in einer zu Salzburg gesiegelten Urkunde genannt. 1287 kauft das Salzburger Domkapitel wegen ,,der wachsenden Schlechtigkeit der Vögte'' unter anderen von den Schloßbergern zwölf Häuser im Lungau. Friedrich v. Schloßberg, seit 1305 mit Ludenein, der Schwester des Wilhelm v. Stauffeneck verheiratet, wird zwischen 1290 und 1309 erwähnt; Heinrich zwischen 1290 und 1331, er war Burggraf zu Neumarkt bei Friesach. Hartneid, der Sohn des Friedrich, wird 1322 in Mühldorf (Obb.) anläßlich des Feldzuges gegen die Bayern von EB. Friedrich zum Ritter geschlagen.
Weitere Schloßberger sind genannt: 1358 und 1362 Jörg; 1364 Margaretha und ihr Sohn Hans; zwischen 1423 und 1438 dessen Sohn Heinrich; dann 1441 Klara, Witwe des Hans; zwischen 1441 und 1457 der ohne Erben verstorbene Hans, ein Vetter Klaras. Die im 16. Jh. als Hausbesitzer in Tamsweg nachgewiesenen Brüder ,,von Schloßberg'' dürften entweder einer Seitenlinie entstammen oder aber nicht mit den Herren von Schloßberg verwandt sein.
Um 1430 geht ,,alle Mannschaft, die die Schloßberger gehabt haben'' an die Herren von Weißpriach über. Wann die Burg zerstört oder auf Grund eines Besitzerwechsels aufgelassen wurde, kann derzeit wegen fehlender Nachrichten nicht nachgewiesen werden. Möglich wäre aber, daß sie bereits um 1480 bei Ungarneinfällen überrannt und nicht mehr instand gesetzt wurde.
(Martin, Reg I Nr. 70, 1277; Reg II Nr. 20, 743, 832; Reg III Nr. 174, 791; LB 2, f. 44; HHSTA, KB 2, Nr. 590; Bibl.St.Peter, Hs.Ebner XIV 168; JB.SMCA 1853, 86; ÖKT XXII 175; Klebel 117, 120; Hübner III/2, 520; Kürsinger, L 355; W.S.)

8. STANDLHOF (Wölting Hs.Nr. 34, alt 20, Bp. 82)
Auf Grund des Fundament-Mauerwerks, vor allem an der SO-Seite des Hauses, wäre eine Erbauungszeit zumindest im 15. Jh. möglich. Es wäre denkbar, daß das Gut ursprünglich ein freieigener Sitz (Turm) der Herren von Grimming oder der Familie ,,aus der Mauer'' gewesen ist, da die Gründe gegen den Markt Tamsweg zu in einem Geländesporn enden, der Verteidigungszwecke erfüllt haben könnte.

Bis zur Grundentlastung 1848 gehörte der Standlhof (,,ein Huebl am Göriach, wie es mit Zaun oder Haag umfangen ist") grundherrschaftlich zum Pfarrwidum der St.-Jakobs-Kirche in Tamsweg. Als Besitzer lösten sich ab: um 1562 Weilhartter, Andre Grimming, Melchior Putz, Hans Putz, Antoni Waltl, Walthasar Waltl, Franz Rorwolff, Johann Mosdorffer, Franz Rorwolff, vor 1613 Wilhelm Rechseisen, um 1617 Adam Schmauss, um 1626 Felix Schmauss, 1658 Bärtlmä Perthl, 1693 Mathias Pertl, 1694 Maria Pertl und Ruep Schrimb, 1728 Joseph Schrimb, 1759 Joseph Kräpfl, sein Schwiegersohn, 1764 Hans Kerschhäggl, 1776 Andrä Mayr, 1811 Franz Lerchner, 1834 Wilhelm Gf. v. Kuenburg Steyerberg, 1874 Therese Gfn. Kuenburg geb. Goes, Karoline Gfn. Cerrini geb. Kuenburg, Alois Gf. Kuenburg, 1884 Edmund Gf. Cerrini, Bertha Freiin von Wucherer u. a., 1886 Erich Baron v. Buddenbrock, 1927 Marianne Freifrau v. Buddenbrock, 1933 Siegfried v. Kuenburg, 1946 Eberhard v. Kuenburg, 1954 Bundesland Salzburg, 1974 Wolfgang Schaffler.

1795 hatte das Anwesen folgendes Aussehen: ,,. . . eine untermauerte, hölzerne Behausung mit 1 Herd, 2 Hütten und 1 Backofen, samt angebaut untermauertem Stall, Thenn, Traid und Heuleg, 1 hölzerner Ochsenstall mit Heuleg, 1 hölzernes Schweinestallerl, 1 hölzerne Holzhütten, 1 hölzerner Traidkasten, 1 hölzerne Wagenhütten, 1 hölzerne, alte Haardörr ohne Ofen, 1 Röstgruben." Nach dem Ankauf durch Wilhelm Gf. v. Kuenburg wurde das Gebäude grundlegend umgebaut. Der Plan vom 1. XI. 1835 gibt den Zustand wieder, wie der Standlhof vor dem Umbau 1974/75 ausgesehen hat.

(FranzKat.; SLA U 1188 fol. 198; NB Tamsweg 88; Kuenburg-Tamsweg buchf. 207 m. Plan; Dek.PfarrA. Tamsweg: Urbare, NB; FZ.)

## T H O M A T A L (Tamsweg)

### 1. RUINE EDENVEST (LEONSTEIN, LEWENSTEIN, GRUBERERSCHLÖSSL)
(Thomatal-Gruben, Gp. 456, KG. Thomatal)

Unmittelbar s. der Ortschaft Gruben windet sich der Bundschuhbach um einen markanten Felskopf am Ausgang des Bundschuhtales.

Auf diesem heute dicht bewaldeten Felskopf sind noch geringe Reste der einstigen Burg Edenvest erkennbar. Grob behauene Steinquader in mehreren Schichten übereinander, stellenweise bis zu 1 m hoch, zeugen von der vor allem an der N-Seite noch sichtbaren starken Umfassungs- oder Stützmauer. Der Grundriß der Burg ist nicht mehr rekonstruierbar, weil der s. Teil der Anlage wahrscheinlich auf Grund von Unterwaschungen des Bundschuhbaches durch einen Bergsturz zerstört wurde. Klar erkenntlich dagegen ist noch der gegen W, die frühere Zugangsseite, vorgelagerte Graben.

*Edenvest* oder *Leonstein, Lewenstein,* ist die 1. urkundlich belegte Burg im Lungau: 1147 bestätigt B. Reginbert v. Passau dem Otto v. Machland dessen Schenkung seines Lungauer Besitzes an das neugegründete Stift Waldhausen, wovon die Burg *Lewenstein* allerdings namentlich ausgenommen wird.

Erst 1299 ist die Burg wieder urkundlich belegt: Heinrich v. Guetrat gibt aus Anhänglichkeit an die Salzburger Kirche und zu seinem und seiner Voreltern Seelenheil sein Eigen an der Burg Guetrat (bei Hallein) sowie all sein Eigen im Bistum an Leuten, Gut, Vesten, Urbar etc. dem Sbg. EB. Konrad ledig und erhält alles wieder zu Lehen. In der Aufzählung findet sich auch der ,,Burgstall zu Lewenstein im Lungau". Weitere Nennungen beziehen sich nur auf Güter ,,bei Lewenstein": 1350/60 eine Hube, zwischen 1429 und 1441 Almen bei Lewenstein u. a. m.

Ein Lehenbrief für Eberhard v. Moosheim um 1467/70 spricht bereits von der ,,öden Vest", sie muß also schon 1470 Ruine gewesen sein. Da auch das s. an den Lungau

angrenzende Landgericht Gmünd Besitz des Salzburger Erzstiftes war, dürfte die Burg als zwecklos betrachtet worden sein. Aus diesem Grund wurde sie dem Verfall preisgegeben.
(Martin, Reg II Nr. 407—411; SUB 2 Nr. 620; DK-LB 1, f. 2'; LB 3, f. 77; LB 6, f. 118'; Bibl.St.Peter, Hs.Ebner XV 24, 25; ÖKT XXII 82; HiSt II 336; Klebel 95; JB.SMCA 1853, 67; W.S.)

## 2. BURGSTALL THOMATAL (Oberhalb der Straße nach Ramingstein, nö. der Ortschaft Thomatal)

Auf einem steilen Vorhügel des Schwarzenberges sind im terrassenähnlichen Gelände verzweigte Grundmauern von Gras überwachsen zu erkennen. Gegen den nö. Berghang zeigen sich Reste eines Walles mit dem eventuellen Standort der ehem. Zugbrücke. Urkundlich ist der Burgstall bisher nicht nachweisbar.
(Bibl.St.Peter, Hs.Ebner XV 24; Kürsinger, L 646; JB.SMCA 1853, 66; ÖKT XXII 82; W.S.)

## T W E N G (Tamsweg)
### PASS TAUERN (KG. Tweng, ,,Wachterhaus'' Gp. 46)

Im Zuge des Ausbaues der Katschberg-Bundesstraße über den Radstädter Tauern wurden umfangreiche Abböschungsarbeiten auch im Bereich des sog. Petersbühels notwendig. Ihnen fielen im Jahr 1968 die letzten Reste der einst bedeutenden Paßbefestigung des ,,Passes Tauern'' zum Opfer.
Der Landesarchäologe Hofrat Prof. Dipl.-Ing. Martin Hell konnte eine letzte Bestandsaufnahme vornehmen: Oberhalb der alten, heute außerhalb der Lawinengalerie noch sichtbaren Straße befanden sich jeweils durch einen niedrigen Wall umgeben 3 steingemauerte Türme, deren Mauerkrone z. B. beim obersten Turm, etwa 40 m höher als das alte Straßenniveau am Berghang stehend, immerhin noch ca. 2,50 m emporragte. Die Grundrisse der Türme zeigten quadratische Anlagen mit den annähernd übereinstimmenden Außenmaßen von 11,2×11,2, Innenlichten von 6×6 m. Eine kleine, heute noch bestehende, quadratische Wallanlage auf dem Geländesporn unmittelbar unterhalb des alten Straßenzuges dürfte der Standort eines 4. Turmes, eventuell mit Torbau (M. Hell) gewesen sein. Die Anlage war verteidigungstechnisch gegen den Lungau gerichtet.
Die wahrscheinlich 1. Befestigung an dieser Stelle wird urkundlich 1258 erwähnt, als es zwischen EB. Ulrich (1256—1265) und dem Erwählten Gegenerzbischof Philipp v. Kärnten zum Krieg kam, weshalb EB. Ulrich am Tauern ,,von holzwerk ein festes hus'' erbauen ließ. Die Kärntner jedoch überrannten diese Sperre, worauf wahrscheinlich noch im 13. Jh. die hölzerne Feste durch steingemauerte Türme ersetzt wurde. Die Mauerungstechnik sprach ebenfalls für diesen Zeitraum.
Weitere Bedeutung dürfte der Paß am Tauern im Ungarischen Krieg (1479—1490) erlangt haben, als das Kaiserliche Heer 1480 Mauterndorf plünderte und den Lungau verheerte, nicht aber den Weg über den Tauern wählte. Als rein innersalzburgische Paßbefestigung ohne besondere weitere Bedeutung, außerdem in der Erhaltung aufwendig, wurde die Turmanlage dem Verfall preisgegeben, dafür aber an der bergwärts befindlichen Straßenbrücke ein neues Blockhaus errichtet, welches allerdings mehr die Aufgaben einer Maut- und Zollstelle erfüllte. Es wird beschrieben: ,,Ein hölzerner Sperrgattern sperrt die Passage, und ein hölzernes Haus steht etwas erhöht nächst am Gattern. Ebenen Fuß ist des Gemeinen, obenauf des Corporals Wohnung.'' Auch von diesem Blockhaus ist heute keine Spur mehr vorhanden.
(Grundb. KG. Tweng, EZ. 1; SLA, Hypoth. Tab. Tom II, Nr. 37; Martin, Reg I Nr. 301; Laa. XIV 48; HK Laa. 1791—1794/D; W.S.)

**TWENGER TALPASS = PASS TAUERN**
**(Gouache v. Lederwasch, ca. 1790; SLA, K. u. R., L 51)**

UNTERNBERG

MOOSHAM (Voidersdorf Hs. Nr. 12; Bp. 29, KG. Voidersdorf EZ. 86)

Die Umgebung von Moosham dürfte aus aribonischem Besitz im 11. Jh. an das Kloster Millstatt gekommen sein (vgl. Schwarzenbach). Die 1. Erwähnung des Ortes geschieht jedenfalls 1191, als das genannte Kloster einen Acker bei Moosham mit dem Stift Admont tauscht. 1212 ist *Otto v. Moosheim* Zeuge einer Schenkung, die Konrad v. Pfarr (s. Mariapfarr, Burg) dem Kloster Gurk machte. Zu diesem Zeitpunkt ist das Vorhandensein einer Burg an der strategisch wichtigen Straßengabelung, an der 2 Römerstraßen von der Katschbergstraße abzweigten, anzunehmen (unterhalb der Burg wurde ein Mithrastempel und eine römische Siedlung ausgegraben). Belegbar ist die Burg jedoch erst 1256, als Hzg. Ulrich v. Kärnten eine Urkunde ,,bei der Burg Moosham" ausstellt. Gegen E. d. 13. Jh. kam es zu Kampfhandlungen um die Burg. Erzbischof Friedrich v. Walchen wollte die Macht des Offo v. Saurau brechen, der sich als Vogt über die Güter des Domkapitels und von Admont Übergriffe erlaubt hatte. Nach einer längeren Belagerung, die im Hochsommer von einem Schneesturm begleitet wurde, wurde die Burg eingenommen. Offo v. Saurau, der mit Ortolf v. Chalochsperge (vgl. Kalsperg, Gde. Oberalm) identisch ist, hatte einen Sohn Wulfing, der den Leitnamen der Goldegger trug, ebenso wie Wulfing v. Moosheim in der Zeit um 1250. Eine Verwandtschaft der Kalsperger, Goldegger und Moosheimer ist naheliegend. Ihre Differenzen mit EB. Friedrich finden eine Parallele im Kampf zwischen Walchern und Goldeggern um ihre Pinzgauer Burgen 1272—1284. 1281 mußte Ortolf v. Saurau-Kalsperg kapitulieren und die ,,alte Burg'' EB. Friedrich übergeben. In der Urfehde mußte er schwören, den Lungau nicht mehr zu betreten. 1285 erneuerten deshalb seine Verwandten Otto v. Moosheim und dessen gleichnamiger Sohn die Verzichtserklärung auf beide Burgen gegenüber dem neugewählten EB. Rudolf.

Der Erzbischof gab die gewonnene Burg nicht mehr aus, sondern ließ sie von einem Pfleger verwalten, der seit d. 2. H. d. 14. Jh. auch die Funktion des Landrichters für den gesamten Lungau ausübte. Diese Regelung blieb bis 1790 in Kraft. Dann wurde das große Pfleggericht Moosham in die Gerichte Tamsweg und St. Michael geteilt und dort neue Verwaltungszentren eingerichtet. Die zum Schloß gehörigen Güter und Gründe wurden abgetrennt und den umliegenden Bauern (Ober- und Untermoosham) verkauft. Am 13. X. 1858 ersteigerte Franz Neuper, Gewerke in Unterzeiring, das Schloß, das damit in Privathand überging. 1886 kaufte es Hermann Ritter v. Wurmb von Nordmünster, 1892 Hans Gf. Wilczek, in dessen Familie die Burg bis heute blieb (1927 Johann, 1934 Johann Gregor, 1970 Johann Erwin Wilczek).

Bezüglich der Baugeschichte sind wir in der Frühzeit auf Vermutungen angewiesen. Sicher ist nur, daß es sich um 2 Burgen handelte, *Ober-* und *Untermoosham,* wobei eine davon 1281 als ,,die alte Burg'' bezeichnet wurde. Zu Ende der Regierungszeit EB. Leonhards v. Keutschach wurde eine Generalsanierung in Angriff genommen, die bis 1522 dauerte und der Burg den heutigen Umfang gab. Schon 1439 hatte EB. Johann II. eine Wochenmesse in der Burgkapelle für die Burgbesatzung und den Bereitschaftsdienst für die reitenden Boten zwischen Salzburg und Friesach gestiftet. Seit 1560 sind detaillierte Baurechnungen aus diesem Verwaltungsmittelpunkt erhalten. 1577—86 wurde der Meierhof neu gebaut. Die Räume für den Landrichter, Gerichtsschreiber und die Kanzlei wurden laufend repariert. 1715 wurde die Registratur, 1723 das Archiv grundlegend umgebaut. Im Wohntrakt waren Räume wie die Fürstenstube und das Tafelzimmer sowie das Kinder- bzw. Dienstbotenzimmer für einen eventuellen Aufenthalt des Landesfürsten eingerichtet. 1722 mußte der große Turm abgetragen werden. Ein Drittel davon wurde wieder aufgebaut und darin 2 Zimmer und 1 Gewölbe eingebaut. 1735 wurde die große Uhr ebenso wie 1741 und 1783 repariert, 1741 wurde die größere Schloß-Glocke, die gesprungen war, umgegossen. 1677 und 1780 erfolgten Umbauten in der Kapelle und 1772 erhielt der Burgkaplan eine eigene Wohnung zugewiesen. Für die großen Kamine der Burg war schon 1698 Johann D. Peretti, Kaminkehrer in Klagenfurt, zur jährlichen Wartung verpflichtet worden.

Dieser reine Zweck- und Wehrbau hat im Inneren noch einen hölzernen Wehrgang völlig erhalten, wie er für Salzburger Burgen charakteristisch ist (vgl. Tittmoning, Stauffenegg, heute Bayern). Zur Burg gehörte eine schöne Gartenanlage und ein Tiergehege. Die heutige Innenausstattung wurde von den Grafen Wilczek mit großem Geschmack gesammelt. Ein Teil der mächtigen Burganlage kann im Sommer besichtigt werden.

(Grundb. Tamsweg; SLA, U 1136 fol. 1002; Laa XIV/48; Pfleg-Moosham-Tamsweg VIII/42 1/2, XL/5, 8—15, 19—25, 27—37, 48, LXIV/52, 74, 82; HK Moosham 1557-59/K, 1560—64/F, 1577—86/L, Q, 1663/L, 1667/H, 1677/A, D, 1686/B, 1715/D, 1723/A, O, 1728/G, 1735/B, C, 1741/C, 3C, 3N, 1772/B, 1774/4A, B; Pfleg Moosham-St. Michael; HK Moosham-Pflegabtg. m. Plänen u. Rissen; SUB 2, Nr. 483; 3, Nr. 652; 4, Nr. 109, 130; Martin, Reg I Nr. 50, 153, 166, 1008, 1200; Lang, Sbg. Lehen/Stmk.

**MOOSHAM**

Nr. 426; Klebel 78; ÖKT XXII 129—154 m. Abb. u. genauem Inventar; Hübner III/2, 519; Pillwein 497, Kürsinger, L 435—492; HiSt II 358; F.Z.)

W E I S S P R I A C H (Tamsweg)
BURG (Vorderweißpriach Hs. Nr. 1 u. 2, Bp. 1)
Die Filialkirche zum hl. Rupert ist die Kapelle der Burg der Weißpriacher.
Noch heute zeigt sich in Höhe der früheren Empore in der W-Wand eine vermauerte Türöffnung, die als Verbindung zwischen Burg und Burgkapelle diente. Ihre Schwelle wird durch eine wahrscheinlich römische Spolie markiert. 1949 wurde ein Fresko mit der für Salzburg seltenen Darstellung des ,,Christus in der Mandorla'' aus der Zeit um 1200 in der Apsis freigelegt. Bei den Restaurierungsarbeiten 1976/77 wurden auf einer früheren Malschichte weitere romanische Fresken oberhalb der Türe zur Sakristei mit Heiligendarstellungen (hl. Philippus, hl. Stephanus und hl. Aegidius) freigelegt. Die Burg selbst kann erst 1272 erschlossen werden, als Otto v. Weißpriach Zeuge in einer in Weißpriach zugunsten des Salzburger Domkapitels ausgestellten Urkunde ist.
Die Kirche und das Mesnergut, auf dem seit mindestens 1679 die Fam. Fux ansässig ist, stehen innerhalb der Burgmauern. 1781 wurde die Giebelmauer der Kirche mit Steinen aus noch aufrechtstehendem Mauerwerk der Burg erhöht (,,die alte Schloßmauer,

**WEISSPRIACH**

welche hoch über die Kirche aufgestanden"). An der W-Seite ist mannshohes Mauerwerk eines Turmes erhalten. Das Mesnergut führte die Bezeichnung ,,Behausung in der Mauer". Der dazugehörige Garten grenzte an 2 Seiten an die Burgmauer. Das nahegelegene Schwarzenbichlergut (Vorderweißpriach Nr. 3) soll aus Steinen der verfallenen Burg errichtet worden sein.

Schon Jakob Unrest weist i. d. 2. H. d. 15. Jh. darauf hin, daß die Familie des Kardinals Burkhard v. Weißpriach (1461—66) sich nach dem freieigenen Turm in Weißpriach im Lungau nennt. 1570 starb die Familie im Mannesstamm mit Hans v. Weißpriach aus. Er war der reichste Grundbesitzer im Ödenburger Komitat gewesen. Seine Salzburger Lehen wurden 1587 Ferdinand Khuen v. Belasy zu Lichtenberg und Gartenau übertragen. 1717 erbte Johanna Mayr v. Bürglau die Lehengüter von ihrem Vater und brachte sie ihrem Mann Josef Judas Thaddäus Reichsritter v. Hofmühlen zu. Von ihnen übernahm der Sohn Franz Gottlieb Reichsfreier v. Hofmühlen, kurfürstlicher bayrischer Oberst und Salzmaier zu Reichenhall, die Güter. Er verkaufte an den Statthalter von Ingolstadt v. La Rosee, der die Besitzungen seinem Schwiegersohn Wilhelm Konrad Frh. v. Pechmann, kurfürstlicher bayrischer Salzmaier in Traunstein und Reichenhall, übergab. 1786 wird unter den freieigenen Gütern auch die ,,halbe Behausung in der Mauer, dann ein halber Stadl und Stallung, samt dem Gemäuer beeder

Gärten, davon aber von einem Gärtl eine Wohnstube zugerichtet" aufgezählt. Es ist anzunehmen, daß das Schicksal des Mesnergutes mit dem der verfallenen Burg identisch ist.
(Franz.Kat; Grundb. KG. Weißpriach EZ 25; SLA, Hieron.Kat. 1774 Moosham II fol. 742; U 1173 fol. 109, 1201 fol. 1, 8; Frank-Beamte: Weißpriach, Hofmühlen, Pechmann; Martin, Reg I Nr. 613; Winkelhofer 226; Kürsinger, L 589; ÖKT XXII 268—272; Unrest 179; Klebel 84; A.Strnad, Zur Kardinalserhebung Burkhards v. Weißpriach, in: MGSLK 106 (1966) 181—246; F.Z.)

## Bezirkshauptmannschaft ZELL AM SEE

### B R A M B E R G AM WILDKOGEL (Mittersill)

**1. WEYERTURM (WIHARA, WIARE, WEINERN) (KG. Bramberg)**
Westlich von Bramberg liegt die kleine Ortschaft Weyer. Hier steht oberhalb des Weyergutes auf einem durch einen heute seichten Graben kaum vom Hanggelände abgehobenen flachen Felsrücken die weithin sichtbare *Ruine des Weyerturms.*
Abgesehen von dem erst in jüngster Zeit zu einem Heimatmuseum ausgebauten Felberturm bei Mittersill stellt der Weyerturm das letzte Beispiel der gerade für den Pinzgau so typischen kleinen Burganlagen in Turmform dar. Walchen, Reittau und Hollersbach waren einst Standorte ähnlicher Türme, doch davon zeugen heute nur noch kümmerliche Reste im Gelände.
Östlich des Weyerturmes sind noch die Grundmauern eines annähernd quadratischen Baues feststellbar, der durch eine Mauer mit dem eigentlichen Turm verbunden war.
Vom Turm selbst stehen heute nur noch die Außenmauern mit einer Gesamthöhe von ca. 16 m, welche vor allem in ihrem unteren Bereich schönes Schichtenmauerwerk mit grober Ortsteinquaderung aufweisen. Im Inneren existieren keinerlei Zwischendecken

mehr, aber auf Grund der vorhandenen Balkenlöcher scheint der Turm siebengeschossig gewesen zu sein. Um das oberste Geschoß dürfte außen ein vorkragender, hölzerner Wehrgang existiert haben, über dem sich das bekrönende Zeltdach aufbaute.

Interessant erscheint die über 2 Geschosse nachweisbare Kapelle, deren halbkreisförmige Apsis mit ihrem kleinen Rundbogenfenster die Außenwand zum ehem. Hof schmückt. Oberhalb der Apsisnische sind im Inneren der O-Mauer 2 enge Stiegenläufe vom 4. bis zum 6. Obergeschoß erhalten geblieben. Der ursprüngliche, später aber zugemauerte Eingang in den Turm ist an der s. Außenwand des 1. Obergeschosses deutlich erkennbar.

Erste urkundliche Nennungen bezeugen die Herren von Weyer: 1130 *Rapoto de Wiare,* 1150 Chunrad, 1160 Haimo und 1169 Berthold. Um 1270 scheinen die Bischöfe von Chiemsee die Herrschaft erhalten zu haben, denn Gerhoh v. Weyer, der Letzte dieses Stammes, ist bereits chiemseeischer Lehensmann. Ihm folgt nach Unterbrechung 1290 Walther v. Neukirchen. Im Jahre 1454 erhält Florian Stuhlfelder mit seiner Hausfrau und 2 Söhnen den Turm zu Lehen. Er soll auf eigene Kosten im Hof der Burg ein neues Gebäude errichten, dessen Ausbildung ihm exakt vorgeschrieben wird. Außerdem soll er anschließend auf Kosten des Bischofs den Turm um 1 Geschoß erhöhen und das neue Geschoß durch einen Erker an der Straßenseite ausschmücken. Der Besitzer des Turmes hat den Bischof bei seiner Einkehr im Weyerturm mit allem Notwendigen wohl zu versorgen. Die Söhne Stuhlfelders erhalten das Lehen zu Erbrecht. 1504 bis 1519 sind Gregor und Erasmus Mandl v. Steinfels als erbberechtigte Lehenträger bezeugt, 1519 folgt Ludwig Lebenauer, Pfarrer von Bramberg, 1533 Christian Plank zu Büchl, ab 1570 Karl und Wilhelm Jocher. Obwohl die Besitzer schon bald in die komfortablere Meierei, den Weyerhof, übersiedeln und diesen reichst ausstatten, bleibt die Erhaltungspflicht für den Turm weiterhin aufrecht, ,,auf daß der Bischof zu jeder Zeit eine wohlbestallte Wohnung der Orten finden möge''.

Anfang d. 17. Jh. kauft sich Nikolaus Ainöder von der Verpflichtung der Turminstandhaltung frei, muß aber weiterhin den Bischof von Chiemsee im Weyerhof beherbergen.

Seit 1628 finden wir als Erbrechtsbesitzer des Weyerhofes, zu dem der verfallende Turm weiterhin gehört, die Namen Liebenberger, 1671 Senninger, 1691 Rottmayr, 1732 Schmerold und Schachner. 1733 heiratet Maria Magdalena Schachner den Mittersiller Kaufmann Georg Hofer, dessen Urenkelin Margarete den Hof samt Turm durch Heirat mit Peter Meilinger aus Mittersill in die Familie der Meilinger bringt, welche heute noch Eigentümer sind.

(SUB 4 Nr. 58, 69, 70; Bibl.St.Peter, Hs.Ebner XVIII 192, XIX 125; JB.SMCA (1853) 88; A. Schallhammer, Die Ruine Weyer, in: MGSLK II (1861/62) 45; Kürsinger, OP 95; Piper VI 219; Pachmann 175; ÖKT XXV 78; Lahnsteiner, OP 335; W.S.)

## 2. WENNS (Wenns Hs.Nr. 1)

Südlich von Bramberg liegt auf dem Schwemmkegel des Wennserbaches am rechten Salzachufer die Ortschaft Wenns, an deren w. Rande die Ruine des alten Sitzes von Wenns steht.

Von den Herren von Wenns wird als 1. *Waltherus de Wense* im Jahr 1229 urkundlich erwähnt. 1319 wird Ulrich v. Wenns zum Ritter geschlagen, fällt aber schon 1322 in der Schlacht bei Ampfing. 1368 wird Christian erstmals genannt, der zwischen 1373 und 1375 als Pfleger und Landrichter zu Mittersill amtiert. Er hinterläßt 2 Söhne, Erasmus und Wilhelm, von denen letzterer im Jahre 1403 im ,,Igelbund'' mitsiegelt. Es folgen 1412 Ulrich, 1419 Michael, 1424 Georg und 1428 der mutmaßlich letzte Wennser, Wilhelm, wieder als Pfleger und Landrichter in Mittersill.

Es ist fraglich, ob die Herren von Wenns bereits mit der Siede- und Schmelzhütte verbunden waren, die zu Beg. d. 15. Jh. in Wenns bezeugt ist. Fest steht, daß der Besitz zu Wenns 1445 an den Erzbischof kommt, der den Hüttenbetrieb an die Brenntaler Gewerken weitergibt. 1466 ist Wilhelm Münichauer einer dieser Gewerken und erhält als solcher einen Teil des Hofes zu Wenns und den Turm zu Hollersbach (s. d.). Zwischen 1510 und 1525 ist uns der Gewerke Leonhard Winkler, ,,gesessen zu Wenns'', bekannt.

1525 wurde die gesamte Ortschaft Wenns durch Hochwasser des Wennserbaches meterhoch vermurt, wodurch auch das Erdgeschoß des früheren Edelsitzes verschüttet wurde. Nach dieser Katastrophe wurden die Bergwerksanlagen samt dem in letzter Zeit im Wennserhaus untergebrachten Verwaltungssitz nach Mühlbach im Pinzgau verlegt.

Ab nun wird der Sitz zu Wenns nur noch als Hof bezeichnet, da er nach der Wiederinstandsetzung als Bauernhof unter der Verwaltung der Brenntaler Bergwerksgemeinschaft genutzt wird. Baulich ergibt sich folgende einschneidende Veränderung: Das verschüttete Erdgeschoß wird als Kellergeschoß belassen, im ehem. 1. Obergeschoß aber wird ein neuer Eingang geschaffen und das Dach mit Dachstuhl wird völlig erneuert (der Firsttram mit der Jz. 1558 befindet sich heute im Heimatmuseum in Bramberg).

Ein leider heute verschwundenes Fresko, welches 1933 noch in Resten erkennbar war, gab Nachricht von weiteren Umbauten des Hofes: Das Fresko mit 2 begleitenden Wappen war mit den Jz. 1563, 1653 und 1740 datiert.

Heute bestehen nur noch hohe Mauerreste mit abgefasten Tuffsteingewänden an den Fenstern und mächtige Gewölbe, um welche sich eine Legende um einen verborgenen Schatz rankt.

(Grundb. KG. Habach EZ. 131; SUB 3, Nr. 840 F; SLA, U 1018 fol. 38; LB 6, fol. 24 F; Bibl.St.Peter, Hs.Ebner XVIII 193; Pachmann 165; ÖKT XXV 77; Lahnsteiner, OP 297; W.S.)

## B R U C K  AN DER GROSSGLOCKNERSTRASSE  (Zell am See)

### 1. FISCHHORN (Hs.Nr. 1; KG. Hundsdorf)

Am SO-Rand des Zeller Beckens steht *Schloß Fischhorn* auf einem Geländesporn. Von einem quadratischen Turm gehen 3 Trakte aus, die durch eine Ringmauer und ein Torgebäude miteinander verbunden sind. 1830 befand sich n. des Schlosses ein Ziergarten mit Sommerhaus, s. die Obst- und Gemüsegarten.

Der Name *Vischarn* ist seit 1227 urkundlich belegt. Die Burg dürfte um 1200 erbaut worden sein und gehörte damals den Goldeggern. Mathilde, die Mutter des Otto v. Goldegg, verkaufte EB. Eberhard II. Güter im Pinzgau, die dieser mit anderen 1216 zur Dotation des neuerrichteten Bistums Chiemsee verwendete. Auf diese Weise scheint auch die Burg in den Besitz der Bischöfe von Chiemsee gekommen zu sein. 1273 stellten B. Heinrich und 1299 B. Albert v. Chiemsee auf der Burg eine Urkunde aus. In seinem 1292 in Wien verfaßten Testament gab B. Konrad v. Chiemsee eine genaue Aufstellung über seinen Nachlaß, soweit er auf Fischhorn aufbewahrt wurde: Geld in einer Eisentruhe, deren Schlüssel im Deutschen Haus in Wien verwahrt wurden, Pokale und Kelche, ein silbernes Kreuz, eine b. Mitra, eine Kasel aus safrangelbem Samt u.a.m.

Im Laufe der Jahrhunderte arrondierten die Chiemseer ihren Besitz um Fischhorn durch systematischen Ankauf. Ihre Gutsverwalter führten den Titel Pfleger wie auf den eb. Burgen. Mit Fischhorn war seit den Tagen der Goldegger eine Hofmarksgerechtigkeit, d. h. die niedere Gerichtsbarkeit, verbunden. Aber erst nach langen Verhandlungen wurde sie 1674 den Bischöfen für ihre Hofmark Fischhorn neuerlich zugestanden.

Die Burg wurde 1526 von den aufständischen Bauern erobert und niedergebrannt, die Rädelsführer nach der Unterwerfung gehenkt. Glasfenster mit der Darstellung dieser

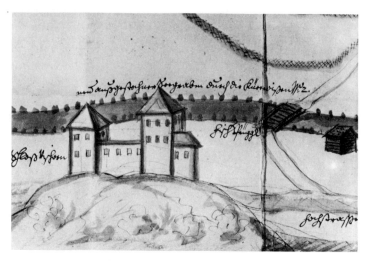

**FISCHHORN, 1726 (SLA, Geh. A. XII/37)**

Vorgänge, dem Datum 1528 und den Wappen des Kard. Matthäus Lang bzw. des Chiemseer Bischofs sollen 1816 nach München gebracht worden sein. Obwohl die Bauern 1000 fl. für den Wiederaufbau zahlen mußten, wurde nur der O-Turm wiederhergestellt. In ihm starb 1588 der Pfleger Sigmund Amann v. Judendorf (s. d.) und Saal (= Saalhof, s. d.). Von seinem Nachfolger Christoph Amann ist ein Verzeichnis aller Abgaben erhalten.

1602 war die Burg sehr baufällig. Anhand einer Skizze wurden bei der Hofkammer in Taxenbach Sanierungsvorschläge eingereicht, die die sachverständigen Maurermeister aus Saalfelden Abraham Scheuer und Philipp Schlögl sowie die Zimmermeister Christian Landmann und Hans Ecker verfaßten. Es wurde festgestellt, daß die Wohnung des Pflegers an der Ringmauer nicht mehr hergerichtet werden könne und der Vorschlag gemacht, dazu im „Innern Schloß, so man den Chiemseer Hof nennt und anno 1525 (!) ausgeprunen und bis dato unausgepauter verblüben ist" eine Wohnung einzurichten. Die Hauptmauern und das Bundwerk wären dort in tadellosem Zustand. Nur ein neues Dach müßte aufgesetzt werden. Die Ringmauer, an die die Wohnung erst nach 1526 angebaut worden war, gebe nach, obwohl sie auf Schiefer aufgesetzt sei. Auch der Turm über dem Torhaus „von dem innern alten Schloß" sei gefährdet. Zwei Stockwerke könnten abgetragen werden und er wäre „dennoch hoch genueg". Saniert werden sollten auch das Meierhaus unter dem Schloß, das während der letzten Überschwemmung stark gelitten hatte, und die Schardächer auf dem Getreidekasten über dem Marstall.

1675 ließ B. Johann Franz Gf. Preysing die Burg renovieren und mit neuen Dächern versehen, wie eine Inschrift an der S-Seite des O-Flügels bestätigt:

„Joannes Franciscus D. G. ep(isco)pus Princeps Chimensis ex com(itibus) de Preysing, Dominus in Hohen-Aschau et Formach etc. hanc arcem novis undique tectis imposita conservavit et partem istam ex fundamento extruxit, ut successores suos ad ulteriorem fabricam invitaret. Anno salutis MDCLXXV."

1803 wurde das Bistum Chiemsee säkularisiert und verlor damit seinen Grundbesitz in Salzburg. 1808 bis 1810 stand die Burg leer. Inzwischen kam Salzburg zum Königreich

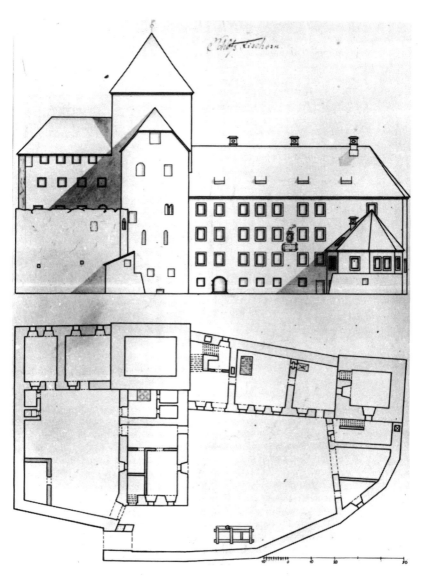

**FISCHHORN (SLA, K. u. R. F)**

**FISCHHORN, M. 19. Jh. (Litho v. G. Pezolt)**

Bayern. In Fischhorn zog bis 1816 das k. bayerische Rentamt ein. Dann wurde das k. k. österreichische Oberforstamt Kaprun hier untergebracht, das 1842 ins Schloß Rosenberg nach Zell am See übersiedelte. In Fischhorn blieben nur Forstwarte zurück.
1844 schreibt Augustin: . . . leer steht der mächtige Zwinger da, dem Verfall preisgegeben; die Bauern der Umgebung benützen ihn als Steinbruch. Durch das unverschlossene Tor gelangt man in das Innere. Die Eingangshalle ist mit Bänken ausgestattet. Im Hof steht der Brunnen im Schatten einer Ahorngruppe. Hauptgebäude und Gesinderäume haben auf allen Seiten ,,Lueg- oder Warttürmleins'' an den Mauerecken. Schießlöcher und Geschützscharten sind verödet, die Spitzdächer der Türmchen zerrissen.
1859 ersteigerte der Postmeister von Taxenbach Anton Embacher das Gebäude, verwertete aber nur die Gründe. 1862 erwarben Fürstin Sophie Löwenstein und Fürst Johann II. v. Liechtenstein die Burg und ließen sie 1862—1867 vom Wiener Dombaumeister Friedrich v. Schmidt im neugotischen Stil umbauen. Bauleiter war der Sbg. Architekt Josef Wessicken, der alle Details entwarf. Das ,,Zauberschloß'' mit seiner prachtvollen Innenausstattung fiel 1920 einem Großbrand zum Opfer.
1921 ging der Gesamtbesitz an den Bremer Großkaufmann Heinrich Gildemeister über, dessen Familie Fischhorn heute noch gehört. Er ließ das Schloß durch den Bremer Architekten Karl Wolters nach Abbildungen a. d. 1. H. d. 19. Jh. mit den alten Dachformen wiederherstellen.
(SLA, Geh.A. XII/26, 27, 33, 37 m. Ansicht 1726; HK Taxenbach 1602/M m. Ansicht; SUB 3 Nr. 641, 692; SUB 4 Nr. 163; Taidinge 282; Car I. Jg. 94, 71; Martin, Reg. II Nr. 323, 329; Hübner III/2, 554; Augustin 104 m. Ansicht; Dürlinger, Pi 321; B. Hutter, Das fürstl. Liechtenstein. Schloß Fischhorn, in: Jb. d. Alpenvereines 1866; Pachmann 69; ÖKT XXV 254; Lahnsteiner, UP 114; Dehio 26; F.Z.)

**FISCHHORN (vor dem Brand 1920)**

## 2. HEUBERG (KG. St. Georgen EZ. 40, Bp. 103)

Nordöstlich oberhalb des weithin sichtbaren Kirchhügels von St. Georgen steht auf einer kleinen Terrasse *Schloß Heuberg.*

Ob die z. Beg. d. 12. Jh. bezeugten Herren von Niederheim mit diesem Schloß im Zusammenhang standen, ist ungewiß, da das gesamte Umland hier als *Niederheim, Nidrinhaim* oder *Niederaim* bezeichnet wurde.

In der päpstlichen Bestätigungsbulle für die Gründung des Hochstiftes Berchtesgaden wird Niederheim als Hauptdotation, herrührend von den Grafen von Sulzbach, bezeichnet. Von diesem Zeitpunkt an (1100) bis zur Säkularisation des Hochstiftes im Jahre 1803 bleibt Niederheim im Besitze der Berchtesgadner. Anfangs wurden die Güter noch von 2 Brüdern aus dem Geschlecht derer von Niederheim verwaltet, doch 1266 übernehmen die Herren von Walchen, im 14. Jh. dann die Goldegger dieses Amt. Ein Ansuchen um Exemption vom Landgericht Taxenbach wie auch um die Verleihung des Hofmarkrechtes wird dem Hochstift abgelehnt. Berchtesgaden bestellt deshalb weiterhin Verwalter, Amtmänner, Pröpste ihrer Propstei Niederheim, welche Schloß Heuberg als ihren Verwaltungssitz für die berchtesgadnischen Güter im Pinzgau und Pongau ausbauen. 1454 wird Heuberg schon mit „Gericht und Herlikait am Heuperg" genannt.

Einer der bedeutendsten in der langen Reihe der Pröpste auf dem Heuberg ist Georg Stöckl, der 1518 den prachtvollen Marmoraltar für die Kirche St. Georgen stiftete. Als eigener Besitz des Georg Stöckl ist der Judenhof bei Goldegg (s. d.) bekannt.

Im Jahre 1669 brennt das Schloß völlig aus, wird aber in den darauffolgenden Jahren wieder aufgebaut. Aus dieser Zeit (1672) stammt auch das große Wappen oberhalb des Kielbogenportals: Die Wappen von Berchtesgaden, Bayern und Kurköln vereinigt Max Heinrich v. Bayern, Kurfürst v. Köln und Administrator von Berchtesgaden. Die Hauskapelle mit bekrönendem Türmchen über dem Altarerker wird 1673 neu

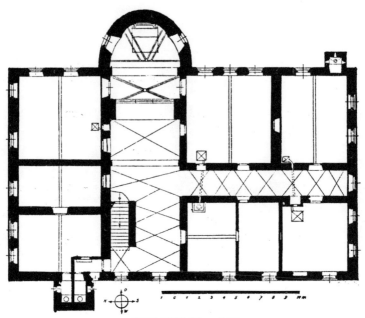

**HEUBERG (Grundriß)**

ausgestaltet, ein neuer Altar mit einem von Johann Franz Pereth aus Salzburg gemalten Altarblatt wird aufgestellt, zu dem Benedikt Faistenberger aus Kitzbühel die Figuren schnitzt. Auch das gesamte Innere des Schlosses wird reich ausgestattet, woran noch heute prachtvolle Türen samt Umrahmungen im 1. Obergeschoß, eine davon mit 1672 datiert, erinnern.

1803 wird das Hochstift Berchtesgaden säkularisiert und verliert all seine Besitzungen im Salzburgischen. Schloß Heuberg wird von Karl Erenbert Frh. v. Moll erworben, der die gesamte Herrschaft im Jahre 1816, als Salzburg an Österreich angeschlossen wird, an die bäuerliche Familie Lackner verkauft. Ab nun wechseln sich zum Teil in raschester Reihenfolge bäuerliche und bürgerliche Besitzer ab. 1900 brennt das Schloß neuerlich ab und erhält im Zuge des Wiederaufbaues seine vereinfachte heutige Gestalt. Vor wenigen Jahren erwarb die Firma Porsche Schloß Heuberg und ließ das Objekt verständnisvollst restaurieren.

(Koch-Sternfeld II 11; SUB 3, 840; Doppler 242; ÖKT XXV 231; Lahnsteiner, UP 159; Bibl.St.Peter, Hs.Ebner XVIII 66; W.S.)

3. ST. GEORGEN (KG. St. Georgen Bp. 44 u. Gp. 221)

Der Kirchhügel ist seit der Altbronzezeit besiedelt. Der Flurname *Burgstallhügel* n. davon läßt die Existenz einer Burg vermuten. Die *Georgskirche* beherrscht das Salzachtal vom Kirchhügel aus in beiden Richtungen. Das breite Hügelplateau ist von Erdwallspuren umgeben. Auf dem Franziszäischen Kataster von 1830 ist entlang dem n. Rain der Grundparzelle 221 die halbrunde Umwallung deutlich zu erkennen.

Der Ort *Nidarheima* (= St. Georgen, Niederheim) ist 924 urkundlich genannt. Um 1100 dotierten Gfn. Irmgard v. Sulzbach und ihr Sohn Berengar das von ihnen gegründete Augustiner-Chorherren-Stift Berchtesgaden u. a. mit Niederheim. Damals dürfte der

Turm von St. Georgen in eine Kirche umgewandelt worden sein. Der Berchtesgadener Besitz wurde in der Folge von dem nö. davon liegenden Propsthof Heuberg (s.d.) aus verwaltet.
(HiSt II 377; SUB 4 Nr. 52, 76; F.Z.)

## 4. BURGSTALL AM WEBERPALFEN (KG. St. Georgen, Gries Hs.Nr. 15: Weberbauer)

Auf dem Weberpalfen bei Gries im Pinzgau konnten 3 prähistorische Kulturperioden festgestellt werden, wobei Funde bronzezeitlicher Kupfergewinnung und von Eisenverhüttung bereits einen Hinweis auf den Bergbau in den Salzburger Tauerntälern liefern.
Die hochmittelalterliche Besiedlung des Burgstalls ist durch Kleinfunde gesichert. Der tiefe Abschnittsgraben erlaubt die Vermutung einer Wehranlage. Ein urkundlicher Beleg ist vom 15. VII. 1272 erhalten. Der Erwählte Friedrich entschied damals einen Streit zwischen seinen Onkeln Otto und Konrad v. Goldegg bzw. seinen Brüdern Otto und Albero v. Walchen. Unter anderem einigte man sich dahingehend, daß die Walcher auf ihr befestigtes Gut in Gries verzichten sollten (,,de predio in Griez, quod fratres de Walhen forte habuerunt"). Die Präsenz der Walcher in Gries bestätigt der Hausname von Gries Nr. 13: ,,Walchergut".
(SUB 4 Nr. 76; Franz.Kat; M. Hell, Die vorgeschichtliche Höhensiedlung am Burgstall b. St. Georgen i. Pinzgau, in: Mitt. d. Anthrop. Ges. 1922, 262; Lahnsteiner, UP 156; F.Z.)

## D I E N T E N AM HOCHKÖNIG (Taxenbach)

### ZACHHOF (Dienten Hs.Nr. 18, KG. Sonnberg Bp. 158)

An der alten Straße über den Dientner Sattel nach Mühlbach liegt n. der Ortschaft Dienten ein allein schon durch seine Länge imponierendes Bauwerk, der *Zachhof.*
Bis zu jenem nachteiligen Umbau im Jahre 1971 betrug die Gesamtlänge dieses unter einem geradlinig durchlaufenden First zusammengefaßten Baukörpers ca. 41 m, die sich aus rund 15 m des gemauerten Wohnteiles und ca. 26 m des hölzernen Wirtschaftsteiles zusammensetzte. Der gemauerte Teil hebt sich durch seine Detailausführung deutlich von ähnlichen bäuerlichen Bauten ab: Kielbogenportal; abgefaste Tür- und Fenstergewände; die leider nur noch in Resten erkennbare ehem. Farbgebung der Fassaden mit 2 einfachen Rechteckskartuschen mit den Jz. 1578 und 158. (letzte Zahl unleserlich); die gemalte Eckquaderung mit angedeutetem Schatten in dunklem Rot; weiters 2 heute sehr verblaßte Sonnenuhren an der S-Seite. Der heutige Zustand des Objektes dokumentiert den fortschreitenden Verfall, aber auch die einstige Bedeutung und Blüte dieses Hauses.
Der Zachhof dürfte mit jenem bereits 1474 genannten ,,Mathanlehen" identisch sein, welches Achatz Zach, der Eisengewerke in der Dienten, innehat, jedoch fehlt hiezu noch der eindeutige urkundliche Nachweis. Bis 1649 bleibt dieses Lehen im Besitze der angesehenen Fam. Zach, wodurch wahrscheinlich der Name ,,Zachhof" eingebürgert wurde. Hans Zach und seine Söhne Wolf und Stephan bauen den Hof um und statten ihn in den Jahren 1577/78 ihrem Ansehen gemäß reichst aus. Das Nonnberger Urbar nennt 1640 den Zachhof: ,,Ain Gut in der Tienten der Sütz genannt, ist Erbrecht; eine ganz gemauerte Behausung mit einem Hofzimmer und anderes gställ, 9 Tagbau Land, alles mit dem Bergpflug zu bebauen."
Nach dem Tod des mutmaßlich letzten männlichen Zach, Wolfgang Zach, erwirbt 1649 Johann Jakob Jud den Hof, dessen 9 Kinder ihn 1662 beerben, den Besitz aber nicht lange halten können. Rascher Besitzwechsel unter Bauern und langsam einsetzender Verfall sind die Folgen.

Im Jahre 1744 wird der Zachhof nochmals urkundlich als Sitz bezeichnet, obwohl er nachweislich niemals ,,freies Eigen'', sondern nur ,,Beutellehen'' war.

1776 geht der Zachhof durch Einheirat an die Fam. Holleis über, in deren Besitz der Hof über 100 Jahre bleibt. Völlig verwahrlost übernimmt während des 2. Weltkrieges die Gde. Dienten den Hof und verwendet ihn neben der Landwirtschaft als Altersheim und Armenhaus. Ein Umbau von 1971, d.h. ein Verlängern des gemauerten Teiles zugunsten moderner Zimmer für das Altersheim, geht auf Kosten des hölzernen Stallteiles: Der überflüssig gewordene rückwärtige Wirtschaftsteil wird abgebrochen. Damit ist das historische Bild des Zachhofes empfindlich gestört.

Im Inneren ist vor allem die große Stube im Erdgeschoß zu nennen, deren 7 m lange Decke durch einen mächtigen Holzbalken abgestützt wird. Die einst herrliche Täfelung der Räume ist heute leider verschwunden.

(SLA, LB 13, fol. 77; LB 12, fol. 50; LB 16, fol. 50; LB 29, fol. 78'; LB 27, fol. 65'; LB 431, fol. 50; U 458 G, fol. 1 (GH. Nonnberg); LB 496, fol. 230; U 1243, fol. 5; Hieron. Kat. Goldegg II fol. 441 (Sonnberger Rott); Lahnsteiner, UP 491; W.S.)

## F U S C H  AN DER GROSSGLOCKNERSTRASSE (Zell am See)
SCHÖNANGER (KG. Fusch, Gp. 871c)

Auf den Abbildungen des Wallfahrts- und Badeortes Bad Fusch a. d. 19. Jh. sieht man hinter der Kirche St. Wolfgang die *Ruinen der Burg Schönanger.* Der Franziszäische Kataster vermerkt 1830 zur Gp. 871c ,,Weide samt Ruine''. Vermutlich haben dort die Verwalter der Urbarpropstei Fusch gewohnt, die zu Beg. d. 16. Jh. nach Kaprun übersiedelten. Spuren von aufgehendem Mauerwerk sind noch zu sehen.

(Pillwein 550; Dürlinger, Pi 326; ÖKT XXV 262: F.Z.)

## H O L L E R S B A C H  IM PINZGAU (Mittersill)
1. TURM VON HOLLERSBACH (KG. Hollersbach, Gp. 161)

Auf dem Turnanger beim Scharrerlehen im Ortszentrum von Hollersbach waren bis vor 5 Jahren die Fundamentmauern von ca. 8,6 m im Quadrat des Turmes von Hollersbach zu sehen.

Um 1150 tradierte *Ortolf v. Hollersbach,* ein Ministeriale des Gf. Heinrich v. Frontenhausen, ein Gut an das Stift St. Peter. Die Nachfolger der Hollersbacher waren die Herren von Wenns (s.d.), die seit 1229 im Pinzgau nachweisbar sind. Die ursprünglich wohl Tiroler Gewerkenfamilie aus Wenns bei Imst stellte im 14. u. 15. Jh. eb. Beamte: Christian v. Wenns war ab 1365 Richter, seit 1372 Pfleger zu Mittersill, ebenso sein Sohn Wilhelm ab etwa 1407. Dessen Bruder Asm war seit d. Beg. d. 15. Jh. im Besitz der Rittergüter ,,Sicz ze Wenns das Viertail'' und ,,ain Turn gen Hollerspach sambt ainem Pawmgarten daselbs''. Er wurde 1434 zusammen mit seinem Bruder Michael belehnt. Nach ihrem und des Ulrich v. Wenns Ableben folgte der jüngste Bruder Georg v. Wenns. Zur Zeit des EB. Friedrich IV. (1441—1452) muß eine Regelung zugunsten der weiblichen Erbfolge zustande gekommen sein, die noch im 17. Jh. in Geltung war. Jedenfalls verlieh EB. Bernhard zu Beginn seiner Regierungszeit (1466) ,,den Turn zu Holerspach und den Pawmgarten, so dazu gehört'' sowie ,,ain Viertail an dem Sitze zu Wenns'' der Margaretha v. Wenns bzw. ihrem Bevollmächtigten, ihrem Gatten Wilhelm Münichauer. Die beiden übergaben 1484 ihrem Sohn Adam Münichauer. Die Familie hatte ihren Hauptsitz auf Münichau bei Kitzbühel und war durch den Bergbau in den Hohen Tauern zu Reichtum gekommen. Adam, der sich ,,zu Wenns'' nannte, heiratete deshalb Ursula, die Tochter des Michael Aufhauser zu ,,Rawthaw'' (vgl. Reitau). Schon wenige Jahre später kaufte aber der zu seiner Zeit reichste Bürger Kitzbühels, Mathäus Kupferschmid, den Großteil der Besitzungen des Adam Münichauer, darunter 1488 den Turm zu Hollersbach und 1490 den Besitz zu Wenns, womit er noch im gleichen Jahr belehnt wurde.

Der Turm wurde durch den Übergang in eine bürgerliche Familie zum Beutellehen. Von den Söhnen des Mathäus Kupferschmid starb Wolfgang, der mit Barbara, der Schwester des Kard. Mathäus Lang, verheiratet war, schon 1515, Primus wurde entmündigt. Trotzdem wurde er 1516 belehnt. Bei seinem Tod 1547 hinterließ er 2 Söhne Christoph und Wolfgang. Der letztere erhielt den Turm am 15. VII. 1557 zu Lehen. Zugleich setzte der Niedergang der Fam. Kupferschmid ein. Bei dem folgenden Güterverkauf erwarb der sbg. adelige Gewerke Wolfgang Strasser 1561 den Turm, der darauf wieder in ein Ritterlehen umgewandelt wurde.

Im 17. Jh. wurde die Fam. Riedl zu Saal (vgl. Saalhof) mit dem Turm belehnt: 1634 Jakob Riedl, 1647 Mathias und Christoph, 1650 Mathias allein, 1655 Christoph allein, 1667 Mathias und Christoph, 1673 Jakob Adam Riedl. Mit dem Aussterben der Riedl 1675 verschwindet der Turm aus den Quellen.

Kürsinger schreibt 1841, daß vor wenigen Jahren die Reste des alten Schloßturms am Scharrerlehen niedergerissen worden seien.

(HHSTA, OUrk; KB III fol. 330; SLA, LB 2/34; 3/11', 20; 6/24, 76'; 9/57'; 10/55; 12/64; 15/66; 514/13; LA. 4; SUB 1 Nr. 350; 3 Nr. 840; Frank-Beamte; Kürsinger, OP 78; Bibl.St.Peter, Hs.Ebner XIX 144; Pachmann 156; ÖKT XXV 19; Erich Egg, Kupferschmid-Stiftung, in: Stadtbuch Kitzbühel 3 (1970) 450; Klaus Kogler, Kitzbüheler Edelsitze, ebda. 353; F.Z.)

2. BURGSTALLEHEN (Reitlehen Hs.Nr. 21, KG. Schattberg EZ. 5)
Zwischen dem Zusammenfluß von Hollersbach und Burgerbach liegt das Bauerngut *Burgstall* auf einer elliptischen Geländeerhebung im Hinteren Lachwald.
Zu Kürsingers Zeit (1841) waren dort noch die Mauern einer verfallenen Burg zu sehen. Rund um das Haus waren Mauern erhalten, die ungefähr eineinhalb Tagbau Grund eingrenzten. Beim nahen Weiherlehen ließen verwachsene Dämme auf einen ehem. Fischweiher schließen, der ursprünglich wohl zur Füllung des Burggrabens diente.
(Kürsinger, OP 78; Pachmann 156; Lahnsteiner, OP 401; F.Z.)

K A P R U N  (Zell am See)
1. BURG (Kaprun Hs.Nr. 6; KG. Kaprun)
Den Eingang in das Kaprunertal bewacht die *Burg Kaprun.*
Die 1. Nennung des Ortes ist 931 mit *Chataprunnin* belegt.
Die Burg mit ihrer Hofmark scheint im 12. Jh. Besitz der oberbayerischen Grafen von Falkenstein gewesen zu sein. Um 1280 verklagte Albero v. Walchen seinen Bruder Otto beim Erzbischof. Der ,,Turn ze Chaprunne" war ihnen beiden als Schadenersatz für die Übergriffe der Velber eingehändigt worden. Otto v. Walchen hinderte seinen Bruder aber an der Inbesitznahme. Erzbischof Rudolf entschied 1287 den Streit dahingehend, daß den Kindern des verstorbenen Albero die Baukosten in der Walcher-Hälfte der Burg Kaprun ersetzt werden sollten. Er begründete das Abkommen damit, daß die Walcher dazu beigetragen hätten, die Burg in ein eb. Lehen umzuwandeln. Da Kaprun aber im 13. Jh. zwischen den Walchern und Velbern geteilt war, mußte EB. Konrad IV. 1292 noch Friedrich v. Velben zufriedenstellen (siehe Felberturm). Der Velber übergab dem Erzbischof seine bisher freie Burg Sulzau (s.d.) und erhielt dafür seinen Anteil an Kaprun ,,ledig" zurück.
Die Velber blieben bis zu ihrem Aussterben im Besitz der Burg. 1378 versprach Ulrich v. Velben, sie dem Erzbischof offen zu halten. 1415 wurde dessen Tochter Praxedis belehnt. Die Burg war also inzwischen zur Gänze eb. Lehen geworden. Von den Erben der Velber erwarb EB. Bernhard 1480 deren Anteil samt der dazugehörigen Hofmark. Von da an war Kaprun bis zu Beg. d. 17. Jh. Sitz des Pfleggerichtes Kaprun-Zell am See, das mit der Urbarpropstei Fusch (s.d.) vereinigt war.

KAPRUN, 1844

1526 stürmten sie die Bauern, wurde aber wieder aufgebaut. Über dem Burgtor fand man die Jz. 1574. Im Arsenal der Burg befanden sich 1587 10 Doppelhaggen mit 1 Kugelwedel, 30 Pfund Haggenpulver und 124 bleierne Haggenkugeln. Während des Zillertaler Aufstandes 1645 wurde die Burg mit Salzburger Schützen besetzt.
Im 18. Jh. setzte der Verfall ein. 1714 mußte das Rondell zwischen den Toren saniert werden, 1726 der Schloßzwinger bzw. die Ringmauer über der Grabenbrücke. 1812 versteigerte die Bayerische Regierung die Burg an den Revierförster Marcus Rohrhard. Die Besitzer seit 1822 waren: dessen Tochter Maria und ihr Mann Peter Höller, 1840 Sohn Peter Höller, 1849 Gattin Maria Pichler 1/2, 1850 Theres Höller, 1852 Josef Jud, Wasenmeister in Schmitten, 1852 Jakob Lechner, 1858 Franz Egger, 1859 Georg Seilinger, 1862 Mathias Tanzberger, 1871 Anna Tanzberger durch Einantwortung.
Die Beschreibung lautete: ,,das vormalige Pflegschloß Kaprun samt Getreidkasten, Pferd- und Viehstallung, dann rinnendem Brunnen, drey Kellern, einem Baumgarten unter dem Schloße, dann Kirchleitl mit zwey Städln, dem Feld unter dem Schloße mit 1 Stadel, einem kleinen Wurzgärtl an der Schloßmauer inner dem Thore . . . u. einem Fischteiche samt Umrainen".
1893 kaufte Fürstin Sophie Löwenstein ,,das Schloßbauerngut Chaprun". Fürst Johann II. v. Liechtenstein verkaufte es 1921, zusammen mit Fischhorn (s.d.), an Heinrich Gildemeister. Noch immer im Besitz dieser Familie, verfällt die Burg seit 1945 allmählich.
Die rechteckige Anlage wird an 2 Seiten von Steilabfällen bzw. durch Bach und Graben geschützt. Das Mauerwerk des 6 Stock hohen Bergfrieds ist streng horizontal. Er ist mit

unregelmäßig angeordneten Schlitzen ausgestattet und weist an der O-Seite im obersten Geschoß ein Biforenfenster auf. Der Eingang befand sich erst im 3. Stock. Der Turm enthielt unten Verliese, in den oberen Stockwerken war er für Wohnzwecke eingerichtet.

Die Verbindungsmauer zum Wohngebäude war ursprünglich mit einem Wehrgang versehen. Das Wohnhaus zeigt Fischgrätenmauerwerk und dürfte a. d. 12. Jh. stammen. Über dem gewölbten Erdgeschoß sind noch 3 Stockwerke mit Resten von Kaminen und Fensterbänken erhalten. An der W-Seite kann man eine Freitreppe annehmen, die die Zeit der Burgteilung dokumentiert.

Der w. Teil der Burg, der aus 3 Bauelementen besteht, ist d. 2. H. d. 16. Jh. zuzuordnen, in der die Pflegerfamilie der Diether v. Urstein und Schedling viel gebaut hat, u. a. wohl auch die Schloßkapelle St. Jakob, die 1562 zum 1. Mal erwähnt ist. Die eigentliche Burgkapelle ist nur noch an einem Erker zu erkennen. Dem endgültigen Verfall der Burg, die erst seit Ende des 2. Weltkrieges ohne Dächer ist, sollte rasch Einhalt geboten werden.

(Grundb. KG. Kaprun EZ. 4; SLA, U 1058 fol. 27, 102; SUB 4 Nr. 112 a—d; Nr. 139, Nr. 168; Hübner III/2, 582; Pillwein 551; Augustin 107 m. Ansicht; Dürlinger, Pi 314; Bibl.St.Peter, Hs.Ebner XIX; Piper II 99; Pachmann 75; ÖKT XXV 269; Lahnsteiner, OP 655; Dehio 40; HiSt II 350; F.Z.)


2. TURM ZU WINKL  (KG. Kaprun, Winkl Hs.Nr. 36, Oberwinkl)
In der Ortschaft Winkl, s. von Kaprun, befand sich beim Bauerngut Oberwinkl ein Turm. Im Urbar von 1562 heißt es: *das Guet Oberwinckhl hat Haus und Hoff zunagst beim Thurn zu Winckhl ligent.*

Zu erwähnen ist auch noch die bronzezeitliche Bergbausiedlung Bürg bei Kaprun, die beim Ausfluß des Stausees in 950 m Seehöhe eine prähistorische Wehr- und Wallanlage aufweist.

(SLA, U 37 fol. 25'; HiSt II 350; F.Z.)


L E N D  (Taxenbach)
VERWES-SCHLOSS  (Lend Hs.Nr. 41, Bp. 8)
Der Wohn- und Amtssitz des Berg- und Hüttenverwalters der Salzburger Erzbischöfe am Gold- und Silberschmelzwerk Lend wurde erstmals um 1600 erbaut.

In seiner heutigen Form mit den beiden Eckerkern stammt er von 1748. Er wurde mit Fürstenzimmern ausgestattet, in denen die Erzbischöfe abstiegen, wenn sie die Bergwerke oder das Bad in Gastein besuchten. 1746 bis 1762 war hier die Berghauptmannschaft unter Anselm Thaddäus Lürzer untergebracht. Dann zog wieder der Oberverweser bzw. Bergrichter ein. Um 1800 wohnten hier der Oberkunstmeister und der Markscheider, anschließend der Verwalter des Hüttenwerkes Hohenbalken. Seit 1867 ist Schloß Lend Sitz der k. k. Forst- und Domänenverwaltung, seit 1924 der Forstverwaltung der Österreichischen Bundesforste, 1976 kaufte es die Gemeinde.

(Grundb. KG. Lend EZ. 44; Hübner III/2, 564; Lahnsteiner 429; F.Z.)


L E O G A N G  (Saalfelden)
1. PASS GRIESSEN  (KG. Grießen Nr. 7 (1830), Bp. 106)
Das Hochtal zwischen Grießen und Hochfilzen bildete mit dem — jetzt immer stärker verlandenden — Grießensee und dem *Paß Grießen* die Grenze zwischen Salzburg und Tirol.

Den Grundriß der Fortifikationsanlage gibt noch der Kataster von 1830 wieder. Jetzt ist der Paß verschwunden.

PASS GRIESSEN, gez. Virgilius Dietrich, 1763

Der ursprüngliche Turm wurde durch Befestigungsbauten während des 30jährigen Krieges modernisiert. 1636 wurde das zweistöckige, gemauerte Paßhaus erbaut. Die hohe, tonnengewölbte Durchfahrt wurde mit 2 mächtigen Toren verschlossen. Der große Saal darüber diente als Vorratskammer und hatte nach O und W Schießscharten. Näherte man sich dem Paß von der Salzburger Seite, kam man rechter Hand zuerst zum ,,Springbrunnen'', linker Hand war der Pferdestall an die ca. 4 m hohe Schanzmauer angebaut. An ihrer W-Seite war 1764 das hölzerne Wachthaus für die Soldaten neu errichtet worden. In dem einstöckigen Blockhaus befanden sich Küche mit Speise, 2 Kammern und 2 Stuben.

Vom Vorhaus führte ursprünglich ein Wehrgang zum ,,Spechhaus''. Das Schilderhaus war auf den Mauerzinnen aufgesetzt. Nach dem katastrophalen Brand in der Nacht vom 28. auf 29. V. 1783 wurde der Wehrgang durch eine verborgene Stiege ersetzt. In der Brandnacht konnten 2 Soldaten nur das bloße Leben retten. Aus ihrer Verlustaufstellung könnte man das Inventar eines hochfürstlichen sbg. Passes rekonstruieren. Hier soll nur die Bewaffnung eines Mannes wiedergegeben werden: 2 Feuergewehre, 1 Säbel, 1 Bajonett, 2 Pistolen, Patronentasche und Montur.

Nördlich der Durchfahrt wohnten im gemauerten Paßhaus der kommandierende Feldwebel und 1 Soldat. Über 2 gewölbten Kellern befand sich die Küche mit dem offenen Herd, die Stube mit dem Ofen und 1 Kammer. Das Vorhaus hatte zur Bastei hinaus eine Türe.

Zur Bergseite hin umgab eine sechseckige Bastei, die nach der beiliegenden Beschreibung eines Planes von 1762 eher ein Zwinger war, das Paßhaus. Die Bastei diente vor allem dazu, Stein- und Schneelawinen abzuwehren und hatte deshalb ihr keilförmiges Aussehen erhalten.

(Grundb. KG. Grießen EZ. 64 (Eislagerplatz); SLA, Karten u. Risse N 4; Laa XIV/55 m. 2 Plänen 1760 u. 1792; HK Liechtenberg 1805/9b m. Plan v. 1763; Dürlinger, Pi 234; Lahnsteiner, MP 321; F.Z.)

2. BURGSTEIN (Hütten Hs.Nr. 4, KG. Sonnberg)
Bis jetzt spricht nur die Lage am Zusammenfluß von Grießner Bach und Schwarzleo und der Name Burgstein für das Vorhandensein einer Befestigungsanlage.
Das Leoganger Bergbaugebiet wurde wohl nicht nur am Paß Grießen gesichert. Die Erze, die u. a. vom Spielberg (vgl. Saalbach) gefördert wurden, verarbeitete man im Schmelzwerk in Hütten.
(ÖK 123/1, 123/4; Franz.Kat.; Lahnsteiner, MP 294; F.Z.)

L O F E R (Marktgemeinde Saalfelden am Steinernen Meer, alt Lofer)
PASS STRUB (Lofer Hs.Nr. 60, alt KG. St. Martin bei Lofer, Gp. 465 und KG. Lofer Bp. 101)
Die Grenze zwischen Salzburg und Tirol an der Bundesstraße 1 war von beiden Seiten stark befestigt.
In der Gesamtbeschreibung aller eb. Güter von 1606, dem sog. Stockurbar, heißt es: ,,ein alt, eingefallenes Schlößl, der Thurn in der Strub genannt". Die mittelalterliche Grenzfestung, von der aus den Jahren 1494, 1499, 1501 und 1522 die mit der Burghut beauftragten Männer bekannt sind, hatte vorübergehend ihre Funktion verloren. Bei Martin Ebser, Türmer in der Strub, 1549 und Hans Ebser 1647 ist unklar, ob sie im sbg.

**PASS STRUB, 2. H. d. 18. Jh.**

oder Tiroler Paß Dienst hatten. Mit der Grenzregulierung 1606, an die der 6eckige Grenzstein mit der halbkugelförmigen Haube und den beiden Landeswappen erinnert, gewinnt das Schlößl erneut Bedeutung. 1621 ließ EB. Paris Lodron zur Vorsorge im 30jährigen Krieg den Paß neu befestigen: 2 große, gewölbte Durchfahrtstore umschlossen einen rechteckigen Raum. In Friedenszeiten war im Torgebäude der Salz- und Weinschreiber untergebracht. Im vorderen Teil in Richtung Lofer befand sich die Wachtstube und die Türnitz (= Mannschaftsquartier). Die militärische Besatzung war auf diesem Paß stärker als bei den anderen, da es sich bis 1816 um eine echte Grenzfestung handelte. Der kommandierende Offizier war als Leutnant verhältnismäßig hoch im Rang. 1673 waren am Turm selbst Reparaturarbeiten dringend nötig geworden. Er wurde neu verputzt und erhielt ein Scharschindeldach. 1739 wollten der Leutnant und der Korporal die gänzlich verfallene Georgskapelle, die außerdem nur 6 Personen aufnehmen konnte, innerhalb des Passes neu aufbauen. Der Pfleger von Lofer erhob aber Einspruch, da dadurch der höchst notwendige Ausweichplatz innerhalb der Tore verbaut worden wäre. Die Kapelle blieb also vor dem Paßtor gegen Lofer. Seit 1718 besaß sie eine eigene Glocke, 1747 wurde sie renoviert, 1809 von den Bayern gesprengt und 1830 an der alten Stelle wieder errichtet.

Palisaden sperrten das Tal, die in Friedenszeiten den Schmuggel mit Alkohol, Salz, Tabak und Vieh verhindern sollten. 1934 wurden anläßlich der Ausbauarbeiten an der Bundesstraße 1 Kasematten gefunden, die aber heute auf Tiroler Gebiet liegen.

Während der Franzosenkriege von 1805 versuchte der bayerische General Deroy am 2. und 3. XI. den von österreichischen Truppen, Tiroler und Salzburger Schützen verteidigten Paß einzunehmen, scheiterte aber. Am 4. und 10. XI. wurde der Paß vor dem anrückenden Marschall Ney von den regulären österreichischen Truppen geräumt. Am 11. V. 1809 erstürmte die bayerische Division Wrede im fünften Anlauf die Stellung und demolierte die Anlagen weitgehend. Im 2. Aufstand wurde der nur mehr von Tirolern verteidigte Paß von Marschall Lefèbre durch Kapitulation eingenommen. Daraufhin wurden die Befestigungen von den Österreichern ganz abgetragen. Der geplante Neubau unterblieb beim Anschluß Salzburgs an Österreich 1816. Heute sind nur noch das Wachthaus, geringe Mauerreste der Sperranlagen, die Kapelle und das Erinnerungsmonument an die Kämpfe gegen Bayern und Franzosen, 1800, 1805 und 1809, erhalten.

(Franz.Kat.: KG. St. Martin bei Lofer; HHSTA, OUrk.; SLA, U 103a fol. 4; Laa XIV/45 m. Plan v. Geyer 1747 u. J. Zenauer 1806; Hübner III/1, 660; Dürlinger, Pi 209; ÖKT XXV 172; Lahnsteiner, MP 429; HiSt II 363; Zaisberger 7.3., 21.3. 1973; 2 Abb. mit Turm, Wachthaus u. Kapelle im Ferdinandeum Innsbruck; F.Z.)

M A I S H O F E N  (Zell am See)
1. SAALHOF (Alter Name: SAAL)
(Maishofen-Atzing Hs.Nr. 26, KG. Atzing)
Schloß Saalhof liegt weithin sichtbar an der Abzweigung der Straße nach Saalbach von der Mitterpinzgauer Landesstraße.

Der hohe, viergeschossige Baukörper mit dem mächtigen Walmdach und den 4 aufgesetzten Türmchen an den Gebäudeecken ist einer jener vor allem für den Pinzgau so typischen Salzburger Ansitze, wie sie uns in zahlreichen Beispielen, wenn auch mitunter leicht abgewandelt, bekannt sind: Lichtenau in Stuhlfelden, Rosenberg in Zell am See, Dorfheim bei Saalfelden u. a. m.

Die erste sichere Nachricht von diesem eb. Lehen besagt, daß 1423 ein *Oswald Eisenstang zu Saal* sitzt, dessen Vorfahr Otte der Eisenstang um d. M. d. 14. Jh. als Amtmann der Herren von Goldeck genannt wird. Um 1455 heiratet Heinrich Hackl Margarethe, die Tochter des Oswald Eisenstang und kommt damit in den Besitz eines

**SAALHOF**

Teiles von Saal. 1459 und 1461 kauft er die Anteile seiner Schwägerinnen, Anna und Susanna Eisenstang, dazu, worauf ihm und seiner Frau Margarethe 1466 ein Lehenbrief auf den gesamten Sitz und Hof zu Saal samt allem Zugehör ausgestellt wird.

Sein Sohn Georg Hackl gibt 1490 als Morgengabe 260 fl. auf den Sitz Saal an seine Braut Magdalena zu den üblichen Bedingungen. Georg Hackl wird 1511 zum chiemseeischen Pfleger auf Schloß Fischhorn bestellt. Sein großer Besitz wird nach seinem Tode im Jahr 1529 unter seinen Erben aufgeteilt, den Sitz Saal erhält sein Sohn Hans Hackl, der mit Ursula, Tochter des Albrecht Hunt zu Lauterbach, vermählt ist. 1554 muß er wegen finanzieller Schwierigkeiten ein Darlehen von 400 fl. von Christoph Weitmoser auf seinen Hof aufnehmen. Nach seinem Tod erhalten seine Kinder den Lehenbrief auf Sitz und Hof. Sein Sohn David Hackl vereinigt nach Vertrag mit seinen 2 Schwestern den Besitz wieder in seiner Hand, stirbt aber hochverschuldet 1584.

Noch im gleichen Jahr erwirbt Sigmund Aman v. Judendorf Sitz und Hof von den Gläubigern des verstorbenen David Hackl. Er selbst stirbt aber schon 1588 und vererbt den Sitz seinen beiden Söhnen Christoph und Sigmund, wovon ersterer als Pfleger von Taxenbach 1594 durch Vertrag mit seinem Bruder Alleinbesitzer wird. Er ist es, der zusammen mit seiner Frau Felicitas, geb. Grimming v. Niederrain, 1606 das Schloß in seine heutige Gestalt bringt. Eine Marmortafel oberhalb des ö. Portals erinnert mit Wappen und Inschrift noch heute daran. Auch das Innere wird unter Christoph Aman reich mit Täfelungen ausgestattet, von denen aber nur noch ein Raum im Schloß erhalten blieb.

Der Besitz geht 1620 an den Sohn Hans Sigmund Aman über, der nur mj. Kinder hinterläßt. Die Vormünder verkaufen Sitz und Hof zu Saal um 10.360 fl. an Jakob Riedl, chiemseeischen Pfleger zu Fischhorn und Gastgeb zu Bruck. Die folgenden Besitzer aus der Familie der Herren Riedl zu Saal sind: 1647 die Söhne Matthias und Christoph; 1650 Matthias allein; 1655 sein Bruder Christoph allein; ab 1667 beide Brüder wieder gemeinsam; 1674 der Sohn des Matthias, Jakob Adam Riedl als Haupterbe mit 3 mj. Schwestern; 1690 stirbt Jakob Adam und seine beiden Schwestern Anna Franziska und Maria Ursula übernehmen den Besitz; 1696 verkaufen sie an ihre Mutter, die in 2.

Ehe mit Franz Kobald v. Dambach zu Moll verheiratet ist. Beide erben nach dem Tod ihrer Mutter je eine Hälfte des Sitzes und verkaufen diesen mit ihren beiden Halbschwestern an ihren Stiefvater bzw. Vater Franz Kobald. 1748 folgt sein Sohn aus 2. Ehe Matthias Kobald v. Dambach auf Sitz und Hof zu Saal. 1759 erhält Maria Anna v. Hackledt, eine Nichte des kinderlos verstorbenen Matthias den Besitz. 1765 geht er an die 4 Kinder ihrer Ehe, wovon 1798 Elisabeth Amalia v. Hackledt mit ihrem Ehemann Rochus v. Braun Alleinbesitzer werden. 1830 folgen ihnen ihre 3 Söhne Rudolf, Franz und Sigmund v. Braun.

1840 wird der Saalhof an Josef Zehentner, Wirt zu Weißbach, verkauft, der ihn 1855 an seinen Sohn Johann übergibt. Dessen Tochter Maria, verehelicht mit Josef Schattbacher, erbt 1873 den Saalhof. Wolfgang Rieder heiratet Ida, die Tochter Schattbachers, wodurch der Besitz in die Familie des Landwirtes Rieder übergeht, dessen Sohn Wolfgang Rieder den Hof nach Übergabe heute innehat.

Erst in den letzten Jahren hat die gesamte Anlage des Ansitzes Saalhof samt Meierei und 2 eng-parallel stehenden Ställen eine entscheidende Einbuße erlitten: 1970 wurde zuerst das jüngere der beiden Wirtschaftsgebäude (Firsttram datiert 1828), 1971 auch das ältere (Firsttram 1586) abgerissen, um durch einen neuen Stallbau ersetzt zu werden.

(Grundb. KG. Atzing, EZ. 21, Bp. 31; SLA, U 1490, f. 70; LB 2, F. 14'; 3, f. 13; 5, f. 53; 6, f. 17 u. 38'; LA 4, f. 118; LA 173; Hs. 129 (Koch-Sternfeld) 23; Hs. 373 (Hütter); Bibl.St.Peter, Hs.Ebner XVIII 29, 37; XIX 171; ÖKT XXV 283; Lahnsteiner, MP 85; Dehio 47; W.S.)


## 2. PRIELAU (PRILLA, PRÜEL) (Maishofen-Prielau Hs.Nr. 37, KG. Maishofen)

Am n. Ende des Zeller Sees steht inmitten sumpfiger Wiesen *Schloß Prielau* mit seinen beiden flankierenden Türmchen, der dazugehörigen Meierei samt Wirtschaftsgebäude und einer später errichteten, barocken Kapelle.

Die ersten Nachrichten eines Hofes zu Prielau stammen aus 1425, in welchem *Christan Glaser zu Prielau* genannt ist. Um 1466 besitzt Polykarp aus dem damals bedeutenden Pinzgauer Geschlecht der Hunt den Hof (siehe auch Dorfheim, Kammer und Einödberg). Hans Christoph Perner v. Rettenwörth (s.d.) baut den Hof um 1560 bis 1565 in seine heutige Gestalt um, es entsteht ein echter Salzburger Ansitz: Ein dreigeschossiger Schloßbau mit mächtigem N-S-gerichtetem Walmdach. An den beiden Längsseiten wird jeweils ein im Grundriß quadratischer Turm in der Mittelachse der Fassaden angebaut, dessen schlanke Zeltdächer das hohe Hauptdach noch überragen. Diese noch mittelalterliche Form hat sich bis heute unverändert erhalten.

Schon 1577 aber sitzt Caspar Panichner zu Wolckersdorff auf dem Sitz Prielau und nimmt dieses Prädikat auch in seinen Namen auf. Panichner ist zu dieser Zeit Urbarpropst in der Fusch und Landrichter zu Zell am See. Ihm folgt seine Tochter Anna, verheiratet mit Christoph v. Hirschau.

Am 13. VII. 1590 kauft Dietrich Khuen v. Belasy und Liechtenberg von Christoph v. Hirschau Adelssitz und Schloß Prielau. Von 1590 an bleibt Prielau im Besitze der Herren Khuen v. Belasy, bis 1722 B. Franz Anton Adolf v. Wagenberg den gesamten Besitz mit seinen zahlreichen Grundstücken für die Fürstbischöfe von Chiemsee erwirbt. Nun wird im Jahre 1730 auch die Kirche erbaut und mit dem aus Schloß Prielau stammenden Wallfahrtsbild der Hl. Dreifaltigkeit geschmückt. Zahlreiche Votivbilder erzählen heute noch von der einstigen Bedeutung dieses Kirchleins.

Als 1803 das Bistum Chiemsee säkularisiert wird, kommt es zu einer Versteigerung der chiemseeischen Besitzungen im Pinzgau. Anton Neumayr kauft am 17. II. 1812 Prielau, in dessen Familie das Schloß bis 1932 bleibt. Frau Gertrude v. Hoffmannsthal erwirbt 1932 die Liegenschaft und läßt im Jahr darauf das Schloß mit großem Einfühlungsvermögen restaurieren. 1940 wird das Schloß durch die Gestapo

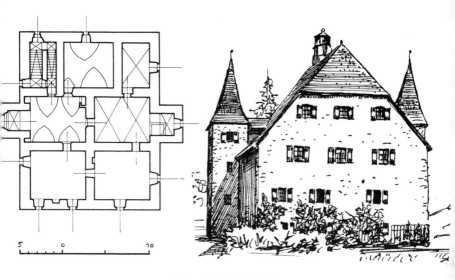

**Erdgeschoß, PRIELAU**

beschlagnahmt und 1942 in das Eigentum des Deutschen Reiches übernommen. 1943 geht es an den Reichsgau Salzburg. Noch im selben Jahr wird es dem Bildhauer Josef Thorak übereignet. Erst 1947 erfolgt die Rückstellung an Frau Gertrude v. Hoffmannsthal, deren Sohn Raimund v. Hoffmannsthal als derzeitiger Besitzer aufscheint.

Heute noch sind zahlreiche Möbelstücke aus der Zeit der Herren Khuen v. Belasy und der Fürstbischöfe von Chiemsee im Schloß erhalten.

(Grundb. KG. Maishofen, EZ. 24; PfarrA. Saalbach OUrk. 1425; PfarrA. Zell, Urk. ab 1743; SLA, U 1058, f. 29; LB 6, f. 18, 52; HK Kaprun 1600, lit. J; Geh.A. XXV/K26; Bibl.St.Peter, Hs.Ebner XVIII 29, 33; XIX 173; Hübner III/2, 557; Dürlinger, Pi 285, 294; ÖKT XXV 291; Lahnsteiner, MP 87; Dehio 61; W.S.)

3. KAMMER (Maishofen-Kammer Hs.Nr. 22, KG. Maishofen)
Östlich von Maishofen liegt an einem sanft ansteigenden Hang inmitten eines kleinen bäuerlichen Weilers *Schloß Kammer* in weithin sichtbarer und beherrschender Lage.
Das Schloß mit seiner achsial unmittelbar an der Rückseite angebauten Kapelle mit Türmchen ist der zentrale Baukörper innerhalb einer symmetrisch angelegten Ringmauer mit z. T. Zinnenbekrönung a. d. 19. Jh. An der n. Ringmauer angebaut steht der bemerkenswerte Stall, der eine dreischiffige, spätgotische Halle mit schlanken Steinsäulen und Spitzbogengewölbe aufweist. Das Schloßgebäude selbst ähnelt heute eher einem gut ausgestatteten, gemauerten Bauernhaus, doch diese Gestalt wurde dem Objekt erst i. d. 2. H. d. 18. Jh. gegeben.
*Polykarp Hunt* ist um 1466 der 1. urkundlich belegte Besitzer des Hofes zu Kammer. Die immer wieder genannten Herren von Kammer dürfte es nie gegeben haben. Als bäuerliche Bestandsmeier der Herren von Hunt werden um 1600 Lukas und Peter, die Kammerer, erwähnt.
Angeblich, weil er von dieser Örtlichkeit so sehr angetan war, kauft Dietrich Khuen v. Belasy (vgl. Prielau) von Peter Kammerer und seinem Schwiegersohn Georg Guthund zwischen 1610 und 1614 die 2 Güter Kammerhof, befreit sie aus der Grundherrschaft der

**KAMMER**

Hunt und baut sich dort sein Schloß, an welches er 1617 die Schloßkapelle anfügen läßt.
Aus 1635 stammt eine Inventarliste der Besitzung: ,,Adelicher Süz Camer mit seiner
Zugehörung, als Hofställ, Brauhaus, sambt allen darzuegehörigen Gepey, Mühl und
Schmidten sambt den zwei Viertellehen zu Camer'', Wert 11.000 fl.
Schloß Kammer bleibt im Besitze der Khuen v. Belasy: 1640 Sigmund Khuen; 1648 die
Söhne Hans Christoph und Dietrich; 1675 Georg Dietrich; vor 1707 Max Preisgott
Khuen.
Im Jahre 1711 brennt ein Großteil der Objekte, darunter auch das Schloß samt Kapelle,
nieder. Lange Zeit bleiben nur die ausgebrannten Mauerreste stehen. Erst nachdem
1722 der gesamte Besitz der Herren von Khuen zwischen Zell und Saalfelden an die
Bischöfe von Chiemsee verkauft wird, kommt es zum Wiederaufbau des Schlosses in
seiner heutigen, vereinfachten Form.
Nach der Säkularisierung Chiemsees erwirbt Josef Neumayr 1812 von der bayerischen
Finanzkammer durch Lizitationskauf die Liegenschaft, nachdem er die Güter bereits
seit 1790 in Pacht hatte. Heute ist Schloß Kammer ein vielbesuchter Ausflugsort mit
Gasthaus im Besitze der Nachkommen von Josef Neumayr.
(Grundb. KG. Maishofen, EZ. 12/4, Bp. 51; SLA, U 1058 f. 16', 1060 f. 60/38; LB 6, f.
18, 52; LA 4, f. 2; Hieron.Kat. Zell I, f. 281; Geh.A. XXV/K26 (Khuen); Bibl.St.Peter,
Hs.Ebner XVIII 29, 31; XIX 176; Hübner III/2, 557; Dürlinger, Pi 285, 293; ÖKT XXV
280; Dehio 47; Lahnsteiner, MP 82; W.S.)

4. STIEGERSCHLÖSSL (Maishofen Hs.Nr. 12, KG. Maishofen)
In der Ortsmitte Maishofens steht der im Kern gotische, ehemals dreigeschossige
Baukörper des *Stiegerschlößls*. Durch eine Vermurung der Saalach wurde das ehem.
Erdgeschoß des Objektes weitgehend verschüttet, sodaß das spätgotische
Kielbogenportal heute nur als Kellerfenster dient. Darüber führt eine hölzerne
Treppenanlage zum heutigen Eingang, welcher von einem Rechteckserker überragt
wird.
Das Stiegerschlößl erhielt seinen Namen von der Familie Stieger, welche zwischen 1700
und 1818 die Besitzer waren. Adelige Besitzer konnten nicht nachgewiesen werden.

1839 baute das Ehepaar Peter und Elisabeth Neumayer das Haus um (Inschrift am Erker: 18 P.E.N.39). Aus dieser Zeit stammt auch die hübsche Fassadengestaltung mit fächerartigen Palmetten und geschwungenen Stuckgiebeln oberhalb der Fenster, die zum Teil noch die gotischen Steingewände erkennen lassen. Von der Familie des Landwirtes Dick hat Fridolin Engels 1977 das Haus übernommen. Im Zuge einer Straßenverlegung im Ortsbereich wurde 1973 der mächtige Wirtschaftstrakt mit breitem Satteldach abgetragen.

(ÖKT XXV 280; SLA, Hs. 373; Hütter 6; W.S.)

## M A R I A  A L M  AM STEINERNEN MEER (Saalfelden)
## BURGSTALL ALM
Kajetan Lürzer schreibt 1802 in seiner Beschreibung des Pfleggerichtes Liechtenberg (S. 16), daß 5 Minuten vor Maria Alm in Richtung Saalfelden die Kapelle am Gasteg einen Turm der Herren von Alm vermuten läßt. 1481 wurden dort *Wolfgang von der Albm* und seine Gattin Magdalena v. Volkenmarkt begraben.

Da die Herkunft der im ganzen Mittelalter in Salzburg einflußreichen Familie von der Alm, die ab 1414 den Erbtruchseß stellte, bis heute nicht geklärt ist, verdient die Notiz Aufmerksamkeit (F.Z.)

## M I T T E R S I L L  (Marktgemeinde/Mittersill)
## 1. BURG (Mittersill, Schloß, Hs.Nr. 1, KG. Mittersill-Schloß)
Genau gegenüber dem Ausgang des Felbertales steht auf einer Rückfallkuppe hoch über dem Boden des Salzachtales die Burg Mittersill. Sie bewachte einst von hier aus nicht nur weite Teile des Oberpinzgaues, sondern auch den für den mittelalterlichen Handel so wichtigen Saumweg über den Felbertauern.

Charakterisiert wird diese Burg durch eine nach Süden, gegen das Tal hin, nur durch einen Wehrgang geschlossene Hufeisenform von Gebäuden, die an der W-Seite von 2 mächtigen Rundtürmen flankiert werden. Unter dem eigentlichen Hauptgebäude, dem ehem. Palas, betritt man von O kommend durch einen nach S vorgeschobenen Torbau von 1537 den Hof. Dieser Weg wird s. von einem Wehrgang, n. durch hohe Stützmauern begrenzt. Die SW-Ecke des Hofes wird durch einen mächtigen Rundturm, den „Hexen-

**MITTERSILL**

turm", gebildet, der in seinem oberen Geschoß die Schloßkapelle birgt. Der Zugang zum fast ebenen Schloßhof führt von hier nach N an dem sog. ,,Gerichtshaus" vorbei, an welches sich n. ein Pendant zum Hexenturm, ein 2. Rundturm, anschließt, der den Weg zur Burg von N her völlig beherrschte. Zwischen Gerichtshaus und ö. quergelagertem Palas befand sich früher nur ein gutausgebauter Wehrgang. Heute sind hier ebenerdige Wirtschaftstrakte a. d. 19. u. 20. Jh. eingefügt. Der Palas selbst mit seinem hohen, N-S-gerichteten Satteldach mit beidseitigem, kleinem Walm begrenzt den Hof an der O-Seite. Von hier tritt er als zweigeschossiger Bau in Erscheinung, an dem man außen auf Grund zahlreicher Umbauten — 1882 und 1936, vor allem aber nach dem verheerenden Brand von 1938 — kaum mehr den historischen Charakter erkennen kann.

Die ersten Nachrichten um Schloß Mittersill sind uns aus dem 12. Jh. bekannt, als der Pinzgau unter der Herrschaft der Bayernherzoge an die Grafen von Lechsgemünd zu Afterlehen vergeben war. Jene Grafen, die sich ,,von Pinzgau" oder ,,von Sulzau" (s.d.) nennen, führen seit 1180 das Prädikat *von Mittersill.* Diese Zeit kann als Erbauungszeit der Burg angesprochen werden, da über einen eventuellen Vorgängerbau jede Nachricht fehlt.

1228 kam die Grafschaft Pinzgau an das Hochstift Salzburg und die Burg Mittersill wurde Sitz des Pflegers für den Oberpinzgau. Die Herren von Velben werden 1292 genannt, als Gebhart v. Velben dem EB. Konrad IV. gegenüber erklärt, daß er keine anderen Rechte auf die Burg habe, als andere Burggrafen. Weitere Velber folgen: 1344 Heinrich, 1347 Conrad und Hans, 1360—63 wieder ein Heinrich. 1388 dient die Burg EB. Pilgrim II. v. Puchheim auf der Durchreise zu längerem Aufenthalt.

Während der Bauernkriege 1525/26 wird das Pflegschloß Mittersill von den Aufständischen eingenommen, geplündert und niedergebrannt. Für diesen Frevel werden sie nach Niederwerfung des Aufstandes gezwungen, 2500 Gulden in bar zu zahlen und Roboten zum Wiederaufbau der Burg zu leisten. Erst 1537 scheinen aber die Arbeiten wirklich zu beginnen und ziehen sich über mehrere Jahre hin. 1555 brennt der Palas: Das oberste Stockwerk samt Dachstuhl und darunter angrenzendem Torhaus werden vernichtet. Den nachfolgenden Wiederaufbau leitet Baumeister Leopold Winckler, die Zimmermannsarbeiten erstellt Gabriel Sayler. 1562 wird die Kapelle mit einem kleinen Dachreiter für eine Glocke versehen. 1563/64 werden verschiedene Um- und Anbauten vorgenommen: Roß- und Rinderstall im Zwinger, je ein Bad im Schloß und im Zwinger, Neuausgestaltung einer Stube im Schloß sowie zahlreiche neue Kachelöfen für die Stuben. Als Meister werden genannt: Paul Ottacher, Maurermeister; Paul Ebner und Vinzenz Holernawer, Tischlermeister für Getäfel und Türen; Wolfgang Kirchbichler, Schmied; Christan Spen, Schlosser; Hans Reschen, Christan Magreider aus Kitzbühel und Lorenz Clausner, Hafnermeister.

Im Jahre 1597 bricht wieder ein Brand aus, der abermals den Palas und die Torstube schwer beschädigt. 1606 werden Teile ausgebessert, auch ein Hofzimmer wird aufgebaut und im Schloßgraben ein Fischkalter angelegt.

Die Kapelle wird 1617 als nicht konsekriert genannt. Die erste Erwähnung ihres (vielleicht geänderten) Patroziniums erfolgt im Jahre 1673: Hl. Dreifaltigkeit.

1773 erhält das Schloß ein neues Dach in Holzschindeln. 1774 wird durch den Mittersiller Hafner Josef Braunerder ein 7 Schuh hoher Ofen für das Fürstenzimmer geliefert. Um 1800 wird die Zugbrücke entfernt. 1845 kommt der Befehl zur Aufhebung der Kapelle. 1816 wird das k. k. Bezirksgericht in der Burg etabliert, obwohl sie bis 1850 noch von Pflegern verwaltet und bewohnt wird.

Im Jahre 1880 wird das Schloß versteigert und fällt für 4000 Gulden an den Welser Getreidehändler Anton Hahn, der es schon 1882 an Gfn. Marie Larisch-Moenich, geb. Freiin v. Wallersee, verkauft. Sie läßt das Schloß durch den Wiener Architekten

Gangolf Kaiser grundlegend restaurieren. Im Zuge dieser Arbeiten verliert das Schloß bis auf wenige Details seinen bisher rein mittelalterlichen Charakter. Anscheinend überstiegen die Kosten der Adaptierung die Finanzkräfte der Gräfin bei weitem, denn 1885 erhält Karl Georg Kaiser, ein Sohn des vorigen, den Besitz. Ein rascher Besitzerwechsel ist die dem Schloß eher abträgliche Folge: 1894 Theodor Pöller; 1896 Michael Wahl, Brauereidirektor von Augsburg; 1903 Leopold und Marianne Philippi; 1910 Eugenie Gfn. Clary-Aldringen; 1919 Margareta Jernberg, geb. Weißenberger, aus Stockholm und Hugo v. Grundherr zu Altenthann, akad. Maler in München, der noch im gleichen Jahr Alleinbesitzer wurde.

Hugo v. Grundherr gestaltet das Schloß im Inneren romantisch um und richtet sich eine Kunstsammlung darin ein. Auf Grund hoher Verschuldung fällt das Objekt an das Bankhaus Lammer in Zell am See, welches es 1935 an den Internationalen Sport- und Shooting-Klub verkauft, worauf durch die Umgestaltung zu einem Gästehaus der bisher noch vorhandene historische Charakter weitgehend reduziert wird.

1938 brennt durch Blitzschlag ein Teil des Schlosses nieder und es folgt neuerlich ein Wiederaufbau „in alter Form". Gleichzeitig wird der n. Quertrakt mit seinen ehem. Küchen- und Wirtschaftsräumen um 1 Geschoß aufgestockt. Das Schloß gehört heute der Societé Immobilière Mittersill AG mit ihrem Sitz in Vaduz.

Trotz aller Umbauten bietet sich aber heute noch dem Beschauer aus der Entfernung das historische Bild einer mittelalterlichen Höhenburg mit festen Türmen und hohen Mauern.

(Grundb. KG. Mittersill-Schloß, EZ. 101; SLA, HK Mittersill 1511—1599, lit. C; HK Mittersill 1774, lit. C; U 118, fol. 3; SUB 4, 164; Martin, Reg I 340; Bibl.St.Peter, Hs.Ebner XVIII 188 u. XIX 99; ÖKT XXV 35; Dehio 54; Pachmann 132; W.S.)

2. FELBERTURM (KG. Felben, Bp. 25)

Südöstlich von Mittersill, am Eingang zum Felbertal, steht im Weiler Felben der *Felberturm*. Er beherbergt seit dem 6. VII. 1969 ein Heimatmuseum.

Der Turm mit einer Seitenlänge von ca. 16 m im Quadrat dürfte i. d. 1. H. d. 12. Jh. erbaut worden sein. Das Fischgrätenmauerwerk ist aus Bachsteinen, Schiefer- und Gneisbrocken aufgeführt und mit einer Art Zement verbunden. Die Ecken werden von

behauenen Ortsteinen betont. Türen und Fenster sind nicht mehr in der ursprünglichen Anordnung vorhanden. An der N-Seite hebt sich deutlich der einstige Stiegenaufgang von der Außenmauer ab. Das letzte Mauerwerk ist, mehr oder weniger ergänzt, im Rahmen der Umbauarbeiten seit 1963 aufgemauert worden, um eine Auflage für das neue Dach zu schaffen.

Bei der Rekonstruktion des Daches hielt man sich an ein Votivbild in der Felberkirche, das den unversehrten Turm darstellt. Kulstrunk beschreibt den Turm 1898 folgendermaßen: ,,Der Innenraum, 13 m im Lichten messend, macht den Eindruck eines großen Hofes (1812/13 sind hier Passionsspiele aufgeführt worden). Der Boden ist unregelmäßig mit Schutt bedeckt. Man kann auf Grund der Tramstümpfe drei Stockwerke zu je 4 m Höhe unterscheiden. Der Mauerbewurf läßt aber eine andere Stockwerkseinteilung vor dem Umbau i. d. 2. H. d. 15. Jh. erschließen. An der NO-Ecke befindet sich ein gotisches, spitzbogiges Eingangstor im Erdgeschoß, in der Mitte der O-Wand 2 weitere Türen übereinander, je eine im 1. und 2. Stock. Im Erdgeschoß und im 1. Stock sind die Fenster schießschartenförmig angelegt. Im 2. Stock befinden sich an der N-Wand, mit dem Blick auf Schloß und Kirche von Mittersill, Fensternischen mit Doppelbänken, die zum Niedersetzen einladen." Auffallend ist, daß weder Reste einer Heizanlage noch eines Brunnens gefunden werden konnten.

Im Innern wurde nun eine Stiege eingebaut und 2 Stockwerke eingezogen, um Platz für das Heimatmuseum zu schaffen. Der Gartenzaun, der einen trapezförmigen Platz abgrenzt, verläuft genau an der Stelle der alten Ummauerung, von der es im Grundbuch d. 19. Jh. heißt: ,,der Felberthurn, bestehend in einem drey Geschosse hohen, gemauerten, nur mit Zwischenböden versehenen, viereckigen Gebäude, umgeben mit einer verfallenen Mauer, mit einem beylich 15 Schuh breiten, mit Gras verwachsenen Zwischenraum."

Dieselbe Schilderung lautet 1606: ,,. . . ist ain uralter gemaurter Thurm, sambt einem Zwinger, mit einer Rinckmaur umbfangen, der wirdet zu des hochfürstlichen Kellnambts Dienstgetraid gebraucht."

Der Felberturm war also damals nichts anderes als ein Getreidesilo, in dem die Naturalienabgaben gesammelt wurden, die die Bauern ihrem Grundherrn leisten mußten. Die Umfunktionierung des wehrhaften Turmes am Ausgangspunkt eines im Mittelalter bedeutenden Alpenüberganges fand i. d. 2. H. d. 15. Jh. statt.

Das erste bekannte Mitglied der *Familie der Velber* war *Heitfolch,* der zwischen 1147 und 1194 urkundlich belegbar ist. Er war ein edelfreier Mann. Ulrich jedoch, der zwischen 1216 und 1232 nachweisbar ist, war bereits Ministeriale des Erzbischofes. In seine Zeit fällt die Erwerbung der Grafschaft Oberpinzgau durch die Erzbischöfe (1228). Es folgten Gebhard I., Gebhard II., Otto und die Brüder Heinrich und Ekko v. Velben. Der letztere gab 1332 ,,seinen halben Teil des Turn ze Velben mitsampt dem Grunt und der Hofstat, darauf er gelegen ist, als verr die Mauer umfangen hat" dem EB. Friedrich.

Im folgenden Jahr erhielt Heinrich seine verpfändete Hälfte am Turm von Kaprun (s.d.) zurück, mußte aber dafür dem Erzbischof den ,,Pau des Hauses ze Velben" überlassen. Dieser verlieh den Turm bis 1351 den Herrn von Kuchl, dann erneut an Heinrich v. Velben, der aber schon 1369 starb. Seine Witwe Dorothea (v. Waldeck) überlebte noch zwei Männer (Chalhosberger, Lebenberger). Aus dem Erbstreit, der nach ihrem Tod 1425 ausbrach, ging der Erzbischof als Sieger hervor. Er zog die Güter der Velber als heimgefallenes Lehen ein.

Für den Erzbischof, dem das strategisch weitaus günstiger gelegene Schloß Mittersill zur Verfügung stand, hatte der Felberturm keine Bedeutung als Wehranlage. Es wurde üblich, den Turm als Leibgeding an verdiente Hofbeamte auszugeben. Der erste war

1454 Georg Fröschl, Salzsieder in Reichenhall, dann folgte 1469 der Hofmarschall Christoph Trauner.

Zu seiner Zeit ließ EB. Bernhard den Turm zu einem Getreidespeicher umgestalten. Der jeweilige Inhaber behielt das Wohnrecht gegen die Auflage, das Dach instand zu halten. 1508 übernahm ihn der Silberkämmerer Sebastian Silberbeck, 1539 Georg Kopeindl, 1598 der Kammerdiener Matheus Janschitz, 1640 der Hofumgelter Kellmüller. 1647 gab EB. Paris Lodron den Turm seinem verdienten Vizekanzler Dr. Volpert Motzl und wandelte den Besitz in ein erbliches Ritterlehen um. Der Turm blieb bis 1812 im Besitz der Familie Motzl. Dann wurde er von der Bayerischen Regierung versteigert.

Es erwarb ihn der Mittersiller Bräuer Josef Dick, von dem ihn die 4 Kinder des Alois Löhr: Maria, Joseph, Johann und Mathias 1835 erbten. 1837 kauften ihn die Grundtnerwirtsleute Anton und Maria Meilinger. Ihnen folgte 1844 ihr Sohn Anton, 1863 Peter und 1868 Josef Meilinger. 1898 starb seine Gattin Elise Meilinger. Es folgten Georg und Anna Hotter, 1908 Jakob Steger, 1929 Margarethe Rahn, verh. Nindl, 1934 Lorenz Nindl und 1936 die Marktgemeinde Mittersill, in deren Besitz der Turm bis heute geblieben ist. Das Bauernhaus auf dem Areal des Heimatmuseums ist das Häuselgut (Fröstllehen), der Meierhof der Burg Kaprun.

(Grundb. KG. Felben EZ. 107; SLA, U 119 fol. 13; U 1028 fol. 42; LA 4 fol. 54; HHSTA, Sbg.KB: 2 fol. 59, 62, 89; 3 fol. 334'ff. — zu den Felbern vgl. auch Tir.Archber. 4, 1912 — Sbg.Int.Bl. 1802/1; Kürsinger, OP 41; Dürlinger, Pi 352; Kulstrunk in: MZK 1898, 213; Pachmann 146; Sieghardt in: Tir.Hbl. 13, 1935, 419; Lahnsteiner, OP 444; Klein in: MGSLK V.ErgBd. 19; ÖKT XXV 11; Dehio 54; HiSt 337; Zaisberger 5.1., 20.1., 3.2.1971; F.Z.)

**PASS THURN, 18. Jh.**

109

### 3. PASS THURN (KG. Paßthurn, Bp. 16, Hs.Nr. 11)

Der *salzburgische Paß Thurn,* der auch *,,Thurn auf dem Jochberg''* genannt wird, darf nicht mit dem Tiroler Wachthaus auf dem Jochberg im Gericht Kitzbühel verwechselt werden.

Als 1228 der Erzbischof von Salzburg mit dem Oberpinzgau belehnt wurde, war eine Grenzsicherung gegen das bayerische Kitzbühel nötig. Da der Paß eine Station auf dem Tauernweg nach S war, war das Gasthaus bzw. das Tauernhaus, dessen Wirt die Reisenden verpflegen und geleiten mußte, wohl zuerst vorhanden. Heute ist der Turm im völlig neu gebauten Gasthaus nur noch für den Kundigen zu erkennen. Die Besatzung bestand im 18. Jh. aus 1 Korporal, 1 Gefreiten und 1 Gemeinen Soldaten, die hauptsächlich fiskalische Aufgaben zu erfüllen hatten. Wegen Platzmangel wurde für die Soldaten und ihre Familien 1643 ein hölzernes Wachthaus gebaut. Die Straße konnte mit Palisaden und einer Toranlage gesperrt werden, die 1700 mit einer hohen Mauer verstärkt wurde. Das Aussehen des alten Turmes veranschaulicht eine Handskizze im Salzburger Landesarchiv.

(SLA, Laa XIV/47 m. Handskizze; HR-Generale 33/5; HK Mittersill; Kürsinger, OP 43, 69; Lahnsteiner, OP 452; HiSt II 358; F.Z.)

### 4. EINÖDBERG (Ainödberg) (Mittersill-Spielbichl, KG. Spielbichl)

Am sonnseitigen Hang des Salzachtales steht auf einem niedrigen Felsrücken unmittelbar neben dem mittelalterlichen Verkehrsweg am linken Salzachufer *Schloß Einödberg,* einer der zahlreichen kleinen Ansitze des oberen Pinzgaues.

In seinem Kern steckt noch der kleine Wohnturm a. d. 13. Jh., wie wir ihn in Felben (s. d.) und Weyer (s. d.) erhalten haben. Dieser Turm wurde in 1. Phase durch einen schmalen Anbau erweitert und durch Aufsatztürmchen an den 4 Gebäudeecken zu einem gotischen Ansitz umgewandelt. Durch den Zubau eines bauernhausähnlichen, breiten Traktes im O wurden gegen E. d. 16. Jh. die 2 ö. Türmchen entfernt. Die dadurch entstandene Gestalt hat sich im großen bis heute unverändert erhalten. Erst in den letzten Jahren wurde versucht, aus dem als Bauernhaus dienenden Schlößchen einen Pensionsbetrieb zu machen, wodurch vor allem die Fenstergrößen und die Innenraumaufteilung verändert werden mußten. Im Zuge dieser Umbauten wurde ein in dem Raum an der SO-Ecke des Objektes bisher erhaltener Ziehbrunnen mit großem Holzrad leider aus statischen Gründen 1969 zugeschüttet.

Die frühesten Nachrichten vom Geschlechte der *Ainoder,* Dietmar, Wolfram und Albero, zwischen 1150 und 1230 sind nicht mit Sicherheit unserem Einödberg zuzuordnen, obwohl sie sicherlich aus dem Pinzgau stammten. Eindeutig aber ist die Nennung von Hans Hunt zu Dorf (Dorfheim bei Saalfelden, s.d.), der 1427 Einödberg von EB. Eberhard zu Lehen erhält. Seine zahlreichen Besitzungen werden nach seinem Tod um 1438 aufgeteilt: Sein Sohn aus 2. Ehe, Wolfgang, erhält Einödberg und Dorfheim. Dessen einziger Sohn Peter († 1534) nennt sich erstmals ,,von Einödberg und Dorfheim''. Peter Hunt dürfte die Erweiterung des mittelalterlichen Wohnturmes nach W mit gleichzeitigem Aufsetzen der 4 Ecktürmchen durchgeführt haben. Angeblich wurde er 1530 durch K. Karl V. zum Ritter geschlagen.

Ihm folgen seine mj. Kinder in der Besitzerliste, deren Lehenträger Wilhelm Graf v. Schernberg ist. Der älteste Sohn ist einfältig gewesen, dadurch kommt Reichhart Hunt 1568 in den Besitz von Einödberg. Er ist mit einer Tochter des Hans Hackl zu Saal (siehe Saalhof bei Maishofen) verheiratet.

1590 kommt Einödberg an seinen jüngeren Bruder Karl Hunt, der aber 1630 kinderlos stirbt. Erben des Lehens sind seine 2 Nichten (Vater Josef Hunt), von denen die eine, Helena Margarethe Hunt, verh. mit Wolf Dietrich v. Welsperg, Pfleger zu Mauterndorf, den Besitz an Abraham Welser verkauft. (1593 Adelsstanderhebung der Welser ,,zu

### EINÖDBERG

Wagrain".) Durch Übergabe geht der Sitz an seinen Sohn Adam (1635), die dazu gehörigen Güter kann Adam erst 1644 wieder mit dem Schloß vereinen. Die Welser nennen sich ab 1641 ,,von Einödberg". Auf Adam Welser folgen seine beiden Söhne Johann Franz und Johann Karl Welser gemeinsam. Nach Vergleich mit seinem Bruder ist Johann Franz ab 1659 alleiniger Lehensträger. Ihm folgt sein Sohn Johann Melchior Welser durch Übergabe. 1729 erhalten seine 3 Kinder die Liegenschaft, bieten diese aber 1733 dem Erzbischof um 4000 Gulden zum Kauf an. Der Kauf wird abgelehnt, da Einödberg allzusehr entlegen sei. Im Jahre 1734 kauft der sbg. Pfleger von Windisch-Matrei, Wolfgang Adam Lasser v. Zollheim, den Besitz und gibt ihn 1771 an seinen Sohn Wolf Adam Ignaz Lasser weiter. Dieser verkauft nach 1773 die Schlösser Einödberg, Grub und Ramseiden (siehe beide Saalfelden) an Johann Jakob Waltenhofen, Pfleger zu St. Johann im Pongau, von dessen Erben Vital Mayr, Gerichtsschreiber in Windisch-Matrei, Schloß Einödberg 1791 erwirbt.

Nun setzt ein rascher Besitzerwechsel unter Bauersleuten ein: 1796 Josef Stachl; dann 1837 seine beiden Töchter; 1838 die eine der beiden, Martha, verheiratet mit Franz Lackner; 1858 Übergabe an die Tochter Marie; 1868 Kauf durch Nikolaus Mayrhofer; 1871 Johann und Margarethe Trauner; 1882 Sohn Jakob Trauner; 1883 Maria Harlander; 1887 Johann Gasteiger; 1896 Johann und Maria Huber; 1897 Leonhard Feiersinger; 1902 Georg Schwabl und Josef Hutter je zur Hälfte; 1903 Lorenz Hutter; 1914 Johann Grießer; 1919 Karl Pühringer; 1920 wieder Johann Grießer, dessen Tochter Anna Grießer, verh. Innerhofer, Schloß Einödberg heute besitzt.

In den letzten Jahren wurden verschiedene Adaptierungsarbeiten vorgenommen, um den Hof zum Teil in eine Pension umzuwandeln.
(Grundb. KG. Spielbichl, EZ. 54; SLA, U 1028 fol. 45; LA 121; HR-Prot. 1641; U 1028 fol. 45; AL Mittersill 1634—44; WST 1635—1772; Geh.A. XXV, 13/I Welser; Hieron.Kat. Mittersill II, fol. 760; Pfl. Mittersill, NB 623; Bibl.St.Peter. Hs.Ebner XVIII 214; XIX 110; F. Martin, Hauschronik Einödberg (1923) i. Besitze der Fam. Innerhofer; Kürsinger, OP 68; Sbg.Int.Bl. 25.10.1800, 679; Reisigl 71; Pachmann 144; ÖKT XXV 21; Lahnsteiner, OP 450; Dehio 23; W.S.)

5. REITAU (KG. Schattberg I, Bp. 14)
Zur Bauparzelle 14 ist im Franziszäischen Kataster (1830) eine Ruine vermerkt.
Die im Überschwemmungsgebiet der Salzach liegenden Mauerreste n. vom Gut Waag sind heute verschwunden. Kürsinger ließ 1841 das ,,Schloß'' in der Römerzeit entstehen. Zu seiner Zeit war noch ein Gewölbe zu sehen, in das man gebückt eintreten konnte und Schatzgräber anlockte. Die Reste der Stiege waren noch bis 1900 erhalten. Nach dem großen Hochwasser von 1903 wurden die behauenen Steine für die Salzachregulierung verwendet.
Die *Herren von Reitau* waren um 1400 Gewerken in den Salzachseitentälern. Zu E. d. 15. Jh. nennt sich der Gewerke Michael Aufhauser zu ,,Rawthaw'' = Reitau. Seine Tochter Ursula heiratete Adam Münichauer zu Wenns (s.d. und Turm von Hollersbach).
(Kürsinger, OP 67, 88; Bibl.St.Peter. Hs.Ebner XIX 108 m. Lageskizze; Doppler Nr. 206; Pachmann 156; Lahnsteiner, OP 440; Klaus Kogler, Kitzbüheler Edelsitze in: Stadtbuch Kitzbühel 3, 1970, 354; F.Z.)

6. BURK (KG. Mittersill-Schloß, Gp. 55—60)
Zwischen dem Burkerbach und dem Talbach kann auf einer Anhöhe über dem Weiler Burk die *Burker Burg* angenommen werden. Die Mauerreste sind an der NW-Seite zu sehen, wo ein Steilhang natürliche Sicherheit bot. Mörtelbrocken und eine kleine Bodenerhebung im Feld lassen die Ausmaße ahnen.
Die Burg von Burk war wohl der Sitz von Ministerialen der Grafen von Frontenhausen-Mittersill.
(Franz.Kat; Lahnsteiner, OP 56, 439; F.Z.)

N E U K I R C H E N AM GROSSVENEDIGER (Marktgemeinde/Mittersill)
1. HOCHNEUKIRCHEN (Neukirchen Hs. Nr. 1, KG. Neukirchen)
Nördlich der Ortschaft Neukirchen steht auf einer nur wenig vom Hang abgehobenen Felskuppe neben der Wisbachschlucht *Schloß Hochneukirchen*.
Die heute auffallende und ungewohnte Form des Schlosses erklärt sich daraus, daß durch ein verheerendes Hochwasser des erwähnten Wisbaches ein Teil des Burgfelsens samt Gebäudeteilen der ehem. Burg weggerissen wurde. Kürsinger (1841) ist sogar der Meinung, daß jener heute fehlende Teil der Anlage die Wisbachschlucht überbrückte. Dies ist heute nicht mehr nachweisbar, da durch die erst kürzlich durchgeführte Wildbachverbauung der gegenüberliegende Hang abgeböscht wurde.
Das Schloß besitzt heute in seinem Haupttrakt annähernd quadratischen Grundriß, an den sowohl an der SW- als auch an der SO-Ecke je ein schmaler Bau mit nur einer Raumtiefe angefügt ist. Die Bauhöhe mit ihren 3 Geschossen und der Stützmauer dürfte sich unverändert überliefert haben, ebenso der über eine Freitreppe zu erreichende Eingang mit einem bescheidenen Rechteckerker auf Konsolen darüber. Die wiederholten Adaptierungsarbeiten zu dem im Schloß untergebrachten Krankenhaus führten zu einer weitgehenden Umgestaltung des Inneren.

HOCHNEUKIRCHEN, Ausschnitt aus einem Ölbild d. 18. Jh.
(SMCA, Inv. Nr. 58/25)

Hochneukirchen ist die Stammburg der Herren von Neukirchen, ursprünglich wahrscheinlich Dienstleute der Grafen von Mittersill. 1126 werden bereits *Herwich* und *Penno v. Neukirchen* genannt. Um d. M. d. 13. Jh. dürfte die Burg in ihren wesentlichen Teilen errichtet worden sein, da bei Umbauarbeiten im Jahre 1811 im ehem. großen Saal des ersten Obergeschosses neben dem Haupttram der Decke die Jz. „1247" aufgefunden wurde. In dieser Zeit sind uns als Herren von Neukirchen Walter und Jakob bekannt. Die Neukircher sind bis ins 16. Jh. nachweisbar. Sie erhalten einen Teil der Hieburg (s. d.) mit Wohnsitz darin (bis 1297) und dehnen ihren Besitz über weite Teile des Oberpinzgaues aus. Bedeutende Vertreter dieser Familie sind um 1400 Konrad v. Neukirchen, Pfleger von Mittersill, und Balthasar, Pfleger von Taxenbach. Der bekannteste unter den Neukirchern, zugleich auch der letzte, ist Georg v. Neukirchen, der 1547 kinderlos stirbt. Er verteidigt 1526 als Pfleger von Mittersill erfolglos die Burg Mittersill gegen die aufständischen Bauern, welche die Burg nach ihrer Einnahme plündern und niederbrennen. Sein Grabstein befindet sich in der Pfarrkirche von Neukirchen.
1558 wird der gesamte Besitz, Schloß Hochneukirchen, mehrere Bauernlehen, Almen, Weiden, Wälder, Jagden, Tafernen und zeitweise eine Brauerei, durch die Witwe und die Nichten Georgs v. Neukirchen an Erasmus und Christoph v. Kuenburg verkauft, die 1599 auch die Herrschaft Hieburg dazuerwerben. Der umfassende Besitz wird 1560 in den Kuenburgschen Familien-Fideikommiß umgewandelt, der bis 1811 bestehen bleibt.
1627 sind umfassende Baumaßnahmen nötig, u.a. Unterfangungen der Grundmauern, Mauerlöcher im 3. Gaden des hohen Stockes müssen geschlossen werden, alle Fenster sind zu erneuern, die Böden neu zu verlegen, sämtliche Dachflächen neu einzudecken u.a.m. Die alte Ringmauer wird um 10 Werkschuh abgetragen und niedriger wieder aufgerichtet, zugleich an den talseitigen Ecken je ein kleines Türml aufgebaut. 1645 wird

113

eine neue Wasserleitung für das Schloß angelegt. 1691 werden die Setzungen an den Gartenmauern und am Stall behoben. 1722 wird Stall und Tenne neu aufgebaut und die Taferne mit einem neuen Schardach versehen.

1786 (Reisigl) und 1796 (Hübner) wird berichtet, daß nur noch ein Teil des Schlosses bewohnbar ist, die Kapelle und weite Mauerteile, darunter auch das Bräuhaus, sind bereits eingestürzt. 1817 wird als Notbehelf ein ziemlich flaches Dach auf das Schloß aufgesetzt.

1850 verkaufen die Kuenburgschen Erben an Mr. Lindon aus England, einen Schwindler, aus dessen Konkursmasse der Besitz an eine Gruppe von Kaufleuten aus Salzburg, Duregger, Trauner und Saullich, übergeht. 1877 kauft die Gde. Neukirchen das Schloß für den Armenfonds und richtet darin ihr Altersheim ein. 1889 wird es zum Kranken-, Armen- und Versorgungshaus unter der Leitung der Halleiner Schulschwestern umgewandelt. 1958 erwirbt die Marktgemeinde Neukirchen das Schloß vom erwähnten Fonds und baut es zum heute noch bestehenden Spital um. Wie sehr der unmittelbar benachbarte Wisbach das Schicksal des Schlosses mitbestimmte, zeigen folgende Daten: 1534 erste Nachricht von einem Hochwasser, ein Teil der Burg wurde weggerissen; 1761 wieder Hochwasser, es wird verlangt, daß zum Schutze des Dorfes eine 160 Klafter lange Böschungsmauer vom Schloß herunter aufgeführt wird; 1764 neuerliches Hochwasser, die Mauer wird nun gebaut; 1865 wird die Schloßkapelle durch eine Sturzflut schwerstens beschädigt.

(Grundb. KG. Neukirchen, EZ. 62; SLA, U 1028 fol. 185; LB 6, fol. 42 und 51; Kuenburg-Hieburg U Nr. 17; Kuenburg-Tamsweg Nr. 124, Gebäusachen Schloß Neukirchen; Karten u. Risse F 89; HHSTA, Rep. VIII, pol. Abt.; SMCA Urk. Nr. 73, 124, 157 und 175; SUB 2, 430; Martin, Reg. III 874; Bibl.St.Peter. Hs.Ebner XVIII 218; XIX 136; Kürsinger, OP 108; Hübner III/2, 593; Reisigl; JB.SMCA 1853, 82; Lahnsteiner, OP 252; ÖKT XXV 44; W.S.)

2. HIEBURG (KG. Rosenthal, EZ. 75, Bp. 53)

Die Ruine Hieburg steht im Weiler Rosenthal n. der Straße auf einem Moränenhügel.

Die Burg war an der N-Seite durch einen Graben, im O durch einen Bach, im S und W durch einen Steilabfall gesichert. Die Anlage hatte ursprünglich das Aussehen eines unregelmäßigen Fünfecks. Im N ist der romanische Bergfried gut erhalten. Im Grundriß mißt er 12×8 m bei einer Mauerstärke von 3 m. Er ist noch 15 m hoch. Der Turm hat keine Fenster, sondern nur Schlitze und ist fünfgeschossig. Er ist aus Granitsteinen mit heißem Mörtel gemauert. Von der Ringmauer sind Teile erhalten, die 35 m lang und 15 m hoch sind. An ihrer Außenseite lassen die Balkenlöcher das Vorhandensein eines hölzernen Wehrganges vermuten. Vom Palas ist nur mehr ein kleiner Rest erhalten sowie der Ansatz der Burgkapelle. Ein großer Teil der Burg fiel einem Bombenangriff 1944 zum Opfer.

Die nordbayerischen Grafen von Frontenhausen besaßen die Grafschaft Oberpinzgau als Afterlehen der Herzoge von Bayern mit den Burgen Sulzau (s.d.) und Mittersill (s.d.) sowie ,,daz Purchstal ze Maierhoven". Die Belehnung der Erzbischöfe von Salzburg mit dem Oberpinzgau 1228 änderte die Besitzverhältnisse. Nach einer Zwischenperiode, in der die Velber mit EB. Friedrich (1270—1284) verhandelt hatten, verlieh am 4. VII. 1292 EB. Konrad IV. dem Ministerialen Friedrich v. Velben den Burgstall (die Burgstelle oder wohl eher den Burgstadel, also die Landwirtschaft) zu Maierhofen und verpflichtete sich, die andere Hälfte, die damals im Besitz von Walter v. Neukirchen (s.d.) war, zu erwerben. Dem Velber wurde das Jagdrecht bis Sulzau zugestanden, nicht aber die Bewilligung zu Rodungen erteilt.

Friedrich v. Velben wollte vom St.-Martins-Tag an in 5 Jahren ,,deu Purch ze Maierhof" soweit aufbauen, ,,daz ich zway Gadem eins Turns übereinander gemourre und darauf

**HIEBURG, 1906 (Foto Würthle, SLA)**

ein hultzeyn Cimber gesetze und deu Rinchmower als hohe und ein Man mit der Hant gereichen mach" aufzurichten. Er verpflichtete sich, danach von Sulzau nach Maier-hofen zu übersiedeln. Sulzau sollte er samt der Hantveste dem Erzbischof übergeben. Wenn er aber beim Neubau behindert werden sollte, konnte er weitere 5 Jahre in Sulz-au bleiben. Als Sicherstellung wurde festgelegt, daß er dem Erzbischof für diesen Zeitraum seinen „Turn ze Chapprun" (vgl. Kaprun) mit „zwayn Turnnaern in den vordern Saetzen" überlassen sollte.

Hundert Jahre später befanden sich die Velber in finanziellen Schwierigkeiten. Im August 1409 versprach Ulrich v. Velben, daß er Kaprun („das von Alter der Turn ze Kaprun ain Haws") und die „Veste Hyeberg" vom Erzbischof sofort zu Lehen nehmen wollte. Sein Vater hatte sich schon verpflichten müssen, daß die „Vesten Kaprun und Hyeberg nicht mer pessert solten werden an Gemawr und Graben", ohne das Einverständnis des Erzbischofs einzuholen. Am 20. XII. 1409 verkaufte Ulrich v. Velben dann die „Vest zu Hyeberg, den Mairhof dapay und ainen Walt genant Öd" wegen seiner „großen Notdurft" an Wolfhart von der Alm. 1491 ist Christoph v. d. Alm Besitzer, 1541 verlieh der Erwählte Ernst Caspar v. d. Alm dem Pfleger zu Mattsee und dessen Bruder, dem Hofmarschall Eustach, die vom verstorbenen ältesten Bruder Hans v. d. Alm stammenden Güter, darunter die „Vest zu Hyeburg, item der Mayrhof zu der Vesst, darzue das Reisgejaid".

1542 folgte Eustach v. d. Alm als Familienältester für sich und die Kinder seines Bruders aus der Ehe mit Benigna v. Thurn: Christoph, Helena und Juliana. 1561 wurde Georg v. Törring für seine Gattin Helena v. d. Alm und deren Schwester Juliana, Witwe

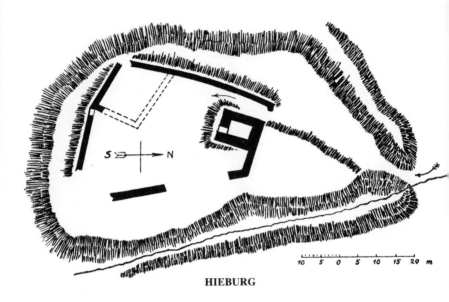

HIEBURG

nach Hartneid v. Haunsperg, belehnt. Nach dem Vergleich mit seiner Schwägerin wurden Georg v. Törring und sein Sohn Eustach 1566 belehnt. 1567 erhielt er die Bewilligung, die Hieburg und Schloß Farmach (s.d.) verkaufen zu dürfen. Aber erst sein Sohn Eustach v. d. Alm, der ihm 1589 nachfolgte, verkaufte die Burg am 17. VIII. 1599 an die Kinder des verstorbenen Christoph v. Kuenburg v. Neukirchen (s.d.). Georg, Karl, Reichard, Erasm, Christoph und Maria wurden 1600 von EB. Wolf Dietrich belehnt, 1614 Georg und seine noch lebenden Geschwister von EB. Markus Sittikus, 1654 Christoph v. Kuenburg und seine Vettern.
1669 erhielt Christoph Sigmund Gf. zu Kuenburg die ,,Vest zu Hieburg, welche von unerdenkhlichen Jahren hero dergestalten ruinirt, daß selbe nit mehr zu repariren''. 1681 wurde das ,,Schloß Hieburg'' als ,,abkommen'' bezeichnet. Die Ruine blieb im Besitz der Familie Kuenburg. Bei der EZ. 75 der KG. Rosenthal ist Caspar Wilhelm Gf. Kuenburg-Steierberg mit dem Datum vom 8. VII. 1878 als letzter Besitzer eingetragen.
Augustin (1844) 130 erzählt die Sage vom Teufelsstein. Der Teufel sei von Sulzau nach Hieburg geflogen, um die Burg zu zerschmettern. Durch das Läuten der Abendglocken erschreckt, ließ er den Findling in Rosenthal hinter der Schmiede fallen.
(Franz.Kat; SUB 4 Nr. 168; HHSTA, KB III = Hs. W 194 fol. 217'—219', 223—224; SLA, LB 8 fol. 27', 14 fol. 15'; LA 4 fol. 106, 117; Geh.A. XXV/K/27/1, 4; Reisigl 13; Hübner III/1, 596 läßt die Burg seit 1325 ,,im Schutte'' liegen; Koch-Sternfeld, Beitr. 165; Kürsinger, OP 109; Augustin 130, Abb.; Dürlinger, Pi 372; Bibl.St.Peter, Hs.Ebner XVIII 299, XIX 147 m. Ansicht u. Grundrißskizze; Piper VI 67; Pachmann 185f. Woher die Angabe vom Brand durch Blitzschlag im Jahre 1543 stammt, konnte nicht nachgeprüft werden; ÖKT XXV 75ff m. Abb. u. Grundriß. Der Brand 1670 ist nicht belegbar; Lahnsteiner, OP 250ff m. Abb.; Dehio 35f; HiSt II 338. — Literarische Werke: Gedicht des Joseph Ernst Reichsritter v. Koch-Sternfeld: ,,Albrecht von Hieburg. In den Mauern von Hieburg in Oberpinzgau im Herbst 1797.'' A. v. Gartner-Tällerstorff, Severin (anno 1260). Aus der ,,Liebestrilogie im Salzburgischen''. O. J. mit Zeichn. v. Hieburg und Friedburg-Sulzau. — Ansichtskarte v. ca. 1880 für dreidimensionales Sehen. — F.Z.)

### 3. SULZAU (=FRIEDBURG=BURGFRIED) (KG. Sulzau, Gp. 580)

Am linken Ufer des Obersulzbachtales steht in rund 1100 m Seehöhe auf dem Rabenkopf eine Ruine in unzugänglichem Gelände. Der O-Grat, der die Burgreste trägt, fällt an 3 Seiten steil ab und wird von der Hangseite durch einen Graben getrennt. Die Ruine kann an der O-Seite über einen schmalen Fußpfad erreicht werden.

In aufgehendem Mauerwerk ist erhalten: die N-Mauer, 5 m hoch, 18 m lang, mit einem rundbogigen Durchgang, die O-Mauer, 3 m hoch, 6 m lang, dazu Reste von Mauerwerk in der Mitte des Vorsprunges. Bei einem Rekonstruktions-Versuch ergäbe sich ein Fünfeck, dessen Basis längs der Felskante 21 m, die O-Seite 10 m, die W-Seite 6 m beträgt. Die nach N zu einer Spitze zulaufenden Seiten messen auf der Innenseite des Gebäudes 16 bis 17 m. Die Balkenlöcher für eine Zwischendecke sind erhalten.

Vor 1183 übergab Gf. Konrad v. Sulzau *(Sulzouwe)* dem Stift Berchtesgaden Hörige und Güter in Uttendorf im Pinzgau. Die Grafen von Frontenhausen nannten sich für dieses Rechtsgeschäft nach ihrer Burg Sulzau. Die 1190 genannten Herbord und Walter v. Sulzau *(de Sulzowa)* hingegen werden in der Zeugenreihe einer Urkunde zwischen EB. Adalbert III. und Wilhelm v. Plain an letzter Stelle gereiht. Diese waren also wohl nur die Burgvögte von Sulzau. Wann die Velber Sulzau nach dem Aussterben der Grafen von Frontenhausen erhalten haben, konnte nicht festgestellt werden, jedenfalls nach 1228. Am 4. VII. 1292 schloß Friedrich v. Velben nach heftigen Auseinandersetzungen mit EB. Konrad IV. einen Vergleich. Der Velber erhielt seinen Anteil von Kaprun (s.d.) zurück und gab dem Erzbischof dafür ,,Sultzowe deu Purch'' mit allem Zugehör. Der Velber erhielt ,,daz Purchstal ze Maierhoven'' (s. Hieburg) sowie die Burg Sulzau zu Lehen zurück (,,uf mein Triwe enpholihen''), jedoch mit der Einschränkung, daß Sulzau für den Erzbischof ein offenes Haus mit voller Verpflegung sein sollte, mit Ausnahme des Falles, daß er die Burg Hzg. Ludwig (v. Bayern) einantworte (,,. . . auznam, dů ich die Burch Sultzowe dem Herren Hertzog Ludwich anturte, daz man dehain chost uf dieselben Purch solde zelen und sol daz sagen vor Recht, swo des Durft sei''). Nach der Fertigstellung der Hieburg mußte der Velber Sulzau endgültig dem Erzbischof übergeben. Von 1297 an wurde Sulzau von eb. Burgpflegern verwaltet. Nach Dürlinger brannte die Burg, die nun Friedburg genannt wurde, 1551 nieder und blieb seither dem Verfall überlassen.

(Franz. Kat. m. schem. Darstellung d. Ruine. Vgl. die Güter Oberunterburg u. Unterunterburg an der Salzach; SUB 2 Nr. 430, 431, 474; 4 Nr. 168; Reisigl 15; Hübner III/2, 596; Kürsinger, OP 42f, 131; Dürlinger, Pi 41f, 373; Zillner, Die Grafschaften u. die kirchliche Frei im Salzburggau, in: MGSLK 23 (1883) 236; Bibl.St.Peter, Hs.Ebner XVIII 218; XIX 157; Fugger, Friedburg u. Anogl in Oberpinzgau, in: MGSLK 33 (1893) 209f; Pachmann 187, auf 183ff erzählt er die Sage von Diether v. Friedburg und seine Brautwerbung um Judith v. Hieburg, die Konrad v. Velben verlobt war; ÖKT XXV 75 m. Lageplan; Lahnsteiner, OP 249; HiSt II 338; weitere Quellen u. Lit. s.: Hieburg; Aquarell i. SMCA; F.Z.)

### N I E D E R N S I L L (Mittersill)

### 1. BURGECK = BIRKKÖGEI (KG. Jesdorf, Gp. 335, 336)

Das *Birkkögei* ist ein Höhenrücken am rechten Ufer des Mühlbaches unterhalb des Bauerngutes Burgeck (Hs.Nr.4). Der Hügel weist eine Terrassenanlage in 3 Stufen auf. Auf der 1. Stufe wurde eine viereckige Anlage mit einem Wall gefunden. Steine und Mörtel lassen eine mittelalterliche Burg erschließen. Ein Mauerzug folgt dem Riedel in Richtung SO. Zur Schlucht hin wurden Mauerreste auf 25 m Länge festgestellt. Ein Teil der Mauer dürfte in den Bach abgerutscht sein. Hell sicherte Funde aus der Bronzezeit und dem Mittelalter. Gegen den Weiler Mühlbach zu ist die Anlage durch mehrere Palisadenwälle geschützt worden. (Lahnsteiner, OP 580; F.Z.)

## 2. RADENSPACHER BURG (KG. Niedernsill, Gp. 439)

Oberhalb von Aisdorf trägt im Wald beim Gut *Rattenspach* am rechten Ufer des Ais-dorfer Baches, in rund 1000 m Seehöhe, eine ebene Fläche den Flurnamen ,,Burg-böndl'' oder ,,Burgboden''. Etwas höher gelegen wurde eine mittelalterliche Burganlage festgestellt, die — von W nach O — von 2 Palisadengräben abgesichert wurde.

Von den Grundmauern läßt sich unter dem Moos ein unregelmäßiges Viereck erkennen. Die Mauern sind 15 × 12 m lang. Im NO ist ein gemauertes Loch, vermutlich der Rest des Brunnens. Nach S führt ein Hangabfall zu einem breiteren Weg.

(Lahnsteiner, OP 580ff; F.Z.)

## 3. NAGELKÖPFEL (KG. Lengdorf, Gp. 699)

In 1090 m Seehöhe befindet sich auf dem Nagelköpfel ein trigonometrisches Zeichen, das im Kataster von 1830 mit der Nr. 18 und dem Namen ,,Ainöden Gitscheck'' bezeichnet ist. Das für den Vorsprung heute namengebende Bauerngut Nagel liegt im Gemeindegebiet von Piesendorf, in der KG. Walchen Hs.Nr. 36.

Über das *Nagelköpfel* verläuft die Grenze zwischen Ober- und Unterpinzgau bzw. den Gerichtsbezirken Mittersill und Zell am See. Vom Tal her ist schon eine Befestigungsanlage erkennbar, eine große Fliehburg mit Wall und Graben. Funde lassen eine Besiedlung bereits in der älteren Bronzezeit vermuten. Die Wallanlage, die mit Palisaden umgeben war, stammt aber aus der Zeit vor 1100, ebenso wie der Götschen-berg bei Bischofshofen und der Burgstall bei Gries im Pinzgau. Bis dorthin besteht außerdem salzachabwärts, salzachaufwärts bis Mittersill, eine ausgezeichnete Sichtver-bindung, die eine Signalfeuerreihe vermuten läßt.

(Franz.Kat; ÖK 123/3; Pachmann 92; Mündl. Angaben v. HR. M. Hell; Dürlinger, Pi 307: Die Angaben sind nicht haltbar, das Gut Nagel war jedoch freies Eigen; F.Z.)

## P I E S E N D O R F  (Zell am See)

## 1. WALCHEN (KG. Walchen, Gp. 831, 835, 822)

Im Franziszäischen Kataster von 1830 führt die Grundparzelle 831 der KG. Walchen den Namen *Wachtlehenthurn.* (Hs. Nr. 24: *Wachtlehen.)*

An 3 Seiten wird die Parzelle von einem Steilabfall geschützt. An der S-Seite der Anlage konnte das Fundament eines rechteckigen, mächtigen Turmes ergraben werden. Südlich davon erstreckt sich — um eine Steilstufe niedriger — eine ebene Fläche, die von einer Mauer umgeben war (Gp. 822). Von S war der Zugang zur Burg über eine derzeit gut sichtbare Schwelle. Der Eingang war stark abgesichert und ist in Form eines Altweges noch erkennbar.

Funde während der Grabung im Mai 1975 lassen vermuten, daß dies die spätmittelalterliche Pflegerburg gewesen ist, deren Erbauungsdatum vor 1254 anzusetzen ist. Sie hat die eigentliche Walcherburg auf Grundp. 835 — vermutlich nach einem Murenunglück — abgelöst und fällt jetzt privater Schottergewinnung zum Opfer. Von der älteren Burg sind im Gelände ohne Grabung nur einzelne Mauerzüge erkennbar. Sie liegt höher und strategisch günstiger zwischen dem Walcherbach und einem Seitengraben. Von der Hügelspitze bietet sich eine gute Sichtverbindung nach Kaprun.

Östlich dieses Burghügels liegt der Bauernhof Guthund.

Im Urbar 6 des Salzburger Landesarchivs aus der Zeit von ca. 1300 findet sich die Eintragung: *Guthunden prope castrum Walhen.* Auf dieser Geländeerhebung stand also die Burg Walchen, an der Grenze zwischen den Grafschaften Ober- und Unterpinzgau. Der Besitz der Walcher erstreckte sich von Unken, Lofer (Turm zu Luftenstein,

Saalegg), Pillersee, Brixental (Tirol) bis nach Gastein (Klammstein). Bei ihrem ersten urkundlichen Auftreten sind die Walcher edelfreie Herren.

1197 gab *dominus Chunradus de Walhen* nach einer testamentarischen Verfügung des Ortolf v. Saalfelden das usurpierte Gut zu Niederheim (s. Bruck an der Großglocknerstraße) dem Stift Berchtesgaden zurück. Die Beziehungen zu den Herren von Saalfelden müssen verwandtschaftlicher Natur gewesen sein, weil sich die Walcher später Vogtrechte anmaßten, die der verstorbene Grimold v. Saalfelden an den Erzbischof verkauft hatte. Andererseits belehnte noch 1268 Hzg. Heinrich v. Bayern Otto v. Walchen mit den nach dem Ableben des Ortolf v. Saalfelden erledigten Lehengütern.

Inzwischen kam das Ende der Plainer Grafen und 1228 der Wechsel der Lehensherrschaft über den Unterpinzgau von den Herzogen von Bayern an den Erzbischof von Salzburg. Damit wurde die bisherige Position der Walcher unhaltbar. Vor dem 2. IV. 1241 übergab Konrads Sohn Albero (,,quidam nobilis nomene A." bzw. ,,liber") Güter an St. Peter und verzichtete auf die Vogtei über ein Gut, das schon sein Vater dorthin gestiftet hatte. Er und sein Bruder Otto gerieten schließlich in Schwierigkeiten mit dem Erwählten Philipp, weil sie in seinem Gericht und auf dem Boden seiner Kirche ohne eb. Erlaubnis einen Turm erbaut hatten (,,quod turrim novam in comicia sua et ecclesie suae, ut asserit, fundo, contra suam inhibicionem ereximus"). Am 1. VIII. 1254 mußten sie sich mit dem Erwählten Philipp versöhnen. Das war gleichbedeutend mit ihrem Abstieg in die Ministerialität (27. VIII. 1270: *Otto de Walihen ministerialis).*

Als 1270 Friedrich v. Walchen Erzbischof von Salzburg wurde, hatte die Familie noch einmal einen Höhepunkt erreicht. Er verlieh seinem Bruder Otto Güter u.a. in Alm (s.d.), konnte aber nicht verhindern, daß zwischen seinen Brüdern Otto und Albero und ihren Onkeln Otto und Konrad v. Goldegg (s.d.) ein Streit ausbrach, den der Erzbischof 1272 schlichtete. Auch zwischen den Brüdern Otto und Albero waren Differenzen entstanden. Albero verklagte Otto, daß er ihn im Besitz u.a. der Burg Saalegg und der Türme zu Luftenstein und Kaprun störe. Bei der Gegenklage brachte Otto vor, daß der jüngere Bruder einen Teil seiner Burg Walchen besetzt und die Besatzung ohne Recht entfernt habe (,,quod occupavit partem castri mei in Walhen, castellanos meos eiciens sine iure"). Als er ihn zur Rede stellte, antwortete er, daß das nicht Ottos Urteil überlassen sei; die Entscheidung liege bei der Huld des Erzbischofs. Am 7. XII. 1281 entschieden von EB. Friedrich eingesetzte Schiedsrichter über die Familienfehde. Aus dem Dokument erfahren wir u.a., daß die Brüder Burggrafen zu Plain und Saalegg gewesen waren.

Kurz nach EB. Friedrich starben auch seine Brüder: Otto, dessen Tochter Elisabeth 1297 Ulrich v. Freundsberg heiratete (vgl. Goldegg), und Albero, für dessen unmündige Kinder Albero und Ortlieb Vormunde die Verwaltung der Güter übernahmen (vgl. Lichtenberg). Erzbischof Friedrich v. Leibnitz konfiszierte 1333 nach einer Fehde alle Eigen- und Lehengüter des Ortlieb v. Walchen, gab ihm aber auf Bitten seiner Freunde die Eigengüter zurück. Mit Jans v. Walchen starb die Familie im Mannesstamme aus. 1383 ist bereits Hainrich der Plümawer als eb. ,,Purgkraf ze Walhen" genannt. Die Burg wurde im Bauernkrieg von 1526 zerstört. Seit dieser Zeit wird vom ,,Walcherturmgeist" erzählt, der einen Schatz hütet.

(SUB 1, 495 Nr. 446, 504 Nr. 464; 2, 690 Nr. 511; 4, 28 Nr. 30, 63 Nr. 64, 67 Nr. 68, 75 Nr. 76, 121 Nr. 112b; Doppler Nr. 147; Martin, Reg. III Nr. 885; AB II Nr. 520; SLA, U 6 (c, 1300—1400), fol. 114, U 8 (1498—1566), fol. 44'; Bibl.St.Peter, Hs.Ebner XIX 71; Dürlinger, Pi 53, 306; Siebmacher-Starkenfels, Der Adel Oberösterreichs (1885—1904) 555ff; Pirckmayer, Die Familie der von Walchen im Pinzgau, in: MGSLK 31 (1891) 313ff; Pachmann 91f; Lahnsteiner, OP 609ff; HiSt 387; F.Z.)

## 2. SITZ LEITEN (KG. Walchen, Hs. Nr. 23, 24)

Die beiden Güter Ober- und Unterleiten, die aus 3 gemauerten und 6 hölzernen Gebäuden einen eigenen Weiler bildeten, waren ursprünglich der Meierhof zur Walcherburg.

Als der Streit zwischen Otto v. Walchen und Konrad und Otto v. Goldegg 1284 (Jän. 4) geschlichtet wurde, kam auch der *Maierhof ze Puesendorf an der Leiten* zur Sprache, der zwischen den Schernbergern und den Walchern strittig war. Rund 200 Jahre später erhielt Lienhart Lengdorffer *den Sycz genant Leyten, gelegen in Zeller Gericht und Piesendorfer Pfarr* von EB. Burkhart v. Weißpriach als Ritterlehen verliehen. (SUB 4, 137 Nr. 120; SLA, LB 5 fol. 62; F.Z.)

## 3. HOCHBÜRGL (KG. Piesendorf, Gp. 429—431, Hs. Nr. 51)

Östlich von Piesendorf erhebt sich an der Sonnseite ein nach N steil abfallender Burgberg. Das Bauernhaus auf ihm trägt den Namen *Hochbürgl.*

Das Gelände läßt den Schluß auf eine dreieckige Anlage zu, die an der O-Seite erreichbar war. Vielleicht hatten die Walcher hier eine 2. Burg, weil sie sich noch 1281 als Vögte von Piesendorf bezeichnen („in Puesendorf, ubi sumus advocati communes, captivavit homines plebani").

(Franz.Kat; Koch-Sternfeld, Prädialprinzip (1833) 159; Ecker 20; Lahnsteiner, OP 56, 608; Die Angaben: Dürlinger, Pi 39, sind nicht belegbar; F.Z.)

## 4. MATZHÜGEL (KG. Aufhausen, Gp. 1084, Hs. Nr. 41)

An der Grenze zwischen den KG. Aufhausen und Bruckberg in Richtung Zell am See steht auf dem *Matzhügel,* der die Form eines Burgberges aufweist, ein Bauernhof, der um 1550 noch das „Pürgellehen" hieß. Hier könnte eine Grabung Klarheit bringen. (Franz.Kat; ÖK 123/4; Dürlinger, Pi 304; Lahnsteiner, OP 608; F.Z.)

## R A U R I S (Marktgemeinde/Taxenbach)

### 1. BURGSTALL (KG. Wörtherberg, Hs. Nr. 5)

Das Rauriser Tal war der Zugang zum einzigen im Winter offenen Tauernübergang. Die Vermutung liegt daher nahe, daß das Tal befestigt war. In 1100 m Seehöhe liegt auf einem Geländevorsprung des Wörtherbergs in Richtung Rauriser Ache das Bauerngut *Burgstall,* das sicher zu einem befestigten Platz gehörte.
(Franz.Kat; ÖK 154/2; F.Z.)

### 2. PICHL ZU GRUB (KG. Unterland, Hs. Nr. 15)

Das Gut war eb. Ritterlehen und gab der eb. Beamtenfamilie Pichler den Namen.

Als der Pflegsverwalter von Goldegg, Georg Pichler, 1619 starb, übergaben seine Verwandten — Christoph, chiemseeischer Kastner zu Bischofshofen, David, eb. Verwalter zu Traismauer, Sebastian, Prokurator zu Radstadt, Apollonia, Gattin des Hieronymus Klinglmoser zu Bischofhofen u. a. — das Gut *Grueb in der Rauris* der Witwe Barbara Pichler, geb. Burglehner.
(SLA, NB Bischofshofen 525, 18. 5., 26. 8. 1619; F.Z.)

### 3. PASS RAURIS

1706 war das *Paß- und Schrankenhaus in der Rauris* stark baufällig. Die Landschaft lehnte die Übernahme der Reparaturkosten ab und übergab das Bauvorhaben der Hofkammer, da der Paß hauptsächlich der Lebensmittel- und Seuchenkontrolle für die Bergwerke in Rauris sowie gegen den Alkoholschmuggel über den Tauern diente. Nach der Ausweisung der Protestanten aus Salzburg 1731/33 wurde die Missionstätigkeit in den Gebirgstälern stark vorangetrieben. Von Hundsdorf (Taxenbach) aus versuchten

Franziskaner, das Wiedererstarken des Protestantismus zu verhindern. 1744 beantragten sie, beim Klausl-Törl in Rauris ein Wachthaus zu errichten, um das „heimliche Einschleichen" der vertriebenen Protestanten aus Kärnten über den Heiligenbluter Tauern unterbinden zu können. Der Schranken beim Markt konnte diese Funktion nicht übernehmen, da er leicht zu umgehen war. Die Franziskaner schlugen vor, das ganz gemauerte Schrankenhaus beim Markt dem Gerichtsdiener zu übergeben und dort die Gefängnisse zu installieren. Trotzdem der Landschaft bei Landessperren u. a. wegen Seuchen hohe Kosten durch Militär-Patrouillen erwuchsen, wurde der Neubau einer Paßstation jedoch abgelehnt.
(SLA, Laa XIV/54; F.Z.)

## S A A L B A C H  (Zell am See)

### 1. WARTTURM (KG. Saalbach, Hs. Nr. 35)

Im Ortszentrum von Saalbach steht n. der Kirche der sog. *Wartturm,* ein aus starkem Bruchsteinmauerwerk bestehendes Gebäude. Die Fenster sind unregelmäßig, einige haben in den oberen Kehlen Nasen. Der Zugang war ursprünglich im 1. Stock.
Der Turm gehörte zusammen mit dem Oberwirt grundherrschaftlich zur St. Ägidi- und Martin-Kirche in Fusch an der Großglocknerstraße. Das legt die Vermutung nahe, daß der Turm zum Besitz der Goldegger gehörte, die zu Beg. d. 14. Jh. die Kirche in Fusch bestifteten (vgl. Paß Spielberg). Der Wartturm diente mit den im folgenden genannten Objekten zur Sicherung und als Vorratslager für die Bergwerke am Oberlauf der Saalach.
(Franz.Kat; AB II Nr. 477; Steinhauser, S. 1088; Lahnsteiner, MP 18, 40; F.Z.)

### 2. MITTEREGG (KG. Saalbach, Hs. Nr. 3)

Südlich der Saalach steigt zwischen zwei Gerinnen das Gelände terrassenförmig rund 100 m über dem Talboden an. Im aus Steinen gemauerten Wohngebäude des Gutes *Mitteregg* vermutete Lahnsteiner einen Turm samt Signalanlage.
(Franz.Kat; ÖK 123/1; Lahnsteiner, MP 18; Steinhauser; F.Z.)

### 3. LENGAU (KG. Hinterglemm, Hs. Nr. 1—3)

Die 3 Güter Lengau n. des Schwarzenbaches gehörten um 1830 3 verschiedenen Grundherren: Oberlengau Nr. 1 den Grafen Firmian, Mitterlengau Nr. 2 war eb. Beutellehen und Unterlengau gehörte der St.-Nikolai-Kirche in Saalbach. 1411 ist ein *Jörig v. Lengaw* urkundlich belegt. Mitterlengau besaß im 15. Jh. eine Familie Ochsenberger. Lahnsteiner vermutete hier den Lengau-Turm als Signal-Station.
(Franz.Kat; SLA, LB 7 (1466) fol. 48; AB II Nr. 534; Lahnsteiner, MP 18; Steinhauser; F.Z.)

### 4. SPIELBERG, PASS UND SCHANZE (PASS VORDERGLEMM) (KG. Saalbach, EZ. 26, Hs. Nr. 42, Gp. 258, 394)

Der Oberlauf der Saalach führt den Namen *Glemmtal.* Hauptsächlich um den Viehschmuggel in das Tiroler Landgericht Kitzbühel bzw. nach Bayern unterbinden zu können, wurden die Sperranlagen im Glemmtal in gutem Zustand erhalten. Der *Paß Hinterglemm* oder *Paß Hennlab* war ursprünglich mit 7 Mann besetzt, die aber in einem Bauernhaus in einiger Entfernung von der Straße untergebracht waren. Die Besatzung sollte ab 1774 aus Ersparnisgründen nach Vorderglemm verlegt werden.
Der *Paß Vorderglemm* oder *Paß Spielberg* bestand aus 2 Objekten an der häufig benützten Straße entlang des Spielbaches: dem eigentlichen Paßgebäude (Nr. 42) und der Schanzanlage direkt an der Grenze nach Tirol. Die Alm am Spielberg wird urkundlich 1284 erstmals erwähnt, als im Streit zwischen den Walchern und Goldeggern

um ihren Besitz 21 Männer aus der Grafschaft eine Entscheidung herbeiführen sollten (s. Walchen). Die Paßanlage wurde wohl unter EB. Paris Lodron während des 30jähr. Krieges ausgebaut.

Das Paßgebäude am O-Ufer des Mitterglemmerbaches erhielt auf der Gp. 394 eine Sperre zum Bach hin, weil der Maißgutgraben eine Blaike oberhalb des Wachthauses durchfloß und dieses gefährdete. Vor der Anlage standen noch 2 kleine Späherhäuschen. Beim Verkauf des Gebäudes 1826 lautete die Beschreibung: ,,das in Saalbach gelegene, ganz gemauerte Häuschen, vormals Paß Spielberg, hinnach Mauthäuschen genannt, welches zu ebener Erde aus zwey durch das Vorhaus getrennten Zimmern, einer kleinen, eingewölbten Küche und Speislkammer, dann Keller und unterm Tache aus zwey gezimmerten Kammern besteht. An der Nordseite eine kleine, gezimmerte Holzhütte und nebenbey noch der Kasten einer bestandenen, aber aufgelassenen Schupfe ein mit Latten eingezäuntes Küchengärtchen, an die sich schlüset und weiters an eine 17 Klafter lange und ein Klafter hohe Paßmauer gränzet, die ebenfalls dem Käufer zufällt.''

Auf der Gp. 258 ist im Franziszäischen Kataster von 1830 eine Viereckschanze mit einer Bastion an jeder Ecke nachgetragen. Im Zentrum ist ein Gebäude angedeutet, das wohl das 1661 genannte *Blockhaus auf der Schanz im Glemb* darstellt. In der NO-Bastion ist noch ein kleines Holzgebäude eingezeichnet. Die Erzählung von einem Überfall der Schweden im 30jähr. Krieg konnte bis jetzt nur dem Bereich der Sage zugewiesen werden. 1701 erstattete Johann Ernst Diepold ein Gutachten über die Befestigungen an den Grenzübergängen zum tirolischen Gericht Kitzbühel. Die Entfernung vom Paß Thurn nach Perfilzen betrug 1 Gehstunde, von Perfilzen zur Schanz am Spielberg 3 Stunden, vom Paß Hennlab nach Zell am See ging man 6 und vom Paß Spielberg 3½ Stunden.

1774 waren am Paß Spielberg 1 Feldwebel, 1 Gefreiter und 2 Gemeine stationiert. 1 Korporal und 3 Gemeine mußten zum Paß Hennlab oder Hinterglemm Patrouille gehen. 1787 waren die Palisaden verfault, 1790 war der Zustand des Blockhauses in der Schanze so schlecht, daß es von den Patrouillen nicht mehr als Unterstand benützt werden konnte.

Von der Wallanlage sind die Fundamentmauern im Ausmaß von 56 × 70 Schritt noch erkennbar. Davor sind im natürlichen Sumpfgelände Gräben ausgehoben. Beim heutigen Spielberghaus wurde 1898 eine Kapelle und das Kaiser-Franz-Josefs-Jubiläumsdenkmal errichtet.

(Franz.Kat; ÖK 123/1; Anich-Hueber, Atlas Tyrolensis, Faks. Ausg. 1975; SLA, U 1058 fol. 38, 1059 fol. 49; Rep. zu d. Akten d. Pflege Fusch, 1661; Laa XIV/63; HR-Generale 33/4; SUB 4, 136 Nr. 120/19; Lahnsteiner, MP 19, 35; Steinhauser; F.Z.)

5. PASS HENNLAB (KG. Hinterglemm, Gp. 31)
Der Übergang vom hinteren Glemmtal nach Aurach bei Kitzbühel über das 1863 m hohe Hennlabjoch wurde durch den *Paß Hennlab* gesichert. Zur Geschichte vgl. Paß Spielberg. (F.Z.)

6. OBERMARTEN (KG. Hinterglemm, Hs. Nr. 9)
Bei dem n. der Saalach stehenden *Gut Marten,* das grundherrschaftlich dem Erzbischof von Salzburg zugehörte, vermutete Lahnsteiner einen Wachtturm mit Signalanlage. (Franz.Kat; Lahnsteiner, MP 18; F.Z.)

7. ZINEGG (KG. Saalbach, Hs. Nr. 92)
Da die *3 Güter Zinegg* vor der Grundentlastung ebenso wie der *Wartturm* (s.d.) der Kirche in Fusch an der Großglocknerstraße gehörten, kann man auch hier eine Präsenz

der Goldegger vermuten. Beim Gut Oberzinegg kann man einen Altweg im Gelände erkennen. Es ist daher möglich, daß hier ein Wachtturm vorhanden war, wie es Lahnsteiner vermutete.

(Franz.Kat; Lahnsteiner, MP 18; F.Z.)

## S A A L F E L D E N  AM  STEINERNEN  MEER  (Marktgemeinde/Saalfelden)

### 1. LICHTENBERG (KG. Lichtenberg, Bachwinkl, Hs. Nr. 11)

Von einem Felsvorsprung des Steinernen Meeres, der bis zum Beg. d. Jh. unbewaldet war, blickt in rund 60 m Höhe die Burg in das Saalfeldner Becken. Von der Bp. 94 mit einem Wohnhaus führt eine kleine Allee zum Vorplatz der Burg.

Sie wird im Streit zwischen den Brüdern Albero und Otto v. Walchen (s.d.) 1281 urkundlich erstmalig erwähnt. Albero verklagte seinen Bruder, daß er ihm die Burg weggenommen hatte, obwohl sie auf beider Grund und Boden lag *(deu auf ir paider Gut leit).* Sie war Lehen der Herzoge von Bayern und wohl von den Saalfeldnern an die Walcher übergegangen. 1287 beanspruchte sie jedoch EB. Rudolf als eb. Lehen. Er setzte für die mj. Kinder des verstorbenen Albero v. Walchen Gebhard v. Velben als Verwalter auf 6 Jahre ein ,,dem Gotshaus und dem Lande und den Chinden an Schaden". Im 6. Jahr sollten die Walcher-Kinder nach Salzburg kommen und dort ihre Ansprüche geltend machen (s. Kaprun). Wenn Gebhard v. Velben die Burg aber nicht übergeben könne, so sollten der Erzbischof und die Kinder je 2 Vertreter ernennen, die dann unter den Ministerialen Chuno v. Gutrat, Otto v. Goldegg und Chunrat v. Wartenfels einen Nachfolger auswählen sollten, der die Burg auf Frist weiterverwalten mußte. Von den Burgen Walchen und Lichtenberg scheinen nämlich Raubzüge unternommen worden zu sein, die das nunmehr eb. Land verwüsteten. Gebhard v. Velben betonte 1290, daß er dem Erzbischof geholfen habe, die Burg von den Leuten, ,,di daz Lant mit Roub von derselben Purg angegriffen hetten", zu gewinnen. Als der Velber seine Besatzung von Lichtenberg abzog, wurde die Burg mit einem eb. Pfleger besetzt (B. Konrad v. Chiemsee hatte sich geweigert, die diesbezüglichen Abmachungen zu besiegeln, weil er sich vor Hzg. Albrecht v. Bayern fürchtete).

Von Lichtenberg aus wurde nun das Pflegegericht Saalfelden-Lichtenberg durch einen eb. Beamten verwaltet. Die Pflegerfamilien gehörten durchwegs dem sbg. Adel an wie die Thurn, Hunt (vgl. Dorfheim), Ramseider (s.d.) bzw. die Hackl zu Saal (vgl. Saalhof).

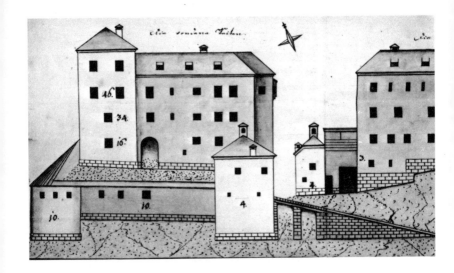

**LICHTENBERG, 1791. Plan v. Joh. Grasspeuntner**

Im Bauernaufstand von 1462 wurde Lichtenberg zerniert, 1526 im Bauernkrieg zerstört,
mußte aber von der Gerichtsgemeinde wieder aufgebaut werden. 1533 erwog man die
Verlegung der Burg. Sie wurde aber dann doch saniert. Sie erhielt den mächtigen
Rundturm im SW und erstand bis 1580 fast völlig neu. Bei der Aufteilung der
Erhaltungskosten für die eb. Bauten wurde die Burg 1699 der Landschaft zugeteilt.
Diese erhob am Landtag von 1747 dagegen Einspruch, da Lichtenberg weder „vor als
nach der Emigration" von Militär besetzt worden war. Man schlug vor, die Burg dem
eb. Priesterseminar als Missionshaus zu überlassen. Die Kosten sollte also die
Hofkammer übernehmen. Ab 1750 war eine Generalsanierung geplant, die aber nicht
zustande kam. Die Burg diente nur noch dem Jäger und Unterwaldmeister als Wohnung,
die Pfleger hatten ihre Sitze in Saalfelden.
1775 wurde der hölzerne Wehrgang abgebrochen. 1791 erging der Befehl, mit der
Sanierung unverzüglich zu beginnen. Es war jedoch schwierig, Arbeiter zu finden, die
— schwindelfrei — die steilen Scharschindeldächer decken konnten. Aus einer
Kostenaufstellung erfahren wir, daß allein der Betrieb des Springbrunnens im
Schloßhof jährlich 12 fl. kostete.
Nach der Säkularisation 1803 verfiel die Burg weiter. Sie wurde nur noch vom
Revierförster von Saalfelden bewohnt. 1872 versteigerte das k.k. Ärar Lichtenberg an
Dr. Adolf Weiß Ritter v. Teßbach. Seither befindet sich die Burg im Besitz dieser
Familie.
Von 1872 an wurde Lichtenberg gründlich renoviert und modernisiert. Über die Brücke
im O gelangt man in einen kleinen Vorhof, der von einer Stützmauer und dem Rundturm
begrenzt wird (Bp. 93). Durch ein Tor betritt man den romantischen Innenhof mit dem
Brunnen. Die O-Seite der Burg bilden 3 vierstöckige Trakte, mit einer Sonnenuhr und

124

der Jz. 1585. Ein Erker an der O-Wand zeigt die Kapelle an. An der N-Seite gegen den Berg zu steht das trapezförmige Haupt-Wohngebäude. Die W-Seite ist von einer hohen Mauer abgeschlossen. Da das Schloß Privatbesitz ist, kann es nicht besichtigt werden. Es empfiehlt sich aber der Ausflug zur St.-Georgs-Kapelle am Palfen, der Eremitage über der Burg Lichtenberg.

(Franz.Kat; SUB 4, 120 Nr. 112 b; 166 Nr. 139; Martin, Reg. I Nr. 1392, 1393; SLA, HR-Katenichl 1532/33f 284, 1533; Rep. Akten d. Pflege Fusch 1558 ,,Erhebung des Prunnens auf dem Schloß''; Laa XIV/55; Hübner III/2, 609f; Lürzer 9; Augustin 140 m. Ansicht d. Burg; Dürlinger, Pi 51, 225, 232; Sbg.Ztg. u. Chronik v. 24.X.1891 Nr. 241; Bibl. St. Peter, Hs. Ebner XVIII 249; ÖTK XXV 152 m. Grundriß u. Abb.; Lahnsteiner, MP 141ff m. Photo: HiSt II 353; Altes Photo ca. 1880; SLA, HK Lichtenberg 1792/6/B m. 4 Plänen; F.Z.)

## 2. DORFHEIM (Dorf, Dorffen)

Saalfelden, Dorfheimer Straße 25, Alte Hausnummer: Dorfheim 9)

Am W-Rand von Saalfelden liegt an der Straße nach Leogang *Schloß Dorfheim,* welches durch sein hohes Walmdach mit den beiden Ecktürmchen deutlich über die benachbarten Objekte hinausragt.

Schloß Dorfheim, heute als Bauernhof mit Mietparteien in Verwendung, ist ein typischer Ansitz mit ehemals 4 Erkern an den Gebäudekanten, von denen sich nur die 2 südlichen erhalten haben. Ein schmaler Flügelanbau aus der Zeit um 1600 nach W hin hat das Gesamtbild weitgehend verändert, doch der Charakter des Ansitzes ist nach wie vor feststellbar.

Über einen Vorgängerbau ist keine Nachricht erhalten, aber schon im 11. Jh. sind *Engelbrecht* und *Wicher von Dorf* genannt. Gegen E. d. 12. Jh. erwerben die Herren von Hunt den Besitz, die sich nach ihrem Stammsitz ,,von Dorf'' nennen. Bedeutende Vertreter dieser angesehenen Familie sind: Hans Hunt zu Dorf, Pfleger von Liechtenberg, † 1380; 1399 wird sein Sohn Hans, Richter zu Lofer, später dann Pfleger von Liechtenberg, genannt, der 1427 Schloß Einödberg bei Mittersill (s.d.) als Lehen erhält; 1449 kommt Dorfheim an seinen Sohn Wolfgang Hunt, seit 1469 Pfleger in Mittersill; anschließend ist Reichhart Hunt zu Dorf und Einödberg als Pfleger von

Taxenbach erwähnt; 1530 wird sein Sohn Peter, Pfleger von Mittersill, zum Ritter geschlagen. 1597 kauft der Sohn Joseph Hunt Schloß Rettenwörth (bei Saalfelden, s.d.) dazu. Er baut 1601 sein Stammhaus Dorfheim gründlich um und bringt es in die Gestalt eines typischen Salzburger Ansitzes. Da er ohne männliche Nachkommen stirbt, geht der Besitz mit Dorfheim und Rettenwörth an seine Tochter Maria Jakobe Hunt v. Dorfheim, verh. mit Johann Albert Savioli, salzburgischer Truchseß und Küchenmeister, über, der 1628 den Sitz käuflich erwirbt. 1660 kauft Anna Stadlmayr, geb. Paggee aus Tamsweg, Dorfheim und Rettenwörth und führt beide Schlösser in ihrem Namen. Eine Nichte der Anna Stadlmayr, Maria Theresia v. Küepach, verheiratet mit Friedrich Ignaz Lürzer v. Zechendthal, erbt Dorfheim im Jahre 1719. Über 150 Jahre, bis 1860 bleibt Dorfheim im Besitze der Fam. Lürzer. Zwischen 1811 und 1815 wird nach einem verheerenden Brand des Marktes Saalfelden das Landgericht hierher verlegt, d. h. eingemietet, ebenso wird ab 1843 das k.k. Kreisbauamt aufgenommen.

1860 verkaufen die Erben nach Kajetan Lürzer Schloß Dorfheim an den Kaufmann Franz Kirchmayr aus Innsbruck. In diesen Jahren dürften die beiden n-seitigen Eckerker abgetragen worden sein. 1886 kommt Dorfheim mit dem gesamten Grundbesitz an die mj. Franziska Schuhmacher, ab 1902 verh. Angerer. 1902 erwirbt die k.k. Landwirtschaftsgesellschaft des Herzogtums Salzburg das Schloß mit der Absicht, hier eine Landwirtschaftsschule einzurichten. Eine Brandkatastrophe verhindert aber diesen Plan. Beide Dachstühle, Schloß und Anbau, werden ebenso vernichtet wie sämtliche Täfelungen und Decken im oberen Geschoß. Nach Verkauf an den Landwirt Martin Hartl beginnt 1912 der Wiederaufbau. Im w. Anbau wird das Dachgeschoß voll ausgebaut, die Dächer werden wesentlich flacher wiederhergestellt. Sein Sohn Ernst Hartl, Schloßbauer zu Dorfheim, ist der heutige Besitzer. Teile eines Kachelofens a. d. 17. Jh. befinden sich im Heimatmuseum von Waidhofen an der Ybbs.

(Grundb. KG. Liechtenberg, EZ. 86; SLA, U 1490, fol. 52; U 6, fol. 131'; U 393/19a (1682), fol. 43 u. 103; KA. B XIII/2, fasz. 254; Geh.A. XII/39; LA 121; Hs. 129, S. 55; Bibl.St.Peter, Hs.Ebner XVIII 251, XIX 181; Hübner III/2, 611; Dürlinger, Pi 226; Lürzer 10; ÖKT XXV 160 (m. Abb. Zustand v. d. Brand); Lahnsteiner, MP 143; v. Frank in: Senftenegger Monatsblatt, VI. Bd., 1969, Sp. 129—138, mit Abb., W.S.)

3. FARMACH (Saalfelden-Farmach Hs. Nr. 4)
Zirka eine Viertelstunde ö. des ursprünglichen Marktgebietes von Saalfelden steht inmitten noch relativ freier Wiesenflächen *Schloß Farmach,* ein markanter, breiter Baukörper mit einem über mehrere Geschosse reichenden Runderker in Fassadenmitte. Das viergeschossige Objekt weist an seinen beiden Enden jeweils einen kurzen Anbau nach O auf, welche die hübsche O-Fassade des Hauptbaues mit ihren Arkaden flankieren.

Schon 1339 wird ein *Jans v. Farmach* in einer Verzichtsurkunde über sein Leibgedingrecht zugunsten des Stiftes St. Zeno in Reichenhall genannt. Wann dieser Hof zu Farmach an die Herren von Alm, ein bedeutendes Pinzgauer Adelsgeschlecht, gekommen ist, konnte bisher nicht nachgewiesen werden, doch ist sicher, daß die Almer den Hof in ein Schloß umbauten. 1567 erhält der Ehemann der Helena v. Alm, ein Freiherr von Törring, vom Erzbischof die Erlaubnis, das Schloß mit anderem Grundbesitz, den er legatsweise von seiner Frau erhalten hatte, zu verkaufen. Hans Zehentner, eb. Amann zu Farmach, erwirbt von ihm 1568 das Schloß samt dazugehörigem Grundbesitz. 1614 verleiht K. Matthias dem Sohn Johann Zehentner den Reichsadel mit dem Prädikat „von Farmach". Bis 1735 bleibt der Besitz in der Familie der Zehentner. Nach 2 Jahren im Besitz von Klara Franziska Freiin v. Sedmiradski, geb. v. Eyselsberg († 1737), erwirbt 1737 Johann Franz Raimund v. Rehlingen das

Schloß. Er beginnt 1760 mit einem grundlegenden Umbau der gotischen Schloßanlage, kann die Arbeiten aber durch seinen Tod im Jahr 1770 nicht vollenden. Trotzdem wurde durch ihn der Grundstock zur heutigen, breiten Anlage geschaffen. Nur die beiden unteren Geschosse konnten vollendet werden, alles andere ist nicht bewohn- oder benützbar. Seine Tochter Maria Sybilla, verh. Negri, verkauft das halbfertige Schloß 1783 an Maria Elisabeth Mayrin, die das Haupthaus 1785 bereits wieder verkauft: Neuer Besitzer ist der Bauer Bartlme Schwaiger, der schon 1782 die Schloßmeierei erworben hatte. 1822 kauft das k.k. Ärar das Schloß zu Zwecken der Unterbringung des Landgerichtes und Pflegeamtes für das Gericht Saalfelden. Die nachfolgenden Umbauten und Adaptierungsarbeiten stellten den heutigen Zustand her (Pläne von 1824). Diesem Umbau dürften die 1796 von Hübner erwähnten 6 kleinen Eck- und Erkertürmchen zum Opfer gefallen sein, nur noch der in der Mitte der Hauptfassade situierte Runderker blieb als Rest des mittelalterlichen Ansitzes erhalten. Der schöne Marmorboden des Saales wurde ausgelöst und in das Schloß Mirabell in Salzburg gebracht. Der nördliche, nach O gerichtete Anbau, der ehem. Zehent- und Getreidekasten, wird gleichzeitig zu Wohnzwecken adaptiert. 1877 brennen die Nebengebäude ab. 1902 wird das Objekt an die Gemeinden Saalfelden, Leogang und Alm verkauft, welche hier ihr gemeinsames Spital und Altersheim gründen. Seit 1904 ist die Gde. Saalfelden Alleinbesitzerin, die 1960/61 einen modernen Bettentrakt im S anfügt und durch eine verglaste Eingangshalle mit dem Altbau verbindet.
(Grundb. KG. Farmach, EZ. 4; SLA, U 1351 f. 54 u. 55; U 1308, f. 39, 204 u. 219; U 1327, f. 60, 3/14; Franz.Kat. Hs. 3; HK Liechtenberg 1674, lit. H; Hieron.Kat. Saalfelden Markt (1774), f. 106; KA B VIII/3, fasz. 65 und B VIII/2, fasz. 254; Hs. 129 (1763) S. 55; Bibl.St.Peter, Hs.Ebner XVIII 250; XIX 188; Hübner III/2, 611; Dürlinger, Pi 226; Lürzer 9; ÖKT XXV 158; Lahnsteiner, MP 145; Sbg.Int.Bl. (1822) 89; Dehio 66; W.S.)

4. RAMSEIDEN (KG. Farmach EZ. 204, Gp. 810)
Der *Turm von Ramseiden* ist völlig abgekommen. Der Standort ist ohne Grabung nicht eruierbar. Lahnsteiner lokalisierte ihn an Stelle des Bauernhofes Schider.
Im Grundbuch des 19. Jh. lautet die Beschreibung: ,,die bisher adelichen zween Sitze zu Grub und Ramseiden, bestehend in einem alten Schlosse und neuere Gebäu samt dem Hofe, auch der Brücke, dem Thenn zum alleinigen Gebrauche drey Harr- und den Erdstadel, den gemauerten Kasten samt dem Reitstalle, die Holzhütte und den Kuchl-, Obst- und Krautgarten, ingleichen *der Thurn*, oder vielmehr die Grundfest hievon, und das kleine Gartl *zu Ramseiden* samt den dazugehörigen Holzbesuche und Losungsgerechtigkeiten auf verschieden Baugründe, Zehend, Wiesmäder, Gräsungen und Alpe" (KG. Bergham EZ. 84). Der alte Turm des Schlosses Grub wurde am 4. IV. 1805 ,,zu einer herzurichtenden Stube, Kammer und Kuchl nebst einem kleinen Kuchlgärtl" zu einem eigenen Grundbuchskörper abgetrennt (KG. Bergham EZ. 86, Bp. 7).
Bei der Durchsicht der um 1870 zur KG. Bergham EZ. 84 gehörigen Grundparzellen kam für den Turm zu R. nur die Gp. 810 der KG. Farmach in Frage, die heute zur EZ. 204 derselben KG. gehört. Auf der Indikationsskizze des Franziszäischen Katasters von 1830 sind im NW von Bad Fieberbrunn auf der Waldparzelle 810 mit Bleistift die Grundrisse von 3 rechteckigen Gebäuden, die von einer Mauer umgeben sind, mit exakten Maßangaben nachgetragen.
In einer — nur abschriftlich erhaltenen — Urkunde Kg. Arnulfs vom 26. XII. 888 ist Ramseiden das 1. Mal urkundlich belegt. Der König schenkte Mildrut, der Gattin seines Mundschenken Heimo, neun Königshufen *in loco Ramsidin in pago Saluelda* mit Jagd und Fischerei als freies Eigen. Wann der Turm auf diesem Eigengut entstanden ist,

kann nicht gesagt werden. 1326 war jedenfalls Konrad der Ramseider Burggraf zu Saalegg (s.d.). 1369 belehnte Hans v. Goldegg die ,,Knechte Hans v. Ramseyden und Hans den Hunt'' mit verschiedenen Zehenten. 1441 ist Martein Ramseider genannt. Die Brüder Georg, Wolfgang und Wilhelm stifteten 1473 Güter für einen Kaplan in Saalfelden, welche Stiftung bis 1920 in Geltung war.
Wolfgang, der Pfleger auf Lichtenberg war, nannte sich seit 1481 auch nach Grub. Wilhelm war Pfleger zu Kaprun und Georg Propst in der Fusch sowie Pfleger von Mattsee. Von Georg, dem Sohn des Hans v. Ramseiden, der 1431—1451 Pfleger von Itter (heute Tirol) war, ist die Geschichte seiner Abenteuer bekannt. Er zog mit Georg v. Ehingen nach Paris, wo sie vom König empfangen wurden, dann nach Spanien und Portugal. In einem Turnier vor dem König gewann der Ramseider. Kampf suchend gingen sie nach Nordafrika, wo sie gegen die Mohammedaner kämpften. Reich beschenkt kehrte er nach Saalfelden zurück.
Die Familie starb 1579 mit Wilhelm Ramseider zu Grub aus. 1582 verkauften Seifried Messenpeck, Jackel v. u. z. Franking u. a. als Erben die Edelmannssitze Grub und Ramseiden an Hans und Christoph Weitmoser, die Gasteiner Gewerken. 1603 erwarb Heimeram Ritz den Turm. 1681 folgte Johann Paris Frh. v. Rehlingen. Nach den Pauernfeind v. Eys kamen 1752 die Waltenhofen. Am 10. XII. 1801 kaufte der Bauer Jakob Herzog ,,die bisher adeligen Sitze zu Grub und Ramseiden''.
(Franz.Kat; SLA, U 1327 fol. 48, 361, 50; SUB 1 Nr. 31; AB II Nr. 463, 479, 557, 560, 574ff, 720, 739, 761; Martin, Reg. III Nr. 541; Lürzer 5, 13; Dürlinger, Pi 226; ÖKT XXV 159; Lahnsteiner, MP 147f; H. Klein in: Sbg.Ztg. v. 26.I.1943; F.Z.)

## 5. RETTENWÖRTH (LACKENSCHLÖSSL)

(Standort im Gebiet Saalfelden-Letting, auf Grund der zahlreichen Nennungen an verschiedenen Standpunkten nicht genau feststellbar.)
Von dem einstigen Ansitz Rettenwörth oder Lackenschlößl ist heute keine Spur mehr vorhanden. Nicht einmal der genaue Standort ist eindeutig fixierbar, da in den alten Katastermappen mehrere heutige Wiesen als *Lackenschlößl* (KG. Bergham, EZ. 5) oder ,,Wiese vor dem Schlößl Rettenwörth'' (KG. Bergham, EZ. 105) auf einander völlig verschiedene Orte hinweisen.
Das Schloß wurde um 1560 von Christoph Perner (siehe auch Maishofen, Prielau) erbaut. 1592 haben es seine Söhne Hans und Andreas Perner *von Rettenwörth* inne. Im Jahre 1597 kauft Josef Hunt zu Dorfheim und Einödberg den großen Grundbesitz samt Schloß. Es bleibt zumindest bis 1682 in der Grundherrschaft der Hunt, denn in diesem Jahr wird berichtet: ,,Rettenwerth ain Adelsiz enthalb des Köllingers ist freyes Aigen, ist das Gemäuer, weilen die Hundischen die Tachung nit innegehalten, eingefallen aussen des Thurns, den ich deckhen undt ain Zimmer undt kuchl wie auch ain thennl undt Stallung hinzue machen lassen, bewohnt selbiges dermahlen der Fischhietter Martin Schipfl.''
Die Nachrichten über den ruinösen Bau versiegen ziemlich rasch, obwohl sich Johann Conrad Stadlmayr zu Dorfheim noch im Jahre 1695 ,,zu Rettenwörth'' nennt. Er scheint aber das Prädikat nur noch auf Grund des übernommenen Grundbesitzes von Rettenwörth zu führen.
Hübner berichtet 1796, daß in diesem Bezirk noch die Ruine von Rattenwerth stehe. Leider fehlt hier jede Beschreibung. 1866 findet Dürlinger keinerlei Reste der Anlage mehr.
(KG. Bergham, Ortschaft Letting; SLA, U 593/19a (1682), U 1358 f. 11; Geh.A. XXV/K 26 (1695); Geh.A. XII/39 (1597); Domkap. NB 92 1/2; Hs. 129, S. 56; Hübner III/2, 613; Dürlinger, Pi 226; Bibl.St.Peter, Hs.Ebner XVIII 250; ÖKT XXV 160; Lahnsteiner, MP 147; W.S.)

## 6. RITZENSCHLOSS (Alter Name: GRUB) (Saalfelden-Thor Hs. Nr. 4, KG. Bergham-Thor)

Vom Markt Saalfelden gelangt man s. über die Urslaubrücke zum Beginn jenes sanften Höhenrückens, der das Saalachtal von Saalfelden bis Maishofen begleitet. Auf dem nördlichsten Ausläufer dieser Hügelkette befinden sich die Reste des einst stolzen *Ritzenschlosses*. Das heute als Ritzenschloß bezeichnete Gebäude ist allerdings nur ein Nebentrakt der ehem. Burganlage, wahrscheinlich die Meierei, und beherbergt derzeit das Saalfeldener Heimatmuseum mit der besonders sehenswerten Sammlung von Weihnachtskrippen.

Das heute als Schloß bezeichnete Objekt zeigte bis zum Einbau eines Stiegenhauses und eines Saales eine hufeisenförmige Anlage mit schönen, spätgotischen Gewölben im Inneren. Durch den erwähnten, modernen Einbau wurde die Hufeisenform geschlossen. Dabei wurden auch die Arkaden vermauert. Ein einfaches, gotisches Steingewände in Korbbogenform ziert als Eingang die sö. Hauptfassade des dreigeschossigen Objektes. Oberhalb des Tores ist die Jz. 1593 aufgemalt. Die derzeit bestehenden Fassadenmalereien, vor allem als Fensterumrahmungen, wurden auf Grund vorhandener Reste bei der in den 60er Jahren durchgeführten Renovierung nachempfunden.

Das eigentliche Schloß, welches um 1800 nachweislich noch 4 Ecktürmchen aufwies, entwickelte sich aus einer kleinen Burganlage, deren Reste heute noch n. des Heimatmuseums feststellbar sind. Eine exaktere Deutung dieser Reste könnte erst durch eine archäologische Untersuchung der unmittelbaren Umgebung durchgeführt werden. Derzeit gibt es nur Vermutungen, ob der Rest eines runden Eckturmes mit anschließender Mauer zum heute verschwundenen Schloßbau oder zu dessen Ringmauer gehörte. Das alte Schloß war jedenfalls durch eine Mauer mit Schießscharten umgeben, war aber schon 1796 weitgehend verfallen und dadurch unbewohnbar.

Die früheste Nachricht von *Grub bei Saalfelden,* wie es ursprünglich genannt wurde, stammt aus dem Jahr 1339, in welchem Konrad Grafenberger seinem Sohn Alex das Gut Grub in der Saalfeldener Pfarre überläßt. Die nächsten bekannten und nachweisbaren Besitzer sind die Herren von Hunt zu Dorfheim, die das Gut von den Herren von Ramseiden erhielten. Die Erben der Hunt verkaufen die Schlösser Grub und Ramseiden (s.d.) an die Gasteiner Gewerken Hans und Christoph Weitmoser (1582). Christoph Weitmoser stirbt 1603 unter Hinterlassung dreier mj. Töchter auf Schloß Grub, worauf die Vormünder das Schloß an Haimeram Ritz verkaufen, dessen Name für das Schloß zu Grub namengebend wurde. Sein Sohn Wilhelm Frh. v. Ritz gelangt zu großem Reichtum, bald jedoch geht es angeblich durch Prasserei wieder bergab. Das

Ritzenschloß kommt an die Fam. Pauernfeind v. Eyß, dann 1752 an die Herren von Waltenhofen, die es bis 1820 behalten. Unter ihrer Herrschaft verfällt das alte Schloß rasch, so daß sie ein nur eingeschossiges Wohnobjekt unmittelbar an die alten Gebäude anfügen müssen.

Seit 1820 ist das Ritzenschloß, oder vielmehr seine Reste, in bäuerlichen Händen, zuletzt der Fam. Rohrmoser bis 1937. Durch überhohe Hypotheken geht es an die Sparkasse von Braunau über, die es noch im gleichen Jahr an Maria Grander verkauft. 1968 erwirbt es die Marktgemeinde Saalfelden, wodurch die Rettung der übriggebliebenen Bauteile möglich wurde. Seit 1968 beherbergt das heutige Hauptgebäude das bereits erwähnte Heimatmuseum.

(Grundb. KG. Bergham-Thor, EZ. 84); Turm besitzmäßig abgetrennt (EZ. 86); SLA, U 1327, f. 48 und 361; OUrk. v. 4.VII.1374; Mon.Boica 7, 239; HR-Prot. Saalf. 19.II.1663; Hs. 129 (1763) S. 56; Bibl.St.Peter, Hs.Ebner XVIII 250; XIX 186; Hübner III/2, 611; Dürlinger, Pi 226; Lürzer 10, 14; ÖKT XXV 159; Lahnsteiner, MP 144; JB.SMCA 1853, 73; W.S.)

7. BURGBICHL (KG. Lichtenberg EZ. 65, Gp. 1067)
Auf Grund einer mündlichen Mitteilung von Tierarzt Helmut Adler aus Lofer wurde die Gp. 1067 der KG. Lichtenberg genauer besichtigt. Sie gehört zum Gut Buchbichl in Bachwinkl Hs. Nr. 7.

Man verläßt die Bundesstraße in der Ortschaft Mayrhofen und folgt dem Exenbach aufwärts bis zum Ende eines Güterweges, durchquert das Bachbett und gelangt über einen Steilabfall auf einem Altweg auf ein Hochplateau. Der Heckenrain könnte der alten Ummauerung folgen, der Durchlaß in der Hecke könnte den Zugang zur Befestigungsanlage anzeigen. Auf einem kleinen, im Kreis von hohen Bäumen umstandenen Hügel konnte eine künstliche Vertiefung festgestellt werden, deren NO-Seite einen bearbeiteten Stein aufweist.

Eine Grabung wäre wünschenswert, da nicht bekannt ist, wo die Burggrafen der mit Ortolf 1268 ausgestorbenen Herren von Saalfelden, Ministerialen der Herzoge von Bayern, ihre Burg hatten. Ein Hinweis auf die Existenz einer Burg ist durch den oben erwähnten Ort Mayrhofen gegeben.

(Franz.Kat; SUB 4, Nr. 64; F.Z.)

8. HINTERBURG (KG. Uttenhofen, Kehlbach Hs. Nr. 3)
In der Beschreibung des Pfleggerichtes Saalfelden aus 1763 wird bei der Aufzählung der Burgen ohne jede weitere Erläuterung in der Harhamer Zeche *Hinterburg* erwähnt. 1412 verkaufte Katrey von der Alm ihrem Vetter Hans Hundt u.a. den Zehent zu ,,Hinterpurkh".

(Franz.Kat; AB II Nr. 572; SLA, Hs. 129; Lahnsteiner, MP 140; F.Z.)

9. BIBERG (KG. Uttenhofen, Kehlbach Hs. Nr. 1, 2)
Seit den 20er Jahren unseres Jahrhunderts gewinnt man Diabas-Gestein durch den Abbau des Bibergs am W-Ufer der Saalach, westlich von Saalfelden. Der *Biberg* trug in der späten Latènezeit ein keltisches ,,oppidum" — eine befestigte Siedlung —, von dem Trockenmauern, norische Münzen und zahlreiche Kleinfunde gerettet werden konnten. Nach der Besetzung durch die Römer wurde der Biberg mit einer Ringmauer in Form eines Polygons befestigt. Während der Markomannenkriege 175 n. Chr. wurde im Innern ein Turm mit einer Mauerstärke von 1,65 m aufgebaut. Auch aus dieser Periode sind Funde erhalten.

Das Saalfeldner Becken war die einzige Gegend im Salzburger Gebirge, wo die keltoromanische Bevölkerung die Zeit der Völkerwanderung ungestört überdauerte.

130

Nach der bairischen Landnahme wurde die Hochfläche des Bibergs im Ausmaß von 80×40 m wieder besiedelt. 1343 war das „Gut der Biburger" im Besitz der Herren von Kuchl (!). *Chuntz v. Pyburg* ist 1437 urkundlich genannt. Ob der Biberg auch im Mittelalter eine Burg getragen hat, konnte nicht nachgewiesen werden. Lürzer schrieb 1802 „dem Verfallen sind dermalen ganz überlassen der gewesene Adelsitz zu Piberg, von welchem man auf einer angenehmen Höhe neben der Zellerstraße nur noch wenige Ruinen sehen kann". Nach Dürlinger wurden die letzten Steine vom Biberg 1811 nach dem Brand von Saalfelden zum Wiederaufbau des Marktes verwendet.
(Franz.Kat; Martin, Reg. III Nr. 1327; AB II Nr. 573; Lürzer 13; M. Hell, Verkehrs-Beziehungen zwischen Salzburg und Tirol zur Bronze- und Hallstattzeit, in: Der Schlern, 1950, 108ff; ders. Fundber. I 132, 248, 280; II 59; III 58, 74; Lahnsteiner, MP 134ff; HiSt II 368; F.Z.)

S T.  M A R T I N  BEI  LOFER  (Saalfelden am Steinernen Meer, alt: Lofer)
1. GRUBHOF (St. Martin Hs. Nr. 2)
Zwischen St. Martin und Lofer liegt, von einem schönen alten Park umgeben, *Schloß Grubhof*, welches nach seiner heutigen Gestalt eher den großen Villenbauten der Gründerzeit zuzurechnen ist. Trotzdem aber steckt in diesem Bau der mittelalterliche Kern eines Ansitzes.
Um 1300 ist der Hof zu Grub *in der Louer,* ein eb. Lehen, als Besitz des Gebhard v. Velben erstmals urkundlich erwähnt. Ab 1325 scheint die Familie der Grueber auf. Dem Heinrich Grueber folgt sein Sohn Jakob, der 1409 von Ulrich beerbt wird. Der Hof dient zu dieser Zeit 3 Gulden. Der nächste ist 1428 Niclas, nach ihm Hans Gruber, dessen Witwe Katrein Payrin ihren Anteil an ihren Schwager Conrad Gruber von Lofer verkauft. Die andere Hälfte erwirbt er über Adelgern Hunt erst nach 1490. 1518 verkauft Conrad den Hof zu Grub an Wolfgang Pichler.
Im Jahre 1537 erwirbt Ludwig Ritz, hochfürstlich Salzburgischer Rat, den Hof Grub, wo er sich 1541 seinen Sitz erbaut, um dessen Edelmannsfreiheit er sich 1556 vorerst

vergeblich bemüht. Noch 1593 wird betont, daß er die Edelmannsfreiheit ,,aus sondern Gnaden'' erhalten habe. 1561 folgen ihm seine 3 Söhne und 5 Töchter nach. Nach Erbteilungen unter den 3 Söhnen vereinigt Haimeram Ritz den Besitz in seiner Hand im Jahr 1614. Bereits 1620 aber geht er wieder geteilt an seine beiden Söhne. 1624 übernehmen die Brüder Hans Ludwig und Bernhard Wilhelm, aus einer Nebenlinie der Ritz stammend, durch Kauf das Schloß. Der letzte männliche Sproß dieses Familienzweiges, Emeram Raimund Ritz, stirbt 1708 und wird von seiner Frau mit Kindern beerbt. Seine Witwe, Maria Barbara Goldin, geb. v. Schernberg, heiratet daraufhin den Freiherrn von Motzl, wodurch der Grubhof an Franz Dietrich Frh. v. Motzl übergeht, der 1712 die Anteile der übrigen Erben dazuerwirbt. Franz Joseph, dann Georg Franz Anton, Frh. v. Motzl zu Grubhof, folgen in der Besitzerliste. Georg Franz Anton läßt 1783—85 umfangreiche Reparaturen am Schloß durchführen. Über seine Witwe kommt das Schloß 1816 an deren Nichte Waldburga Auer v. Winkl, die mit Anselm Karl Frh. v. Imhof verheiratet ist. In diesem Jahr wird der Grubhof allodifiziert.

Nachdem Ferdinand und Johann Nepomuk v. Rehlingen 1828 Schloß Grubhof durch Tauschkauf erworben hatten, ersteigert 1829 das königliche bayrische Hauptsalzamt in Reichenhall Schloß und Grundbesitz zur Abrundung des bayerischen Waldbesitzes im Pinzgau. 1868 geht das Schloß um 18.000 Gulden an Josef Faistauer über, der es 1879 an seinen Sohn Josef übergibt. Der bekannte Salzburger Maler Anton Faistauer, ein Sohn des letzteren, wurde hier geboren.

Im Jahre 1890 kauft der Kunstdüngerfabrikant Hermann Schmidtmann, der nach und nach weite Teile dieses Gebietes aufkauft, den Edelsitz Grubhof und läßt ihn durch Architekt Wessiken und Baumeister Ceconi, beide aus Salzburg, in die heutige Gestalt bringen. Große Zubauten, eine Ummantelung des alten Kernes durch eine Fassade von 1892, machen aus dem Edelsitz eine überdimensionierte Villa im Stile der Wiener Ringstraßenbauten.

1923 erwirbt seine Tochter Florence v. Poser das Schloß, worauf es 1956 zu je einem Drittel an Hildegard Wolff, Maria Spitzy und Florence Schandl (verh. Dachmann) kommt.

(Grundb. KG. St. Martin bei Lofer, EZ. 3; SLA, U 1490, f. 64; LA 142; LA 4, f. 50; LB 3, f. 14; LB 9, f. 72'; LB 12, f. 267; U 6, f. 146' u. 138'; U 7, f. 129', Nr. 33; HK Lofer 1556, lit. L und 1783, lit. C; HR Lofer 1624, am 1. 2. u. 1663, 19. 2.; HK Lofer 1783, lit. C u. 1785, lit. E; Ms. Nachlaß J. Felner, VI, Der Grubhof und die frh. von Motzl'sche Familie; Hübner III/2, 630; Dürlinger, Pi 209; Lürzer 14; ÖKT XXV, 169; Alte Ansicht in Kammer/Maishofen; W.S.)

2. LUFTENSTEIN (KG. Obsthurn, Bp. 1: Ruine, Gp. 30, 31)
1974 fielen die Reste des *Paß Luftenstein* der Begradigung der Mittelpinzgauer Bundesstraße, südlich von St. Martin, zum Opfer. Das Gasthaus Luftenstein bewahrt den Namen.

Der Platz ist durch einen Bronzedepotfund aus der Urnenfelderzeit als alter Siedlungsort ausgewiesen. In historischer Zeit setzen die Nachrichten um 1200 mit der Nennung des *Ulricus de Lufstan* ein *(Lufstan, Loferstein, Luftenstein* — vgl. Bauerngut Lufstan am Jochberg/Paß Thurn). Am 1. V. 1250 belehnte der Erwählte Philipp die Grafen Otto und Konrad v. Plan mit den Lehen, die zuvor ihr Onkel Leutold v. Plain besessen hatte, darunter das Flachland n. der Lammer bzw. diesseits des Turmes zu Lofer (,,citra turrim Louer'').

Nach dem Aussterben der Plainer 1260 kauften die Walcher Luftenstein (vgl. Walchen). Albero und Otto v. Walchen, die Brüder des Sbg. EB. Friedrich, gerieten in der Folge in Streit um ihren gemeinsamen Besitz. Otto hinderte seinen jüngeren Bruder an der Nutzung des Anteils am ,,Turn zu Loufstein'' und der dazugehörigen Burghut, trotz des

**DER TURM ZU LUFTENSTEIN, Rekonstruktion**

gemeinsamen Ankaufs vor 15 Jahren. 1281 wurde der Streit zwischen den Brüdern durch Schiedsrichter beigelegt. Mit dem Aussterben der Walcher kam der Turm in den Besitz des Erzbischofs, der hier nach der M. d. 14. Jh. den Amtssitz für den Land- und Urbarrichter von Lofer installierte.

Nach der Übersiedlung des Landrichters bzw. des Pflegers am E. d. 16. Jh. nach Lofer behielt der Pfleger die Nutznießung des Turms und der dazugehörigen Meierei als Teil seiner Besoldung. Während der Bauernkriege 1525/26 wurde Luftenstein zerstört, aber kurz darauf wieder aufgebaut. 1597 bat der Landrichter, „in und bei dem Schlößl zum Thurn gegen Salfelden" alle Schindeldächer erneuern zu dürfen, weil seit Menschengedenken nichts mehr zur Gebäudeerhaltung beigetragen worden sei.

In der Beschreibung aller eb. Güter von 1606 heißt es dann: „ain Schlössl zum Lifftenstain genannt, oberhalb Sant Marthin, darbey ain Rerprunn, Holzhütten, Bämbkhar und Gställ, ain Khraut- oder Pflanzgarten sambt zway unndterschidlichen Veldern . . ."

1621 ließ EB. Paris Lodron auch hier die Befestigungen ausbauen, wovon noch zu Hübners Zeiten (1796) Wappen und Inschrift Zeugnis ablegten. Im weiteren Verlauf des 30jährigen Krieges wurden 1645 die Schanzen bei der Fortifikation auf „dem Turm zu Lofer" von 18 Mann in Anbetracht der gefährlichen Zeit verstärkt.

Die Meierei Luftenstein wurde vom Pfleger verpachtet. Da die Räumlichkeiten des Bauernhauses in schlechtem Zustand waren, übersiedelte der Pächter in den Turm. Dort brach 1634 in der gewölbten Küche Feuer aus, weil die Bäuerin Wäsche unbeaufsichtigt auf dem Herd hatte kochen lassen. Trotzdem eine große Schar Schaulustiger den Turm umstand, leistete niemand Hilfe. Erst durch das Eingreifen der Bürger von Lofer konnte wenigstens der Pferdestall gerettet werden.

Die Holzaufbauten am Turm wurden total vernichtet. Als man daranging, die Feuerschäden zu beseitigen, stellte man fest, daß an einer Ecke 2 alte Sprünge von oben bis unten auseinanderklafften. Vor dem Beginn der Sanierungsarbeiten mußte der Hofbaumeister Santino Solari gerufen werden, der ein Gutachten für den Wiederaufbau abgab. In der Folge dieser Sanierungsmaßnahmen wurde die Meierei, die bisher aus Holz gebaut gewesen war, 1643 untermauert, um Holz zu sparen und Ungeziefer besser vom Haus abhalten zu können.

1658 stürzte in einer Nacht die Decke der Stube ein, in der der Meier mit seiner Frau schlief. Er wurde schwer verletzt. Der Lokalaugenschein ergab, daß der vorhergehende Landrichter die starke Täfelung herausreißen hatte lassen. Dadurch verloren die Balken das nötige Auflager. Im Zuge der Reparaturarbeiten wurde auch der Winkel des Dachstuhles erhöht, um Regen und Schnee besser abwehren zu können.

Während des Spanischen Erbfolgekrieges, 1700—1703, wurde das Schlößl in einen Paß umgewandelt und der Landschaft übergeben, die 2 Soldaten zum Streifengehen dorthin verlegte. Die Meierei blieb dem Pfleger von Lofer als Teil seiner Besoldung. Da die Bewirtschaftung wenig Ertrag brachte, versuchte die Witwe nach dem Pfleger Motzl den Meierhof als Zulehen zu ihrem Gut Grubhof zu erwerben. Die Hofkammer durchschaute ihren Hintergedanken bezüglich des dazugehörigen Waldes und lehnte den Verkauf ab (vgl. Grubhof).

Im 18. Jh. hatte nur Unterluftenstein als Zwischen- und Beimaut Bedeutung. An dieser Stelle konnte das Salz, das über den Hirschbichl kam (s.d.) und nach Tirol geliefert werden sollte, ebenso einer Zwischenkontrolle unterzogen werden wie die Bierfuhren in den Pinzgau. Obwohl bereits 1734 angesucht worden war, das baufällige Mauthaus ,,beim Schrankbaum am Hochanger bei St. Martin" zu versetzen, weil es an der Hinterseite rund 2 m tief am Berg stand und daher alles feucht war, wurde dieser Zustand erst 1974 verändert. Das alte Mauerwerk an der Rückseite des Hauses war bis dahin noch sichtbar.

Schloß und Paß Luftenstein blieben unter dem Kommando eines Korporals. 1778 dachte der Hofkriegsrat nicht daran, die Befestigungsanlage — gemäß den Wünschen der Landschaft — wegen der geringen Besatzung aufzugeben. Die Berechtigung für die hohen Erhaltungskosten dieser Binnenverteidigungslinie erwies sich in den Franzosenkriegen, als um die Stellungen in Luftenstein heftig gekämpft wurde. Nach der Eroberung ließen Bayern und Franzosen 1809 die Festungswerke schleifen. Die Reste von Schloß und Paß hätten eine gründliche Untersuchung verlangt, ebenso wie die Schanzmauern an der Saalach und gegen die Bergseite im Westen. Der Straßenverkehr hat hier 1974 ein Stück rekonstruierbare Vergangenheit zerstört, wie auch die Vorwerke und Schanzanlagen am rechten Saalachufer ohne die nötige Vermessung vor einiger Zeit eingeebnet wurden.

(Franz.Kat; SLA, Laa XIV/45; Geh.A. XXV/M 25; HK Lofer 1579/H, 1601/D, 1634/G, 1643/J, 1645/K, 1658/N, 1664/C,N, 1666/G, 1671/L, 1674/M, 1676/1/Q, /2/B, 1678/2/B, 1707/J, 1708/1/D, 1709/1, 1712/1/D, 1713/2/H, 1737/1/A, 1740/2/B, 1743/2/G, 1749/3/C, 1805/3/b. — SUB 1, 839 Nr. 130; 4, 11 Nr. 12, 120 Nr. 112b; AB II Nr. 570; U 6 fol. 147, U 103a fol. 2; Hübner III/2, 634, 660; Koch-Sternfeld, Saaleck 116; Dürlinger, Pi 209; Ecker 144 m. Abb.; ÖKT XXV 129; Lahnsteiner, MP 34, 378; HiSt II 362; Versuch einer Rekonstruktion im Besitz von Baumeister W. Steiner, Lofer; F.Z.)

3. SAALEGG (KG. Obsthurn EZ. 10, Gp. 23/a)
Im Stockurbar Lofer von 1606 muß der Besitzer des Gutes Grundt (heute Heitzmann, Hs. Nr. 11) 4 Groschen *von wegen des abkhomenen Schlössels Sallegg, so daselbs gestanndten* zahlen, der Saalegger Bauer besaß damals eine ,,Peunten unndter dem Purgckhstall Sallegg".

## SAALEGG

In unmittelbarer Nähe des Eingangs zum Lamprechtsofenloch, in dem nach der Sage die Tochter des Ritters Lamprecht einen Schatz hütet, blicken von einer Felsnase, in rund 150 m Höhe, die Reste der Burg Saalegg auf die Mittelpinzgauer Bundesstraße herab.

Die Ruine ist nur auf einem schmalen Fußpfad über schwer zugängliches Gelände durch den sog. Schlößlwald erreichbar. Hübner sah 1796 ein „von Kalkstein-Quadern überaus tief aufgeführtes Grundgebäude, worauf ein hoher viereckichter Thurm mit vielen Außenwerken emporgeraget und das ganze Thal beherrschet haben muß". Von hier aus konnte man die Wege nach Luftenstein (s.d.) durch den Schiedgraben bzw. vom Hirschbühel (s.d.) übersehen. Auch der Zugang zum Paß Strub (s.d.), der durch den Schiedgraben umgangen werden konnte, war von Saalegg aus abzusichern.

Die erste urkundliche Nennung eines Saaleggers stammt möglicherweise aus der Zeit von 1147—1167. Damals bezeugte *Engilpreth de Sale* die Seelgerätstiftung eines Hochstiftsministerialen in Niedernsill. Gegen E. d. Jh. war Dietricus de Salek Zeuge, als der Edelfreie Haitfolch v. Velben im Auftrag des Gf. Heinrich v. Mittersill eine Frau dem Stift Berchtesgaden übergab. Als Konrad v. Walchen (s.d.) nach dem Tod des Ortolf v. Saalfelden 1197 das Gut Niederheim an Berchtesgaden zurückgab, scheint „Perhtold de Salecke" an 5. Stelle der Zeugenliste nach dem Urbarpropst von Plain auf. Perhtold de Salek und sein Sohn Pilgrim, der wohl mit Pilgrim v. Waidring identisch ist, bezeugten um 1215, daß ihr Herr, Gf. Konrad v. Plain, keine Rechte gegenüber dem Stift Berchtesgaden geltend machen konnte. In der Rangliste folgten hier die Saalegger an 3. Stelle auf die Plainer Burggrafen und Konrad v. Högl.

Die Trennung zwischen den Herren von Saalegg, Dienstmannen der Plainer Grafen, und ihren Bauern auf dem Gut Saalegg ist schwierig. In d. 2. H. d. 12. Jh. übergab Pilgrim v. Waidring einen Hof an das Stift Berchtesgaden. Die Zeugenreihe mit Heinrich, Pfarrer von Lofer, Gerung, Knecht des Grafen von Sulzbach, Haicemann (!) und Degenhard v. Weißbach, Gebolf v. Salekke, Knecht des Pilgrim v. Waidring, Pero v. Lofer und Uzo v. Strubouel (Strohwolln) gibt einen deutlichen Hinweis auf die Existenz des Bauernhofes, der die wirtschaftliche Grundlage für den auf längere Zeit nicht bewohnbaren und mit Pferden nicht erreichbaren Turm zu Saalegg bildete.

Albero und Otto v. Walchen kauften Saalegg um d. M. d. 13. Jh. von den Erben des Pilgrim v. Waidring. Im Streit zwischen den Brüdern verklagte Albero seinen älteren Bruder, daß er ihm die ,,purch datz Salekk'' weggenommen habe, obwohl sie von beiden gemeinsam angekauft worden war. Schließlich verzichtete Albero v. Walchen 1281 auf die Burg Saalegg und Waidring zugunsten Ottos, da er nicht nachweisen konnte, daß er — wie sein Bruder — als Burggraf mit der Plainburg und Saalegg belehnt worden war.

Ottos Tochter Elspet, die 1297 Ulrich v. Freuntsperg heiratete, verzichtete auf ihr väterliches Erbe und übergab es dem Erzstift Salzburg. Daraufhin wurde Konrad v. Ramseiden (s.d.) mit Saalegg belehnt. 1326 ist er urkundlich als Burggraf belegt, ebenso 1330. Aus d. 1. H. d. 14. Jh. ist der 1. Kastellan von Saalegg namentlich überliefert. Nycolaus, Kastellan auf Saalegg, mußte Abgaben für ein Haus und das Burglehen unter der Burg leisten. Das Burglehen unter der Burg ,,Saleck'' war um 1400 schließlich im Besitz von Martin Gruntter, mit dessen Gut Grundt die Burg Saalegg von da an in den Urbaren gemeinsam geführt wurde.

(SUB 1, 425 Nr. 318; SUB 2, 664 Nr. 491, 690 Nr. 511, 726 Nr. 533; SUB 3, 188 Nr. 681; SUB 4, 120 Nr. 112b, 124 Nr. 112d; Martin, Reg II Nr. 358f; III Nr. 541, 755; Urbarium ducatus Baiuwariae posterius 1269/71 in: Mon.Boica 36 (1852) S. 247; SLA, U 6 fol. 145; U 7 fol. 132' Nr. 86; U 103/a fol. 41f; Hübner III/2, 635; Koch-Sternfeld, Saaleck 115ff; Sbg.Int.Bl. 1805 Nr. 49 p. 764; M. Waenzler, Saaleck, in: Amts- u. Int.Bl. z. Sbg.Ztg. 1837 p. 1579, 1603; F.A.J., Nachtrag zu den . . . Nachrichten über die alte Veste Salegg und das Geschlecht der Salegger, ebda 1839, 40; Dürlinger, Pi 42, 217f; ÖKT XXV 182; Lahnsteiner, MP 375f; F.Z.)


S T U H L F E L D E N  (Mittersill)
1. LICHTENAU (Stuhlfelden Hs. Nr. 23)
Inmitten des Ortes Stuhlfelden steht der markante Baukörper des *Schlosses Lichtenau,* der mit seinen 4 Geschossen, dem hohen Walmdach und den 5 Aufsatztürmchen die anderen Objekte weit überragt. Lichtenau stellt ein typisches Beispiel eines Salzburger Ansitzes dar.

1506 wurde das Schloß von *Wilhelm Rosenberger v. Rosenegg,* Gewerke in Tirol und Pinzgau, erbaut (siehe auch Zell am See: Rosenberg). Die Wappen der Herren von Törring und von Lamberg oberhalb des Portals sind heute nicht mehr erhalten, sie deuteten aber darauf hin, daß das Schloß im 16. Jh. im Besitz dieser Herren war, obwohl eine urkundliche Bestätigung dieser Besitzverhältnisse bisher nicht gelingen konnte.

1624 bringt Christoph Khuen v. Belasy das Schloß in seine heutige Gestalt: Ein würfeliger Baukörper mit hohem Walmdach und seinen 4 Ecktürmchen sowie je einem Mitteltürmchen an der Haupt- und Rückfassade entsteht. Lichtenau ist das einzige Beispiel eines Ansitzes in Salzburg mit ursprünglich 6 Aufsatztürmchen.

Bis 1663 bleibt Lichtenau im Besitz der Khuen v. Belasy. In diesem Jahr geht der ,,Herrensitz Lichtenau, so freyletig Aigen'' durch Kauf an Georg Thomas Perger v. Emslieb, Pfleger zu Mittersill und Urbarpropst des Kellenamtes Stuhlfelden, über. 1676

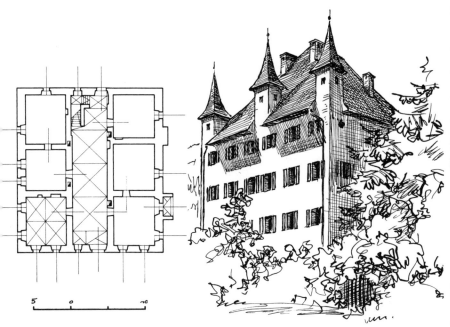

Erdgeschoß, LICHTENAU

kauft es Johann Josef Gf. Kuenberg, der es im selben Jahr um 3000 Gulden dem Sbg.
EB. Max Gandolph überläßt, der hier Wohnungen, u.a. für den Unterwaldmeister des
Pinzgaues, errichtet, ,,damit benanntes Schlössl bewohnt und nicht ganz leerstehen''
soll. Lichtenau bleibt bis 1811 landesfürstlicher Besitz als Amtsgebäude mit
dazugehörigen Wohnungen. Zwischen 1811 und 1816 untersteht es der Verwaltung des
königlich-bayerischen Rentamtes, anschließend wird die k.k. Forstverwaltung
hineinverlegt. 1902 kauft es Alfred Frh. Plappart v. Leenheer. Nach raschem
Besitzerwechsel erwirbt es 1930 die Congregation der Brüder der christlichen Schulen
aus Wien und richtet hier eine Privat-Hauptschule ein. Im Zuge der
Adaptierungsarbeiten wird das Dachgeschoß ausgebaut, nachdem schon vorher aus
statischen Gründen der rückwärtige, mittlere Turm entfernt worden war. 1959 kauft die
Kirche Stuhlfelden das Schloß und betreibt darin ein Heim mit Schulungszentrum.
(Grundb. KG. Stuhlfelden, EZ. 242; HK Mittersill, 1683 bis 1793; HK Mittersill 1773,
lit. E mit Plänen, ebenso 1793, lit. B, mit Plänen; Pfleg Mittersill, Gebäusachen 61
(1678); Geh.A. XXV/K-26, K 27/1; Hs. 129 (1763) S. 44; Bibl.St.Peter, Hs.Ebner XVIII
141, XIX 94; Sbg.Int.Bl. 25.10.1800, S. 678 u. 26.11.1808, S 833; Kürsinger, OP 25;
MZK 1912, III. F., Bd. XI 251; ÖKT XXV 63; Lahnsteiner, OP 528; Dehio 115; W.S.)
2. LABACH (LAMBACH, LABENBACH)
(Stuhlfelden-Wilhelmsdorf, Labach Hs. Nr. 1)
Westlich der Ortschaft Wilhelmsdorf liegt am Rande des Salzachtales weithin sichtbar
der hohe Mauerwerksbau des *Schlosses Labach,* der eher an ein übergroßes, stattliches
Bauernhaus erinnert. Außer den zahlreichen, wuchtigen Gewölben im Hause sind vor
allem die Kapelle und schön getäfelte Stuben mit altem Inventar sehenswert.

## LABACH

Schon 1352 wird das *Gut Lopach* erwähnt, als es EB. Eberhard an seinen Bruder
Heinrich verkauft. 1393 stiftet EB. Pilgrim ,,das guet ze Lobach, da Andre aufsitzt'',
zum St.-Ubald-Altar im Salzburger Dom als Benefizium. Die folgenden Besitzer sind:
1410 Nikolaus Köll; 1465 Zacherl; um 1490 Peter Chlamer; um 1510 Erasmus v.
Moslehen; um 1520 Wolfgang Gauter; 1523 Andreas Entgasser, genannt der
,,Lappacher''. Von ihm ging Labach an Melchior Welser und seine Frau Emerenz
Oberndorfferin, die das Objekt in seine heutige Gestalt bringen. Davon berichtet eine
Rotmarmortafel mit Allianzwappen und folgender Inschrift: ,,Dies Haus haben
Melchior Welser, Khellner zu Stuelfelden und Emerenz Oberndorfferin sein Hausfrau
mit Gotts Segen ihren Erben und Nachkommen erbaut 1591.'' Auf Melchior folgen
Abraham Welser und dessen Sohn Adam Welser zu Labenbach und Wagrain. 1680 wird
das Schloß von den völlig verarmten Erben an Martin Doldy von Purk bei Mittersill
verkauft. Der ehemals große Grundbesitz um Labach war schon vorher großteils
verstuckt worden. Zum Sitz zählten nur noch wenige Wald- und Wiesengrundstücke.
Die mj. Kinder des Martin Doldy verkauften 1681 an Bartlme Perger und seine Frau,
welche den Besitz 1685 an Ruep Prießler vom Lechen in Mittersill und seine Frau
weiterverkaufen. 1695 erfolgt die Übergabe an Maria Anna, geb. v. Prochenberg, und
ihren Mann Martin Löcker v. Kronenkreuz, Gerichtsschreiber und Umgelter zu
Mittersill. In der originalen Pergamenturkunde heißt es dazu: ,,. . . den adelichen Siz
und ganz gemauerte große Behausung zu Labmpach genat, so mit einer absonderlichen
Mauer umbgeben . . .'' 1699 wurde die Kapelle mit einem Barockaltar geschmückt, der
die beiden Wappen Kronenkreuz-Prochenperg an den Konsolen des Aufbaues trägt.
Nur noch ein kleiner rechteckiger, reich geschnitzter Wandschmuck erinnert seitdem an
die mittelalterliche Ausstattung der Kapelle.
1707 übernimmt der Sohn Martin Löckers, Martin, den Besitz, stirbt aber kinderlos.
Seine Witwe verkauft das Schloß 1751 um 600 Gulden an Josef Jell, der aber schon 1755
stirbt. Seine Erben sind seine Eltern: Der Vater Josef Jell, hochfürstlicher sbg.
Oberwaldmeister im Pinzgau (sein Bild ist im Schloß noch erhalten), und seine Mutter
Maria Marschallerin. Sie verkaufen Labach 1765 an den Bauern Bartlme Pfeffer. Von
nun an bleibt Labach in bäuerlichen Händen: 1771 Maria Scharler, dann ihre Tochter
Gertraud Scharler; 1790 kaufen es Johann Hölzl und seine Frau, dem sein Sohn Johann

folgt; 1851 erhält seine Nichte Eva Hölzl das Schloß, die noch im selben Jahr Matthias Lemberger heiratet. Bis heute befindet sich Schloß Labach im Besitz der Fam. Lemberger.

(Grundb. KG. Stuhlfelden, EZ. 23; SLA, U 1035, f. 4; U 454 (1465); U 455/a, f. 19; U 456, f. 17; U 457/a, f. 20; AL 1634—1644; Hieron.Prot. Nr. 369; Hieron.Kat. Nr. 119 u. 120, S. 1060; F. Martin, Hauschronik v. Labach (1921); Bibl.St.Peter, Hs.Ebner XVIII 142; XIX 153 (Kapelle); Kürsinger, OP 26; JB.SMCA 1853, 77; Sbg.Int.Bl. 1808, 873; Pachmann 114; ÖKT XXV 88; Dehio 115; W.S.)

## 3. SITZ ZU STUHLFELDEN

Die Lage des Turms zu Stuhlfelden konnte nicht festgestellt werden, obwohl der Geländename *Burgwies* das Vorhandensein einer Burg annehmen läßt. Vielleicht ist der *Sitz zu Stulvelden,* wie er im Lehenbuch 5 (1461—66) bezeichnet wird, der Vorgängerbau von Schloß Lichtenau (s.d.).

Genannt sind *Hans v. Stuelvelden* (1404, 1433, 1465), Florian Stulfelder (1461, 1484), Rueprecht v. Stuhlfelden (1484, 1490) und Primus Stuelfelder (1477, 1499). Hans war 1433 Pfleger auf Sulzau (s.d.), Florian erhielt 1454 den Weyerturm in Bramberg von den Bischöfen von Chiemsee zu Lehen. Im Amt des Pflegers auf Weyer (s.d.) folgte ihm Primus Stuelvelder, der als solcher u. a. 1493 urkundlich erwähnt wird, nach.

(SLA, LB 5, 1461—66, fol. 50', 6, 1466—1484, fol. 1; AB. II, Nr. 434p, 445, 449, 453, 458, 460f., 526, 599, 606, 610, 613f; F.Z.)

# T A X E N B A C H  (Marktgemeinde/Taxenbach)

## 1. PENNINGHOF (SITZ OBKIRCHEN)

(Taxenbach-Gschwandtnerberg Hs. Nr. 17)

Weithin sichtbar steht auf einer kleinen Hangterrasse oberhalb der Pfarrkirche von Taxenbach der einfache und schmucklose Bau des *Penninghofes.* Heute als Bauernhof in Verwendung, zählt dieses Bauwerk trotz des Fehlens der für Salzburg und gerade den Pinzgau so typischen Eckerker oder Ecktürmchen zu den echten Salzburger Ansitzen. Der N-S-gerichtete Bau mit seinen 3 Geschossen wird von einem Satteldach mit beidseitigem Schopf bekrönt. Das Erdgeschoß zeigt z. T. noch die spätgotischen Fenster- und Türgewände mit ihren abgefasten Leibungen aus Stein. Oberhalb des

Einganges sind noch die Reste eines gemalten Wappens der Penninger sichtbar. Durch wiederholte Brände, der letzte davon erst vor einigen Jahren, war es notwendig, weite Teile des Hauses im Inneren und Äußeren zu erneuern, so daß heute ein etwas verfälschter Eindruck über dieses Schlößchen entstehen könnte.

Die frühesten Nachrichten reichen in die Jahre 1427 bis 1429 zurück: Hans Strasser zu Straß hat ein eb. Lehen, ,,ain gut genant Obkirchen gelegen in Tachsenpacher gericht" inne. Derselbe Hans übergibt diesen Hof als Morgengabe 1433 an seine Hausfrau Margaretha, Tochter des Mathensen des Thürndl. Nach dem Tod des Hans Strasser verkaufen seine Witwe und Elspet Hoflingerin das Gut an die mj. Kinder des Michael Emhofer, deren Lehensträger Wilhelm Penninger ist. In dieser Funktion wird er in der Zeit zwischen 1466 und 1484 wiederholt genannt, doch vor 1490 geht das Gut gänzlich in seinen Besitz über. Ihm folgen Ulrich Penninger, verh. mit Ursula, und dessen Bruder Andreas gemeinsam. Zwischen 1540 und 1550 erbt Gottfried Penninger, der Sohn des Ulrich, den Hof. Gottfried, verh. mit Anna, geb. Kölderer zu Höch (s.d.), stirbt 1592 und wird von Constantin Penninger beerbt. 1613 wird unter Wilhelm Penninger, ein Bruder des verstorbenen Constantin, der Hof erstmals als *Edelmannsitz zu Obkirchen* bezeichnet, den Jakob Wilpenhofer zu Lerchen (Radstadt, s.d.) erwirbt. 1624 gelingt es Abel Wilpenhofer zu Lerchen und Obkirchen, salzburgischer Kastner zu Judenburg, eine Einfang-Bewilligung vom Erzbischof zu erreichen. 1629 verkaufen die Erben nach dem verstorbenen Abel Wilpenhofer das ,,Schlößl Penningperg" an Johann Baptist Voglmayr, Land- und Bergrichter in der Rauris. 1649 verkaufen seine Kinder das Schloß an das Lodronsche Collegium Marianum zu Salzburg, welches die Grundherrschaft 1654 dazuerwirbt. Die ab 1665 folgenden Besitzer verwenden den Penninghof als Wohnhaus, später dann als Bauernhaus: 1665 Ulrich Schläffer, Bürger und Schwarzfärber zu Taxenbach; 1692 sein Sohn Christian, dessen Sohn 1726 übernimmt; 1773 Simon, der Sohn des Hans Schläffer; 1810 dessen Sohn Alexander Schläffer. 1842 kauft der Taxwirt zu Taxenbach das Schlößl (Peter Gschwandtner), der 1879 von seinen 3 Stieftöchtern beerbt wird: Julie, Maria und Anna Straubinger. Sie verkaufen 1887 den gesamten Besitz an Peter Schernthaner, dessen Nachkommen (1912 Sohn Peter, 1941 dessen Sohn Peter, seit 1965 Elisabeth) den Hof heute noch innehaben. (Grundb. KG. Taxenbach, EZ. 89; SLA, Gf. Lodron Coll. Marianum f. 1; U 922 f. 122; LB 2, f. 3; LB 5, f. 60; LB 6, f. 1'; LB 8, f. 6; LA 135, 156, 208; HHSTA, OUrk. 1386, 1448, 1455, 1529; Hieron.Kat. Tax. I f. 23, 277; Wst. 1654, 1688; AL 1624—1649; U 593, f. 1/25; U 917 f. 1; Sbg.Int.Bl. 1809, 271; Hübner III/2, 571; ÖKT XXV 243; W.S.)

## 2. EDTBURG (KG. Wolfbachthal, Gp. 870)

Die Taxenbacher Enge war schon in vorgeschichtlicher Zeit besiedelt, wie u. a. die Funde in Högmoos am Kleinen Sonnberg am sog. Hubertauern zeigen. Die Römer benützten die Straße auf der Hochterrasse am rechten Salzachufer, von wo sie nach Rauris bzw. über Embach nach Gastein gehen konnten. Beim Rieslehen in Höf Nr. 12 wurde ein Grabstein gefunden, am benachbarten Wanglergut vermutete Lahnsteiner eine Befestigungsanlage.

Auf der Landzunge zwischen Salzach und Einmündung der Rauriser Ache wurden auf dem Hügel beim Edt-Gut (Höf Nr. 30) Scherben aus der Bronzezeit gefunden. Der *Edter Schloßberg* erhebt sich ca. 70 m über das Salzachtal. Von diesem Platz aus konnten sowohl die Salzach wie auch der am Edt-Gut vorbeiführende Weg mit einem Übergang über die Rauriser Ache in Richtung Embach gesichert werden. Auf dem Plateau des Schloßberges sind im NO zwei Fundamente von je $6 \times 4,5$, im W von $9 \times 9$ m zu erkennen.

Um 963 gab die Edle Frau Rosmout eine Hube bei Taxenbach mit dem Wald, der sich am linken Salzachufer vom Erlbach (n. Fischhorn) bis Dienten, am rechten Ufer von

Fusch bis zur Mündung der Gasteiner Ache erstreckte, an EB. Friedrich. Dieser Forst entsprach dem späteren Landgericht Taxenbach.

In d. 2. H. d. 12. Jh. werden in einer Urkunde des Gf. Konrad v. Sulzau (s.d.) unter den Zeugen Magens, Chonradus u. Arnoldus de Taxenbach genannt, wohl Burgmannen auf der Burg von Taxenbach. Nach der 1228 erfolgten Belehnung mit dem Pinzgau durch das Reich konnte EB. Eberhard II. 1231 von ,,seinem Landgericht Taxenbach'' sprechen, das die Brüder During und Ortolf v. Steveningen in einzelnen Jahren zweimal rechtmäßig innehatten.

In d. 2. H. d. 13. Jh. waren die Goldegger mit dem Gericht in Taxenbach belehnt. 1293 bestätigte EB. Konrad, daß Otto v. Goldegg seiner Gattin Elisabeth v. Stubenberg u. a. Gütern das ,,Edtlehen'' und ,,Taxenbach die Burg'' als Morgengabe überschreiben hat lassen. In Fortsetzung der Tendenz der Erzbischöfe, die großen Ministerialenburgen in die Hand zu bekommen, kaufte EB. Weikhart 1314 Burg und Gericht Taxenbach von Wulfing v. Goldegg, mit Zustimmung von dessen Gattin Margarethe, zunächst für 4 Jahre um 800 Pfund. Im 5. Jahr sollte der Goldegger den Rückkauf durchführen können, bei Verstreichen der Frist jedoch Burg und Gericht dem Erzbischof zufallen.

Im Deutschen Thronstreit, der 1322 in der Schlacht von Mühldorf einen Höhepunkt erreichte, ergriff der Goldegger — gegen den Erzbischof — die Partei von Ludwig dem Bayern, was zur Zerstörung der Edtburg führte (s. Goldegg). Deshalb verkaufte Wulfing v. Goldegg 1323 ,,daz new und daz alt Purchstal und Gericht zu Tachsenpach'', die er und seine Vorfahren vom Erzstift zu Lehen hatten, um 2500 Pfund an EB. Friedrich, mit Ausnahme des dazugehörigen Forstes. Er verzichtete auf Schadenersatz für seine zerstörte Burg in Taxenbach und auf jeden Einspruch gegen die vom Erzbischof neu erbaute Burg, ungeachtet, ob dieser das Recht zum Bauen hatte oder nicht. Das war das Ende der Edtburg.

(SUB 1, 173, 666 Nr. 174; 2 Nr. 340; 3 Nr. 861; 4, S. 77 Nr. 76; Martin, Reg. II Nr. 182, 1182; III Nr. 348 = SUB 4, 340 Nr. 297; Nr. 352, 539 = SUB 4, 359 Nr. 316; Bibl.St.Peter, Hs.Ebner XIX 36 m. Lageskizze; Dürlinger, Pi 43, 258; Hell, Siedlungsfunde der Urnenfelderzeit bei Högmoos im sbg. Pinzgau, in: Arch. Austr. 7 (1950) 70; Lahnsteiner, UP 223; F.Z.)


3. BURG TAXENBACH (KG. Taxenbach EZ. 56, Bp. 55 mit Schloßruine 1952 zu EZ. 225; Markt Hs. Nr. 2)

Nach dem Ankauf des Gerichtes Taxenbach und der Zerstörung der Edtburg benötigte der Erzbischof eine Burg zur Sicherung des neuerworbenen Gebietes. Da er keinen geeigneteren Platz als den Dechantshofbühel zum Schutz des Marktes und der Achenübergänge — fast genau gegenüber der Edtburg — haben konnte, tauschte EB. Friedrich 1325 mit dem Pfarrer von Taxenbach für ein Gut in Dienten den Berg (supra forum in T.) mit den dazugehörigen Äckern, Wäldern und Weiden auf beiden Seiten der Landstraße (ex utraque parte vie communis). Da er damit auch Grundstücke n. der alten Straße erhielt, konnte hier in den Jahren 1767/68 das neue Pfleggerichtsgebäude (Markt Nr. 1) erbaut werden. In der Nähe der 1710 errichteten Dreifaltigkeitskapelle läßt der Flurname *Thurnfeld* die Annahme einer Wehranlage beim heutigen Bezirksgericht zu, das in einer Straßengabelung errichtet wurde.

Von der neuen Burg in Taxenbach aus wurde ab 1325 das Pfleggericht verwaltet. Sie beherbergte außer dem Pfleger auch den Gerichtsschreiber und die Gefängnisse. Aus 1412 wissen wir, daß Gilig der Kräml im Turm zu T. eingesperrt gewesen war.

Im Bauernkrieg von 1526 wurde die Burg zerstört, mußte aber von den Bauern wieder aufgebaut werden. Gegen E. d. 16. Jh. war die Wasserleitung, die in 220 Brunnröhren das Wasser zur Burg beförderte, gänzlich verfallen. 1606 lautete die Beschreibung: ,,Schloss Tächsenpach ist blöslich ein Thurn, welcher nit allain im Tach, sonnder auch im Gemeyer aller pauföllig, dabey ain claines Höfl, mit ainem Rinkmeyerl eingefangen, in welchem ain Rosställel auf zway Pfert." Unterhalb des Turmes war die alte, baufällige Meierei, zu der „Turnveld, Oberveld und Mitterleuten" gehörten. Die übrigen Felder waren wegen der starken Rauchentwicklung entlang der Salzach vom Hüttenwerk in Lend her unfruchtbar. Durch häufige Hochwässer, das Holztriften oder Niederwasser konnte in der Salzach nicht gefischt werden.

EB. Markus Sittikus befahl 1615 — nach einer Eingabe der Marktbürger —, daß der Pfleger wieder selbst auf der Burg wohnen müsse, damit auf diese Weise der weitere Verfall der öffentlichen Bauten verhindert werden könne. Nach dem Marktbrand von 1622 wurde das dortige Amtshaus wieder aufgebaut, das seit 1657 der Gerichtsschreiber bewohnte. In d. M. d. 17. Jh. wurden große Sprünge in Küche, Keller und Gewölben der Burg festgestellt. 1669 schickte der Pfleger eine Liste der Baufälligkeiten an die Hofkammer, wobei er bemerkte, daß die Burg „ain uralts Gepey, gleich wie ain Thurn" sei. Oberhalb des Tores gegen den Markt zu war ein großes Fresko mit dem Wappen von EB. Paris Lodron „in Wasserfarben" angebracht, das völlig verblaßt war. Deshalb bat der Pfleger, das Wappen „in Ölfarben" erneuern zu dürfen, da die Bevölkerung EB. Paris ein dankbares Andenken bewahre.

1673 wurden die Mauern der Burg verstärkt und abgesichert sowie das Archiv eingebaut. Im Herbst 1690 verursachte ein Erdbeben große Schäden, so daß in den letzten 10 Jahren des 17. Jh. umfangreiche Sanierungsmaßnahmen durchgeführt wurden. Das ganze Gebäude wurde mit Glasfenstern versehen. Im Wohnzimmer des Pflegers wurden z. B. 4 Fenster mit Bruchscheiben zu je 90 Stück verglast, 2 Scheinfenster wurden mit 177 Bruchscheiben versehen. Ebenso wurden Backofen und Bad hergerichtet. Aus den Inventaren dieser Jahre geht hervor, daß die Burg verhältnismäßig gut bewaffnet war, im Depot lagen u. a. 100 Musketen. Von der dazugehörigen Munition fehlte allerdings der größere Teil, weil sie wohl zum Wildern verwendet worden war. Zur Zeit der Protestanten-Emigration 1731/33 wurde der Bau eines Blockhauses von der für militärische Belange zuständigen Landschaft erwogen, da die Burg seit 1686 ausschließlich der Hofkammer (Finanzverwaltung) zur Verfügung stand.

Aus einem Inventar von 1764 erfahren wir, daß im Amtshaus im Markt die eiserne Kassa, das Szepter zur Abhaltung des Landrechts, die Goldwaage u.a.m. aufbewahrt wurden. Im Schloß befanden sich das Archiv, in dem auch die alte Land-Fahne hing, sowie die Rüstkammer und die Wohnung des Gerichtsschreibers.

Mit dem Neubau des Pfleggerichtes übersiedelte der Pfleger 1768 dorthin (Markt Nr. 1), wo ihm damals eine schöne Gartenanlage zur Verfügung stand.

1809 wurde in der Umgebung von Taxenbach heftig gekämpft. 400 Pinzgauer Bauern unter Anton Wallner hinderten die bayerische Division Deroy, nach dem Fall des Paß Lueg, einen Tag lang am Vormarsch in Richtung Tirol.

Im Anschluß daran kam Salzburg zu Bayern. Die königlich-bayerische Finanzdirektion des Salzachkreises versteigerte schließlich am 20. I. 1812 das Schloß Taxenbach mit Garten, Schattfeld, Schloßhalten und Schloßgraben sowie das Hoffeld mit Stadel, Stallung, Getreidekasten und untermauerter Waschhütte. Diese Liegenschaften erwarb Johann Rathgeb um 1080 fl. Im Nov. 1872 brannte das Schloß ab, Steine wurden zum Schulbau verwendet. Um 1960 hatte die Ruine noch das Ausmaß von $15 \times 46 \times 19 \times 46$ m. Die Mauern standen noch bis in 5 m Höhe. Seither entstand in den alten Grundmauern ein Neubau.

(Franz.Kat; SLA, K. u. R. F 16; Photo v. ca. 1880; Martin, Reg. III Nr. 539 = SUB 4 359 Nr. 316; AB II Nr. 642; SLA, U 180 fol. 3; Hieron.Kat. Taxenbach I fol. 29; Pfleg. Taxenbach: Kameralgebäude 1—7 (m. Detailplan v. 1696); HK — ex offo 1, Kommissions-Sachen 1, 2, 5, 7, 17; Laa XIV/58; Hübner III/2, 552, 566, 570; Amt- u. Int.Bl. 1811 Nr. 102; Augustin 83; Dürlinger, Pi 43, 258; Bibl.St.Peter, Hs.Ebner XIX

36 m.. Lageskizze; ÖKT XXV 242; Lahnsteiner, UP 226; HiSt II 384; Sbg.Vbl. 8.1.,
9.7.1969; F.Z.)

## 4. ESCHENAU

Der sog. *Gollegger Schachen*, östlich der Ortschaft Eschenau in Richtung Dientner
Bach, soll auf eine Burg der Goldegger hinweisen, die der Familie den Namen gegeben
hat.
Der Zehent zu Eschenau wurde aber von den Bischöfen von Chiemsee den Walchern
und, nach ihnen durch Heirat, 1341 den Radeggern (vgl. Radegg bei Salzburg) verliehen.
Gegen diese Lokalisierung der Stammburg der Goldegger spricht vor allem eine —
vermutlich von Jörg Költerer gezeichnete — Straßenkarte aus der Zeit vor 1542, auf der
w. der Einmündung der Gasteiner Ache in die Salzach das ,,recht Goldek"
eingezeichnet ist (s. Edtburg ,,daz new u. dez alt Purchstal").
Die 2. Burg soll beim Gut Neuhaus in fast 1000 m Höhe gestanden sein. Allerdings
spricht nur die Bezeichnung ,,Burgstall" für einen künstlich eingeebneten Platz von
28 m Länge für diese Annahme Lahnsteiners.
(ÖK 124/4; SUB 2, Nr. 157; 4, Nr. 384; SLA, HK Gastein 1542/F m. Karte; Dürlinger,
Pi 43; Lahnsteiner, UP 282; Klein, Von der alten Gasteiner Straße, in: Badgasteiner
Badebl. 19 (1959) 157; F.Z.)

U N K E N  (Saalfelden am Steinernen Meer, alt: Lofer)

## 1. KNIEPASS (Unkenberg Hs. Nr. 1; KG. Gföll Bp. 12, 13)

An der Bundesstraße 1 liegt 2 km sw. von Unken die Bergfestung Kniepaß.
Der Platz ist an historischem Fundmaterial sehr reich. Etwa 15 m über dem heutigen
Straßenniveau wurden in Nischen bronzezeitliche Siedlungsspuren gefunden. Tongefä-
ße d. 9. u. 10. Jh. bezeugen die Verteidigungsanlage für das frühe Mittelalter. 1350 wird
die Talsperre als *Chniepoz* genannt. Bedingt durch die ständigen Überschwemmungen
der Saalach wurde die Straße 1614 nach einem Gutachten des Hofbaumeisters Santino
Solari in den Fels gehauen und damit auf ihr heutiges Niveau verlegt. Die Bauinschrift
ist noch vorhanden: ,,Marcus Sitticus ex comitibus in Altaemps, archiepiscopus Salis-
burgensis et princeps, viam hanc ad perpetuam firmitatem publicae comoditati e durissi-
mo silice aperuit anno Dni. et praesulatus II. MDCXIIII."
Die Festung wird von einer ca. 2,5 m hohen Mauer umschlossen. Der ursprüngliche
Eingang durch das gemauerte, kleine Blockhaus im W kann derzeit nicht begangen werden. Man gelangt durch das ehem. Ausfalltor im O in das Innere des Forts. Die ehemals
vorhandenen Stiegen wurden 1648 durch ein ca. 4 m langes Steingewölbe unter einem
Erdwall geschützt. Das große Blockhaus besteht aus einem ebenerdigen Teil mit der gewölbten Rauchküche und Schindeldach sowie dem Haupttrakt, der von einer starken
Umfassungsmauer umgeben ist. Unter dem Steildach befindet sich der Gang für die
Wachtposten. Im Inneren sind die Wohnräume in Blockbauweise ausgeführt, ebenerdig
die große Stube und Kammer für den Kommandanten, im Obergeschoß die Schlafkam-
mern für die Besatzung. Das steile Schindeldach ist in allen 4 Himmelsrichtungen mit
Schießscharten ausgestattet. Auf einem Plan der Festung im Hauptstaatsarchiv München ist das Sperrhaus im S und die 1673 neu erbaute Zisterne eingezeichnet. Von erste-
rem ist noch das Loch in der Schanzmauer vorhanden, der Brunnen war bereits um 1800
nicht mehr in Betrieb.
Am 5. VII. 1659 wollte Ehzg. Sigmund Franz die Brücke beim ,,Hollnreith" passieren.
Sie war aber zusammen mit dem darauf stehenden Wachthaus vom Hochwasser kurz
zuvor weggerissen worden. Anläßlich solcher Durchreisen von Potentaten hatten die
Paßbesatzungen Repräsentationspflichten zu erfüllen. Entlang des elliptischen Ravelins
im Kniepaß waren Holzbankette aufgestellt, auf denen dann zusätzlich 50 Mann be-

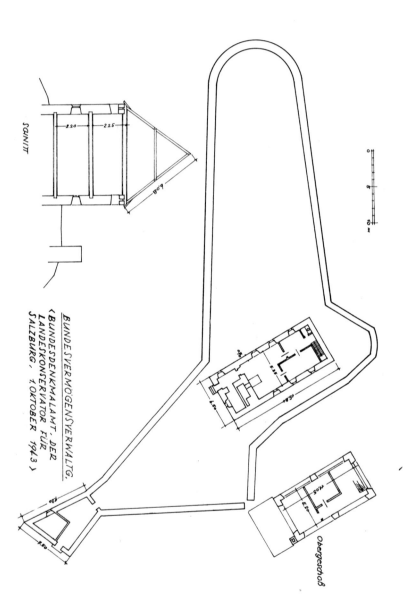

FESTUNG KNIEPASS IN UNKEN

SCHNITT

2.20  2.25

6.90

BUNDESVERMÖGENSVERWALTG.
‹ BUNDESDENKMALAMT, DER
LANDESKONSERVATOR FÜR
SALZBURG, 1. OKTOBER 1943 ›

Obergeschoß

**KNIEPASS**

waffnetes Landvolk zur Parade antreten mußten. Erst 1747 wurden die verfaulten Bankette auf Empfehlung des Artillerieleutnants Geyer entfernt.

1707 wollte die Landschaft alle überflüssigen Wehranlagen abtragen lassen. Erzbischof Johann Ernst Thun sprach sich dagegen aus. In den Kriegsjahren 1742 bis 1745 wurde der Kniepaß wieder mit Schützen besetzt. Anschließend hob der Hofkriegsrat die Paßfunktion auf, und die Landschaft überließ das Gebäude der Hofkammer gegen die Erhaltungskosten.

1766 bis 1794 bewohnte der Jäger und Unterwaldmeister von Unken den Paß. Als dieser auszog, wollte die Landschaft das ,,Überbleibsel der rohen Fehdejahre" verkaufen. Auf ein Gnadengesuch hin ließ EB. Hieronymus Colloredo den Verkauf zurückstellen. So konnte der Paß kurz darauf während der Franzosenkriege noch einmal seine Verteidigungsfunktion unter Beweis stellen. Als 1805 der Steinpaß nicht gehalten wurde, zog sich FM. Gf. St.Julien hinter den Kniepaß zurück. Am 25. IX. 1809 kam es im Zuge der großen Offensive Speckbachers gegen das bayerische Korps des Generals Rechberg auch zu schweren Kämpfen am Kniepaß, die hier anfänglich erfolgreich endeten.

Seither hat der Paß seine Funktion verloren. Er ist im Eigentum des Bundes. Da der Erhaltungszustand, wenn auch dringend renovierbedürftig, weitgehend gut ist, soll in ihm demnächst das Heimatmuseum Kniepaß untergebracht werden.

(SLA, U 6 fol. 144'; HK Lofer; Laa XIV/45; Hübner III/2, 640; Pillwein 506; Dürlinger, Pi 203; ÖKT XXV 177; Lahnsteiner, MP 509; HiSt II 351; Zaisberger 24.1., 7.2., 21.2., 7.3.1973; F.Z.)

## 2. OBERRAIN (SEIDLGUT) (Unken Hs. Nr. 8)

Das schloßartige Gebäude liegt an der Bundesstraße 1 s. von Unken und blickt von einer Anhöhe ins Saalachtal. Im alten Grundbuch lautet die Eintragung: *Das Seidlgut samt der Tafern am Oberrain, Hausnummer 8 in Unken.*

Bis 1848 war der Erzbischof von Salzburg Grundherr. Die Gastgewerbekonzession lag vor 1400 auf dem sog. Seidlgut. Dann wurde die eigentliche Taferne erbaut und die

Weinwirtsgerechtsame dorthin übertragen. Noch 1830 führte die Landstraße zwischen dem Bauernhof, der heute verschwunden ist, und der Taferne nach Süden.

Die ersten Besitzer waren zwischen 1400 und 1500 Stephan und seine Frau Margareth, deren Sohn Leonhard, dessen Tochter Margareth heiratete Petrus Teysteter; Konrad Kramer; Christan Seydl, dessen Sohn und Enkel Johannes; 1544 dessen Töchter Barbara und Ursula, Sebastian Widman, Pfarrer zu Taxenbach, 1546/47 dessen Söhne Johann und Mathias. 1564 Georg Entgruber. Er verkaufte die Taferne am 23. I. 1575 an Christian Wöhrminger und Veronika Dötlinger, das Seidlgut zu Jahresende an Stephan Underhager. Konrad Leyrer, Wirt in Unken, vereinigte den Besitz wieder; Salome Leyrer mit Paul Wäggerl, 1591 Konrads Sohn Hans Leyrer, 1634 seine Schwester Katharina Leyrer und Matheus Metzger, in deren Familie die Taferne rund 200 Jahre verblieb. 1681 Sebastian, 1705 Andreas, 1751 Peter. Am 31. I. 1793 übergaben Peter Metzger und Katharina Rettenmoserin ihrem Sohn Joseph, wobei ein ausführliches Inventar über die gesamte Liegenschaft angelegt wurde. 1819 Ursula Metzger mit Nikolaus Rainer, 1853 Nikolaus Rainer, 1864 Witwe Helena Rainer, 1879 Sohn Nikolaus. 1890 Verkauf an Joseph Mayergschwentner und Johann Stainer. Ein halbes Jahr später wurde Hermann Schmidtmann Besitzer des Gasthauses samt Bad und Landwirtschaft. Der aus Schmalkalden gebürtige Kunstdüngerfabrikant residierte im Grubhof bei Lofer (s.d.), ließ aber auch Oberrain in die heutige Gestalt bringen. 1923 erbte seine Tochter Florence v. Poser. Sie lebte im Ausland und belastete das Gut mit hohen Hypotheken. 1940 kaufte der Verein NS-Volkswohlfahrt Berlin Oberrain und baute es in ein Müttererholungsheim um. 1945 wurde es von der österreichischen Bundesregierung an Frau v. Poser zurückgestellt, die das Anwesen 1956 an die Salzburger Landesregierung verkaufte. Seither dient Oberrain hilfebedürftigen Kindern als Heim und wird während der Sommermonate als Kinderferienlager benützt.

Das Hauptgebäude ist 2 Stockwerke hoch und trägt ein mächtiges Walmdach. Die S-Fassade wird von einem 2 Fensterachsen breiten Turm geteilt, der in seinem obersten Stock mit Arkaden eine offene Loggia bildet. Die Fenster sind mit hübschen Stuckornamenten verziert, die in jedem Stock anders komponiert sind. Die grünen Holzjalousien geben einen kräftigen Kontrast zur weißen Färbelung. An der N-Seite des Hauses geht die Terrasse des Unkenrains in Felder über. Hier befindet sich der Eingang in einem kleinen Vorbau, der von einer Balustrade abgeschlossen wird. In der Dachkehle darüber steht — neben dem Landeswappen — der Spruch mit der Jz. 1796: ,,Man hat mich nun zwar wohl gebaut, doch bald könnt ich zerfallen, wenn wilde Blitze drohn und Sturm und Donner knallen, doch daß ich sicher bleiben werd' von allen Unglücksfällen, will ich Dich, o Gott, zu meinem Schutz erwählen.'' Im Inneren wurde das Haus durch oftmaligen Umbau völlig verändert.

Seine Bedeutung gewann Oberrain durch die alte Taferngerechtsame und durch das im 19. Jh. sehr beliebte Heilbad. Unter die Schlösser des Landes wurde es nur wegen seiner äußeren Erscheinungsform aufgenommen.

(SLA, Urbare Lofer; Lahnsteiner, MP 508; HiSt II 385; Zaisberger 26.7., 9.8., 23.8., 6.9.1972; F.Z.)

3. STEINPASS (Niederland Hs. Nr. 14; KG. Unken Bp. 117, 117a)
Nach der Durchfahrt durch das sog. *Deutsche Eck* auf der Bundesstraße 1 sind die beiden Grenzstationen, das bayerische Melleck und der sbg. Steinpaß, zu passieren. Der Paß hat seinen Namen vom Steinbach-Graben.

Der Steinbach ist bereits 1218 als Grenze zwischen der Grafschaft Reichenhall und dem Einflußgebiet der Erzbischöfe von Salzburg genannt. 1228 belehnte Kg. Heinrich (VII.) EB. Eberhard II. mit der Grafschaft Pinzgau. N-Grenze: Mündung des Steinbachs in die Saalach. Im 13. Jh. hat eine Familie von Steinbach die Grenze bewacht.

**OBERRAIN**

Als alter Hauptverkehrsweg von Österreich nach Tirol war die Erhaltung der durch Hochwasser der Saalach gefährdeten Brücke ein wichtiges Anliegen. 1614 wurde vorgeschlagen, die Holzbrücke mit Eisen zu verstärken oder die Straße in den Felsen zu sprengen. 1646 ließ EB. Paris Lodron während des 30jährigen Krieges die Befestigungen ausbauen. Vom tonnengewölbten Durchfahrtstor ist nur die Wappentafel in der letzten Kurve vor dem Zollhaus an der W-Seite der Straße erhalten: ,,Archiep(iscopu)s Paris ex com(itibus) Lodroni f(ecit) MDCXXXXVI.'' An dieser Stelle befand sich bis 1929 das Tor. Am Ufer des Steinbaches sind die 3 mächtigen Fundamentpfeiler noch zu sehen. Die *Pichler Schanze,* mit deren Hilfe das Umgehen des Passes an der W-Seite verhindert wurde — sie bestand aus Erdbauten mit Palisaden —, wurde 1970 eingeebnet.

Im 18. Jh. war der Paß mit 3 Mann besetzt, die aber weniger militärische als vielmehr fiskalische Aufgaben hatten. Bereits 1794 war die Tordurchfahrt dem Verkehr nicht mehr gewachsen, die beginnenden Franzosenkriege verhinderten aber den Abbruch. 1800, 1805 und 1809 kam es am Steinpaß zu heftigen Kämpfen, in denen nach anfänglichen Erfolgen die Tiroler und Salzburger unter Speckbacher am 17. X. 1809 die entscheidende Niederlage erlitten.

(SUB 4, 76 Nr. 76; SLA, Laa XIV/45; HK Lofer; Hübner III/2, 660; Pillwein 506; Dürlinger, Pi 203; Ecker; ÖKT XXV 177; Lahnsteiner, MP 510; Zaisberger 10.1., 24.1.1973; F.Z.)

U T T E N D O R F (Mittersill)
1. REICHENSBERG (Quettensberg Hs. Nr. 14 (alt 13 u. 14), KG. Uttendorf, EZ. 23)
Nordöstlich von Uttendorf liegt auf der Sonnseite einer der schönsten Pinzgauer Bauernhöfe: das *Gut Reichensberg.*
1830 bestand es aus einem gemauerten Wohn- und Wirtschaftsgebäude samt Hof (Bp. 148), 2 Mahlmühlen (Bp. 150, 151) und einem gemauerten Wohngebäude (Bp. 152), direkt am Steilabfall zum Tobersbach, das heute abgekommen ist. An der N-Seite des Bauernhauses ist ein Fresko erhalten, das Jagdszenen a. d. 18. Jh. wiedergibt und Parallelen zu einem bemalten Schubladkasten in Labach aufweist.
Das Gut war vor 1848 grundherrschaftlich dem Lodronischen Kollegium Marianum un-

terworfen. Zur Besitzgeschichte vgl. Schwarzenbach. Ob in dem mächtigen Bauernhof ein Ansitz oder Turm verborgen ist, konnte nicht geklärt werden. Die 1. Erwähnung eines Bauern auf Reichersberg ist von 1476 überliefert. Cristan Reichersberger war damals Zechpropst der Bruderschaft U.L. Frau und Hl. Sebastian zu Stuhlfelden. Seit 1950 ist das Gut im Besitz von Elisabeth Maier.

(Franz.Kat.; AB II Nr. 603; Pachmann 99; Weinzierl-Fischer, Millstatt; Lahnsteiner, OP 589; F.Z.)

## 2. SCHWARZENBACH (= GASSNERGUT) (Schwarzenbach Hs. Nr. 10)

Kürsinger schloß 1841 von dem damals beim *Gassnergut* noch vorhandenen starken Keller auf einen abgekommenen Edelsitz.

Aribo, Pfalzgraf im Salzburggau, war 1055 nach der mißglückten Verschwörung gegen K. Heinrich III. in Ungnade gefallen. Nach dem Verlust seiner Würden gründete er zwischen 1060 und 1077 das Kloster Millstatt. Zugleich gab er den Zehent von allen seinen Gütern im Erzbistum Salzburg an EB. Gebhard (1060—1088) und erhielt dafür alle Rechte für sein Kloster Millstatt. Er stattete es mit dem Großteil seiner Güter aus, wozu sein Bruder Poto, der vor der Verschwörung Inhaber der Grafschaft im Unter-Inntal gewesen war, vor seinem Tod am 1. III. 1104, seinen Besitz im Oberpinzgau gab.

In der Bestätigung von Papst Alexander III. vom 6. IV. 1177 wird die *curia Suarcenbahc cum cappela* erstmals erwähnt. Die Filialkirche zur hl. Margaretha ist als im Kern gotischer Bau erhalten.

Im Steuerbuch von 1333 sind 39 Vogtleute des Abtes von Millstatt verzeichnet, von denen 1562 noch 32 ihre Abgaben in den Zehenthof von Schwarzenbach lieferten. Aus einer Urkunde von 1465 erfahren wir, daß Wolfgang Schwarzenbach, seine Frau und seine Erben von ihrem halben Hof zu Schwarzenbach 3 Pfund Pfennig, Mehl, Salz, Kraut, Holz und Heu je nach Bedarf an das Kloster Millstatt zinsen mußten. 1469 wurde das Kloster Millstatt aufgehoben und der Besitz von K. Friedrich III. dem St. Georgs-Ritterorden zur Dotation übertragen. 1598 erhielt das Grazer Jesuiten-Kollegium den Grundbesitz des Stiftes, das 1644 das Amt Schwarzenbach an Johann v. Plaz verkaufte. Von diesem erwarb EB. Paris Lodron 1645 das Amt um 7600 fl. für sein neugegründetes Studentenheim, das Collegium Marianum, in dessen Eigentum Schwarzenbach bis zur Grundentlastung verblieb.

Gut und Kirche aus dem Besitz der Aribonen bedürfen noch einer eingehenden Untersuchung, die mit einer Grabung verbunden sein sollte.

(SUB 2, 611 Nr. 540; Martin, Reg. II Nr. 837; MC III 456, Nr. 1216; HHSTA, OUrk. 1465 Juni 29; SLA, U 2, Abschr., U 115a; Kürsinger, OP 16; Pachmann 100; Weinzierl-Fischer, Millstatt 87; Dehio 111; Lahnsteiner, OP 563; Bachmann, Studien zur Entstehung der in der Notitia Arnonis genannten Kirchen Tirols, in: MIÖG 81 (1973) 295; F.Z.)

## V I E H H O F E N (Zell am See)
BURGSTEIN (Viehhofen Hs. Nr. 51)

Südöstlich der Kirche von Viehhofen steht auf einem Felsvorsprung, in einem Saalachknie, am rechten Ufer des Baches, das *Gut Burgstein*.

Das steingemauerte Haus besaß in seinem Innern Gewölbe und ließ, zusammen mit dem Namen, die Vermutung auf eine Wehranlage zu. Steinhauser schreibt 1853, daß beim Burgstein-Gut ein Turm gestanden sei, von dem man nach Schloß Kammer (vgl. Maishofen) sehen konnte. Der Turm von Burgstein wäre damit Glied einer Kette von Signalstationen in Richtung Lichtenberg (vgl. Saalfelden) und Vogtturm (Zell/See) einerseits bzw. zu den 6 Türmen im oberen Glemmtal (vgl. Saalbach) andererseits gewesen.

(Franz.Kat; A. Steinhauser, S. 1058; Lahnsteiner, MP 18, 64; F.Z.)

# W A L D  IM  PINZGAU  (Mittersill)

## 1. BURGECK  (KG. Wald, Gp. 348)

Westlich der Endstation der Pinzgauer Lokalbahn in Vorderkrimml — zwischen Zusammenfluß von Krimmler Ache und Salzach — lassen die Hofnamen Ober- und Unterschloßberg die Existenz einer Burg vermuten. Kürsinger schreibt 1841 von der Stelle, daß dort ,,einige Mauerstücke von einem alten Schlosse, das noch jetzt Burgeck heißt'' erhalten sind.
Während der Grabungen am Falkenstein (s.d.) 1946 wurde auch der Schloßberg ,,Burgeck'' untersucht. Der freistehende, bewaldete Hügel trägt ein Plateau von 18 × 17 m. An seiner W-Seite wird er bogenförmig von dreifachem Wall und Graben geschützt. Auf dem Plateau ragen schuhhohe Fundamentmauern als Rest eines Gebäudes über den Erdboden hinaus. Bei einer Probegrabung wurde Sockelmauerwerk (Steinschlichtung ohne Mörtel) aus größeren Findlingen im Ausmaß von 6 × 5 m festgestellt. Es handelt sich wohl um den Unterbau eines Turmes, der in Holzbauweise errichtet war. Die starke Umwallung weist auf eine Wehranlage hin. Nach Anlage und Bauart vermutet M. Hell eine Entstehung in karolingisch-ottonischer Zeit zur Sicherung der Paßübergänge ins Ahrntal. Es könnte aber auch der Turm der im 12./13. Jh. urkundlich belegten Herren ,,de Walde'' sein (SUB 2, 330, 430; 3, 941), die Pachmann einer Sage nach bei der Kirche in Wald lokalisiert.
Jedenfalls ist der Name Falkenstein mit den oberbayrischen Grafen von Falkenstein in Zusammenhang zu bringen (siehe Kaprun). Vielleicht war Burgeck der Sitz einer ihrer Ministerialenfamilien bzw. der Vögte der 1135 gegründeten Zisterze Kaisheim bei Donauwörth. Kaisheim besiedelte das Krimmler Tal hinter dem Riegel des Falkensteins und verkaufte 1224 ihr Gut ,,apud Chrumbel'' an das Erzstift.
(Franz.Kat; Kürsinger, OP 144; Pachmann 190, Anm.; Lahnsteiner, OP 186; Hell in: MGSLK 103, 1963, 1 ff m. Skizze; HiSt II 351; F.Z.)

## 2. FALKENSTEIN (KG. Wald, Gp. 346 u. 343)

Ein natürlicher Geländeriegel trennt Krimml von Vorderkrimml, das im Gemeindegebiet von Wald liegt.
Auf ihm wurde beim Gasthof Falkenstein 1946 bei Grabungen ein bronzezeitliches Dorf gefunden, das von der Kupferverhüttung lebte. Östlich davon vorgelagert wurde eine mittelalterliche Fliehburg festgestellt. Ein ca. 30 m langer Wall schirmt das ungefähr 40 × 40 m große Plateau gegen den Sattel ab. Als Verstärkung dienten Palisaden. Zur mittelalterlichen Geschichte siehe Burgeck. Das Plateau wird gegen den w. Falkenstein von einer leichten Einsattelung abgetrennt, die den Namen Katzentauern führt.
Karl v. Böhmen, der spätere K. Karl IV., zog über ihn und den Krimmler Tauern 1340 in das Ahrntal.
(Franz.Kat; Hell in: MGSLK 103, 1963, 21; HiSt II 351; F.Z.)

## W E I S S B A C H bei Lofer (Saalfelden)

### 1. FROHNWIES (KG. Oberweißbach, EZ. 40)

Den Grenzübergang zwischen den Pfleggerichten Saalfelden-Lichtenberg und Lofer markierte der *Paß Frohnwies*. Er war vor allem als Mautstelle von Bedeutung, da von hier aus die Hirschbichlstraße ihren Ausgang nahm, auf der — kontrolliert von 3 Blockhäusern entlang des Weges — vor allem Schellenberger Salz nach Tirol und Bayern transportiert wurde.
(Franz.Kat; SLA, HK Liechtenberg 1683/G, 1728/2/M; Laa XIV/55; Hübner III/2, 618; Pillwein 534; Dürlinger, Pi 218; Lahnsteiner, MP 357; Ponschab, in: Kniepaß-Schriften VIII (1973); F.Z.)

2. HIRSCHBICHL (Hinterthal Hs. Nr. 6 = KG. Unterweißbach EZ. 17 = Wirtshaus zur Mooswacht; Hinterthal Hs. Nr. 8 = KG. Unterweißbach EZ. 19 = Zollamtsgebäude; GB. alt: Lofer)

Dieser alte Übergang von der Berchtesgadener Ramsau nach Weißbach im sbg. Saalachtal wäre die kürzeste Verbindung zwischen der Stadt Salzburg und dem Pinzgau. Es ist erstaunlich, daß die Hirschbühelstraße, die 1804 neu vermessen und ausgebaut wurde, jetzt nur Holztransporten, nicht aber dem Fremdenverkehr erschlossen ist, da die Straße durch eine der landschaftlich reizvollsten Gegenden des salzburgisch-bayerischen Grenzbereiches führt. Freilich ist es in strengen Wintern dort oben so ,,über die Maßen kalt und windig'', daß 1745 der Wachmannschaft ,,drei nötige Bettgewänder'' zusätzlich bewilligt werden mußten.

Der Saumweg über den Hirschbichl rückte seit etwa 1300 durch die Ausfuhr des Schellenberger und Halleiner Salzes nach Tirol und in den Pinzgau in den Blickpunkt des Interesses. Die sog. Mooswacht wurde zu einer sbg. Paßbefestigung ausgebaut. Im Winter 1712 wurden — als Beispiel für die Frequenz — rund 115.000 Stock Salz über den Paß transportiert.

Der 1. militärische Einsatz am Hirschbichl, der historisch belegbar ist, erfolgte während des Bauernaufstandes 1525/26. Am 10. VI. 1526 überschritt Michael Gruber, ursprünglich selbst Bauernführer, der aber ins eb. Lager übergewechselt war, den Paß. Durch seinen überraschenden Einfall im Pinzgau konnte er das ganze Gebiet um Lofer unterwerfen.

Die Landstraße hatte ihren Ausgangspunkt im Saalachtal bei Frohnwies. Der Posten eines Jägers von Frohnwies (s. d.) wurde in Personalunion mit dem Wachter am Hirschbichl vergeben. Erst 1750 wurden die beiden Funktionen getrennt, weil seit 1742 die Befestigungen am Paß bedeutend erweitert waren.

Der Übergang war durch Palisaden abgesichert. Dazu durfte nach dem Forstrezeß von 1734 auch aus den Berchtesgadener Wäldern Holz geholt werden. Zu den bestehenden, ziemlich baufälligen Blockhäusern wurde 1744 ein neues, drittes, errichtet. Wegen der drohenden Kriegsgefahr in diesen Jahren (Österreichischer Erbfolgekrieg) befahl die Landes-Defensionskonferenz, daß das Holzhäusel bei der Wasserschleuse Schießscharten erhalten sollte und ganz mit Palisaden umgeben werde. Der kommandierende Leutnant Dieppold v. Damberg befürwortete die Palisaden auch als Präventivmaßnahme gegen den Schmuggel. Zu der ständigen Besatzung von 1 Korporal und 4 Gemeinen wurde als Bauaufsicht der Pionierhauptmann Guardi auf den Hirschbichl abkommandiert.

Als sich nach dem Frieden von Dresden die Lage zwischen Bayern und Österreich konsolidierte, verlangten die Berchtesgadener Behörden eine sofortige Abtragung der z. T. auf ihrem Territorium errichteten Stellungen.

Von den Baulichkeiten, die heute noch auf dem Paß stehen, wissen wir, daß der Viehstall 1757 gebaut wurde. Das ursprünglich nur aus einem heizbaren Raum bestehende Wachthaus wurde 1759 in Anbetracht der zu erwartenden Kinderschar des Wachters um einen Raum vergrößert. Dieser hatte vor Jahren mit einer Bierausschank begonnen und verabreichte auch gekochte Speisen. 1738 beklagten sich die Wirte von St. Martin und Frohnwies über die Geschäftsstörung. Die Hofkammer entschied aber 1742 für den Wachter, da sein Sold gering sei. Seit der Gründung von Maria Kirchenthal führte ein häufig begangener Pilgerweg von Berchtesgaden über den Paß zum Marienheiligtum. Sehr hübsch gelegene Kapellen, darunter die gemauerte Kapelle mit dem verschindelten Dachreiter auf der Paßhöhe, zeigen den Verlauf des Weges an. Eine rechtliche Grundlage für die Bierausschank wurde erst 1805, nach dem Umbau des Wachthauses in ein Gasthaus, mit der Verleihung der Gastgewerbekonzession erreicht.

1809 bildete der Hirschbichl ein wichtiges Glied der Hauptverteidigungslinie zwischen den Pässen Lueg und Strub gegen Bayern und Franzosen. Die Pinzgauer Schützen stan-

**DER HIRSCHBÜHEL (MOOSWACHT), 1846**

den unter dem Landwehroberleutnant Anton v. Rauchenpichler. Den Bayern wurde trotz heftiger Angriffe der Einmarsch ins Gebirge verwehrt. Erst als alle österreichischen Truppen das sbg. Gebirgsland verließen und der Paß Lueg aufgegeben wurde, mußten die heftig verteidigten Stellungen geräumt werden.
(Franz.Kat; SLA, Laa XIV/45/6; HK Lofer 1709/1, 1712/3/E, 1732/2/H, 1733/3/G, 1737/1/H, 1738/1/A, L, 1741/1/J, 1742/5/J, 1805/d/3; HR-Generale 33/4; Hübner III/2, 637; Augustin 151 m. Ansicht; Dürlinger, Pi 219; Ecker; ÖKT XXV 170; Lahnsteiner, MP 357, 336; HiSt II 348; Zaisberger 18.4.1973; Schultes, in: Sbg.Int.Bl. v. 15.12.1804; Ponschab, in: Kniepaß-Schriften III, 1972; Abb. HSTA München, Planslg. 1369a; F.Z.)

Z E L L  AM  SEE (Stadtgemeinde/Zell am See)

1. VOGTTURM (FUSCHER- oder THURNHAUS) (Hs. Nr. 30, KG. Zell EZ. 304; Bp. 42, 43)
Der fünfstöckige Turm im Zentrum von Zell am See wird in den alten Urbaren als *Fuscher-* oder *Thurnhaus* bezeichnet. Über seine Entstehung kann vorerst nur das gesammelte Material vorgestellt werden, eine Deutung seiner Geschichte muß späteren Forschungen überlassen werden.
Der Name „Fuscher-Haus" läßt eine Verbindung zur Propstei Fusch (vgl. Fusch an der Großglocknerstraße) vermuten, über deren Besitzgeschichte bis jetzt jedoch nichts bekannt ist. Die Grafen von Falkenstein (vgl. Kaprun) sind ebenso in den Bereich der Er-

151

wägung zu ziehen wie die Herren von Saalfelden (siehe Lichtenberg). Auf beide Familien folgen im 13. Jh. die Walcher (s. d.) nach, die ursprünglich edelfreie Herren waren. Es wäre möglich, daß sich die Urkunde vom 1. VIII. 1254, in der die Walcher mit dem Erwählten Philipp Frieden schließen und die das Zitat enthält: ,,quod turrim novam in comicia sua et ecclesie sue fundo contra suam inhibicionem eriximus et advocacias, quas emit a bone memorie Grimoldo de Saluelden nostre attraximus potestati" auf den Vogtturm in Zell bezieht (,,weil wir einen neuen Turm im Gericht des Erzbischofs und auf dem Boden seiner Kirche gegen seinen Willen errichtet und uns die Vogtrechte angeeignet haben, die der Erzbischof vom verstorbenen Grimold v. Saalfelden gekauft hatte").

Die Verwandten der Walcher, die Goldegger, sind seit 1369 als Lehensherren der Hundt nachweisbar. Der erste, im Pinzgau urkundlich belegbare Hundt, Laurenz Hundt v. Lofer, schickte 1331 1 Mann zu Pferd gegen die Ungläubigen. Sein Nachkomme Hans Hundt war bereits im Besitz von Schloß Dorfheim bei Saalfelden (s.d.). Der Turm zu Zell gehörte im ganzen Zeitraum, in dem schriftliche Quellen erhalten sind, als Urbargut zum freieigenen Sitz Dorfheim. Die Schwester des letzten Hundt (Christoph Dietrich), Maria Jakobe, heiratete Johann Albert Savioli, der Dorfheim 1628 kaufte. Am 27. IV. 1660 folgte Anna Maria Paggee aus Tamsweg, Gattin des hochfürstlichen sbg. Hofrates Johann Konrad Stadlmayr; 1719 erbte deren Nichte Maria Theresia v. Küepach. Diese war mit Friedrich Ignaz Lürzer v. Zehendtal verheiratet, dessen Familie bis zur Grundentlastung 1848 Grundherren des Turms in Zell blieben.

Die erbrechtliche Besitzer des ,,Fuscher- oder Thurnhauses und Schällehen" waren: vor 1626 Matheus Neissl als Pächter, 1631 der Fischer Wolf Kheil durch Kauf, 1638 Wolf Huetter die Hälfte, 1650 Magdalena Witibin durch Kauf, 1661 Georg Innegrueber durch Wechsel und Magdalena Schlipferin durch Übergabe, 1699 Thomas Mayr und seine Frau durch Kauf, 1702 Christoph Mayr durch Übergabe, Michael Mayr, seine 11 Kinder, 30. V. 1783 Franz Mayr durch Übergabe, 18. I. 1798 Johann Kastner durch Kauf, dessen Kinder, 15. VI. 1805 Johann Kastner durch Übergabe, 4. III. 1841 Johann Kastner durch Übergabe, 18. II. 1850 Maria Plachfelner durch Kauf, 29. I. 1851 Josef Gruber ½ durch Einheirat, 19. VII. 1864 Josef Kolbacher durch Kauf, 30. XII. 1866 Johann Kastner durch Kauf, 3. IV. 1885 Johann Kastner durch Übergabe, 14. III. 1914 Josef Kastner durch Einantwortung, 13. V. 1943 Paula Kastner durch Einantwortung, 27. VII. 1951 Markus und Theresia Faistauer durch Kauf, 24. IX. 1963 Theresia Faistauer allein.

Der Baubestand des in der Romantik gerne dargestellten Turmes von Zell wurde durch zahlreiche Umbauten im Inneren stark verändert. Als die eb. Hofkammer 1644 den Kauf des Turmes in Erwägung zog, war der damalige Besitzer Wolfgang Kheil — das Einverständnis seiner Grundherrschaft vorausgesetzt — bereit, den ganzen Turm um 250 fl. zu verkaufen. Falls er aber das Erdgeschoß bzw. das dort befindliche Gewölbe behalten hätte dürfen, hätte der Kaufpreis für die übrigen 5 Stockwerke (,,gleichwohl fünf Pöden darinnen begriffen wären") 200 fl. betragen. Obwohl es im Gutachten der Hofkammer von 1644 hieß, daß im ,,alten und hochen Thurn ein ansehenlicher und wegen der durchstreichenden Lufft sehr nutzbarer Traidt-Cassten zuegericht, beynebens die Gefenkhnussen, sambt der Gerichtsdiener-Wohnung erpaut und die Tachung mit geringen Unkhosten fürbas undterhalten werden mechte", kam der Kauf nicht zustande. Laut Franziszäischem Kataster von 1830 diente das Thurnhaus als dreistöckiges Wohngebäude.

Heute beherbergt er im Erdgeschoß (= Gwölb) ein Antiquitätengeschäft und eine Trafik, 3 Stockwerke sind als Wohnungen eingerichtet. Im obersten Geschoß, in dem noch immer der Wind durchstreicht (s. o.), haben die Fensternischen Sitzbänke, von denen man den Pinzgau in 2 Himmelsrichtungen weit überblicken kann.

**VOGTTURM**

(SUB 4 Nr. 30; Martin, Reg III Nr. 784; AB II Nr. 566; SLA, HK Kaprun 1643/N; LB 28 fol. 98'; U 582, 593 1/19 fol. 39, 593 1/18 fol. 80, 593 1/19a fol. 39, 1066 fol. 40 u. 97 = EZ. 27; Hieron.Kat. Zell 2 fol. 1020; Abb. i. SLA: Raitbuch der Überschwemmung des Schmittenbaches; K. u. R. F 22; Votivbilder in Zell am See, abgebildet bei Pachmann und Lahnsteiner; Pillwein 554; Augustin 135; Pachmann 48; Lahnsteiner, UP 46; Dehio 127; HiSt II 390; ÖKT XXV 322; F.Z.)

## 2. ROSENBERG (Zell am See Hs. Nr. 4)

*Schloß Rosenberg,* ein typischer Salzburger Ansitz mit den charakteristischen 4 Eckerkern sowie als Besonderheit einem halbrunden Mittelerker an der Hauptfassade, steht an der Hauptdurchzugsstraße durch Zell am See.

Zur Entstehungszeit befand sich an dieser Stelle ein Weinlehen, also rein landwirtschaftlich genutzter Boden. Der eigentliche Markt mit Pfarrkirche, dreiecksförmigem Platz, Vogt- oder Kastenturm (s. d.) und den Bürgerhäusern hatte sich auf dem Schwemmkegel des Schmittenbaches ö. des späteren Schlosses Rosenberg am Ufer des Zeller Sees entwickelt.

Balthasar Egger, Bürger zu Zell, und seine Hausfrau Regina Stainerin, verkaufen am 14. II. 1577 an die Brüder Karl und Hans Rosenberger zu Rosenegg ein Weinlehen, genannt das Gartnerlehen, welche hier mit der Errichtung eines Schlosses beginnen. Unmittelbar darauf entbrennt ein 2 Jahre andauernder Streit der Bürger mit den Rosenbergern, weil das neue Schloß die Straße beenge. Die Rosenberger müssen zuletzt eine 15 Werkschuh breite Landstraße herstellen lassen.

1604 stirbt Hans Rosenberger, Gewerke und Schmelzherr in Tirol und Salzburg, und wird von seinen 3 Söhnen, Georg, Hans Christoph und Hans beerbt. Georg stirbt 1614,

**ROSENBERG**

worauf sein Teil an die beiden Brüder aufgeteilt wird. 1633 kauft Hans Christoph die Hälfte seines total verschuldeten Bruders Hans, muß selbst aber schon 1640 den gesamten Besitz durch seinen Kurator verkaufen lassen. Freiherr Karl Khuen ist der neue Besitzer. Nach seinem Tod gehen die zahlreichen Häuser, darunter Schloß Rosenberg, die vielen Grundstücke, Almen, Jagd- und Fischrechte sowie Zehente, an seinen Sohn Wolf Wilhelm Khuen, der dieses Erbe aber krankheitshalber nicht antreten kann. Die Besitzungen werden unter den zahlreichen Familienmitgliedern 1662 verstuckt.

1670 kauft Frh. Georg Dietrich Khuen zu Kammer (s. d.) den Besitz von den Kuratoren der verstorbenen Brüder Hans Sigmund und Erasmus Khuen v. Belasy, die bereits nach dem Tod der beiden Besitzer durch Kommissionshandlung als Erben eingesetzt worden waren. Im Jahre 1706 übergeben die Töchter das väterliche Erbe an Maximilian Johann Preisgott Gf. Khuen zu Kammer und Prielau, welcher Rosenberg 1716 an Joseph Anton Jud, Wirt zu Piesendorf, verkauft. Damit beginnt eine Epoche der Umbauten, zugleich aber auch der tw. Verwahrlosung des Schlosses. Wolfgang Sigmund Jud, der Sohn des vorigen, Besitzer seit 1741, verkauft 1752 an Johann Michael Silberer, Bierbräuer zu Zell, der im Schloß eine Gastwirtschaft eröffnet. Nach 7 Jahren kauft es ein Bergwerkskollegium aus Salzburg als Wohnung und Amt ihres jeweiligen Verwalters von Hirzbach, bis es 1820 Franz v. Lürzer übernimmt. Ab 1856 gehört es dem k. k. Forstamt Zell, 1867 dann dem k. k. Aerar und beherbergt bis 1903 das Bezirksgericht Zell. Rosenberg bleibt öffentliches Eigentum: 1928 Österreichischer Bundesschatz, 1941 Deutsches Reich, 1947 Republik Österreich (Österreichische Bundesforste).

1970 erwirbt es die Stadtgemeinde Zell am See und baut es unter Schonung des historischen Altbestandes zu ihrem Rathaus um.

(Grundb. KG. Zell, EZ. 2; SLA, U 1491, f. 30; Stadt-A. Zell, fasz. 50; U 1049, f. 108; AL 1577—1772; WST 1654—1747; HK Kaprun 1636, lit. A; HK-Prot. 1637, f. 90; LA 153, 175; Bergwesen Zell; Hs. 129, S. 11 (1763); Bibl.St.Peter, Hs.Ebner XVIII 3 („Bergschlößl"); Sbg.Int.Bl. 1808, 834; MZK 1911, III. F., Bd. X, 159, 188; ÖKT XXV 322; Lahnsteiner, UP 46; Dehio 127; Abb. wie Vogtturm, W.S.)

# ABKÜRZUNGEN

| | | |
|---|---|---|
| A. | = | Anfang |
| a. A. d. 14. Jh. | = | am Anfang des 14. Jahrhunderts |
| a. Beg. d. 14. Jh. | = | am Beginn des 14. Jahrhunderts |
| a. d. 1. V. d. 17. Jh. | = | aus dem 1. Viertel des 17. Jahrhunderts |
| B., b. | = | Bischof, bischöflich(e) |
| Beg. | = | Beginn |
| Bp. | = | Bauparzelle |
| bzw. | = | beziehungsweise |
| ca. | = | zirka |
| dat. | = | datiert |
| d. J. | = | der Jüngere |
| Dipl.-Ing. | = | Diplomingenieur |
| d. h. | = | das heißt |
| E. | = | Ende |
| EB., eb. | = | Erzbischof, erzbischöflich(e) |
| E. d. 15. Jh. | = | Ende des 15. Jahrhunderts |
| ehem. | = | ehemalig(e) |
| Ehzg., Ehzgn. | = | Erzherzog(in) |
| etc. | = | et cetera |
| EZ. | = | Einlagezahl |
| Fam. | = | Familie |
| fl. | = | Gulden |
| Frh. | = | Freiherr |
| FM. | = | Feldmarschall |
| GB. | = | Gerichtsbezirk |
| Gde. | = | Gemeinde |
| geb. | = | geborene |
| Gp. | = | Grundparzelle |
| Gf., Gfn., gfl. | = | Graf, Gräfin, gräflich(e) |
| Grundb. | = | Grundbuch |
| H. | = | Hälfte |
| Hl., hl. | = | Heilige(r), heilige(r) |
| HR. | = | Hofrat |
| Hs. Nr. | = | Hausnummer |
| i. d. 1. H. d. 18. Jh. | = | in der 1. Hälfte des 18. Jahrhunderts |
| i. d. M. d. 18. Jh. | = | in der Mitte des 18. Jahrhunderts |
| i. 2. V. d. 14. Jh. | = | im 2. Viertel des 14. Jahrhunderts |
| Hzg., Hzgn. | = | Herzog(in) |
| Jh. | = | Jahrhundert(s) |
| Jz. | = | Jahr(es)zahl |
| K., Kn. | = | Kaiser(in) |
| Kard. | = | Kardinal |
| KG. | = | Katastralgemeinde |
| Kg., Kgn. | = | König(in) |
| k. k. | = | kaiserlich-königlich |
| km | = | Kilometer |
| M. | = | Mitte |
| m | = | Meter |

| | | |
|---|---|---|
| mj. | = | minderjährig(e) |
| N, n. | = | Norden, nördlich |
| n. Chr. | = | nach Christus |
| Nr. | = | Nummer |
| O, ö. | = | Osten, östlich |
| NO, nö. | = | Nordost, nordöstlich |
| NW, nw. | = | Nordwest, nordwestlich |
| Pfd. | = | Pfund |
| S, s. | = | Süden, südlich |
| SO, sö. | = | Südost, südöstlich |
| SW, sw. | = | Südwest, südwestlich |
| sbg. | = | salzburgisch(e) |
| s. d. | = | siehe dort |
| s. o. | = | siehe oben |
| sog. | = | sogenannt(e) |
| St. | = | Sankt |
| tw. | = | teilweise |
| u. a. | = | unter anderem |
| u. ä. | = | und ähnliches |
| u. a. m. | = | und anderes mehr |
| V. | = | Viertel |
| v. | = | von |
| v. Chr. | = | vor Christus |
| vgl. | = | vergleiche |
| v. d. | = | von der |
| verh. | = | verheiratet(e) |
| v. u. z. | = | von und zu |
| W, w. | = | Westen, westlich |
| z. B. | = | zum Beispiel |
| z. T. | = | zum Teil |

## ABKÜRZUNGEN
### bei Quellen- und Literaturangaben

| | | |
|---|---|---|
| A., a. | = | Archiv |
| AB | = | Martin F., Salzburger Archivberichte, II, 1948 |
| Adler | = | Zeitschrift der heraldisch-genealogischen Gesellschaft ,,Adler'', Wien |
| Adler Jb | = | Jahrbuch der heraldisch-genealogischen Gesellschaft ,,Adler'', Wien |
| AL | = | SLA, Anlait-Libell |
| Arch. Austr. | = | Archaeologia Austriaca, Wien |
| Augustin | = | Augustin F., Das Pinzgau, Pesth 1844 |
| BDA | = | Bundesdenkmalamt, Salzburg |
| Bibl.St.Peter, Hs.Ebner | = | Bibliothek der Erzabtei St. Peter in Salzburg, Manuskript Pater Anselm Ebner, 24 Bde.: XIII Dek. Altenmarkt, XIV Lungau I, XV Lungau II, XVII Pongau, XVIII Pinzgau, XIX Erg.-Bd. Pinzgau-Erg., XX Gasteinertal |
| Bl. | = | Blatt |

| | | |
|---|---|---|
| Car. I | = | Carinthia I — Geschichtliche und volkskundliche Beiträge zur Heimatkunde Kärntens. Mitteilungen des Geschichtsvereines für Kärnten. Klagenfurt 1811 ff |
| Dehio | = | Dehio-Handbuch Salzburg (Die Kunstdenkmäler Österreichs), 5. Aufl., Wien 1963 |
| Doppler | = | Doppler A., Die ältesten Original-Urkunden des fe. Consistorial-Archivs zu Salzburg (1200—1500), Sonderabdruck aus MGSLK 10 (1870) — 16 (1876) |
| Doppler—Widmann | = | Doppler A. — Widmann H., Urkunden u. Regesten des Benediktinerinnen-Stiftes Nonnberg in Salzburg. Separatabdruck aus MGSLK 35 (1895) — 48 (1908) |
| Dürlinger, Po | = | Dürlinger J., Historisch-statistisches Handbuch von Pongau, Salzburg 1867 |
| Dürlinger, Pi | = | Dürlinger J., Historisch-statistisches Handbuch von Pinzgau, Salzburg 1866 |
| Dürlinger, L | = | Dürlinger J., Historisch-statistisches Handbuch der Erzdiöcese Salzburg in ihren heutigen Grenzen. 2. Bd., 1. Heft. Decanat Tamsweg, Salzburg 1863 |
| Ecker | = | Ecker Stefan, Chronik von Lofer, 1900 |
| Frank-Beamte | = | Frank-Beamtenkartei |
| Frank-Pfleg | = | Frankkartei, Pfleggerichte |
| Franz.Kat. | = | Franziszäischer Kataster 1830 |
| Fundber. | = | Fundberichte aus Österr. Hg.: Bundesdenkmalamt. 1930 ff |
| F.Z. | = | Dr. Friederike Zaisberger |
| Gde. | = | Gemeinde |
| Geh.A. | = | SLA — Geheimes Archiv |
| GH. | = | Grundherrschaft |
| Grundb. | = | Grundbuch |
| Hatheyer | = | Hatheyer V., Chronik d. Marktes Tamsweg. 1955 |
| Hell | = | Hell M., Die Ansiedlung der Bronzezeit auf dem Falkenstein bei Krimml in Salzburg, in: MGSLK 103 (1963) |
| HSTA | = | Bayerisches Hauptstaatsarchiv, München |
| HHSTA | = | Haus-, Hof- und Staatsarchiv, Wien |
| Hieron.Kat. | = | SLA, Kataster des Erzbischofes Hieronymus Colloredo, 1774 ff |
| HiSt II | = | Handbuch der historischen Stätten Österreichs. Alpenländer mit Südtirol. Stuttgart 1966 (Kröners Taschenbuchausgabe, Bd. 279) |
| HK | = | SLA, Hofkammer |
| HR | = | SLA, Hofrat-Akten |
| HR-Kat. | = | SLA, Hofrat-Katenichl |
| HR-Prot. | = | SLA, Hofrat-Protokolle |
| HR-Rel. | = | SLA, Hofrat-Relationspunkte |
| HR-Generale | = | SLA, Hofrat-Generale |
| Hs. | = | Handschrift |
| Hübner 1, 2, 3 | = | Hübner L., Beschreibung des Erzstiftes und Reichsfürstenthums Salzburg in Hinsicht auf Topographie und Statistik, III 1. Das Salzburgische flache Land. Salzburg 1796 2. Das Salzburgische Gebirgsland. Pongau, Lungau und Pinzgau. Salzburg 1796 3. Die übrigen Gebirgsortschaften. Salzburg 1796 |

| | | |
|---|---|---|
| Hütter | = | Hütter E., Die Schlösser um Maishofen, 1942 |
| JB. | = | Jahresbericht (Jahrbuch) |
| JB.SMCA | = | Jahresbericht (Jahrbuch) des vaterländischen Museums Carolino-Augusteum der Landes-Hauptstadt Salzburg. 1850 ff |
| KB | = | HHSTA, Salzburger Kammerbücher, 9 Bde. |
| Klebel | = | Klebel E., Der Lungau. Historisch-politische Untersuchung. MGSLK. Erg.-Bd. 4 (1960) |
| Koch-Sternfeld, Beitr. | = | Koch-Sternfeld J. E., Beyträge zur teutschen Länder-, Völker-, Sitten- u. Staatenkunde. 3. Bd.: Das Prädialprincip: Die Grundlage und Rettung der Ruralstaaten. München 1833 |
| Koch-Sternfeld, Saaleck | = | Koch-Sternfeld J. E., Die Veste Saaleck, in: Zs. f. Baiern und die angrenzenden Länder, 2 (1817) |
| Kürsinger, L | = | Kürsinger I. v., Lungau, Salzburg 1853 |
| Kürsinger, OP | = | Kürsinger I. v., Oberpinzgau oder: Der Bezirk Mittersill. Salzburg 1841 |
| LA | = | SLA, Lehenakten |
| Laa | = | SLA, Landschaftsakten |
| Lahnsteiner, OP | = | Lahnsteiner J., Oberpinzgau von Krimml bis Kaprun. 2. Aufl. Hollersbach 1965 |
| Lahnsteiner, UP | = | Lahnsteiner J., Unterpinzgau. Zell am See, Taxenbach, Rauris. Hollersbach 1960 |
| Lahnsteiner, MP | = | Lahnsteiner J., Mitterpinzgau. Saalbach, Saalfelden, Lofer, Salzburgisches Saaletal. Hollersbach 1962 |
| LB | = | SLA, Lehenbuch |
| Lang, Sbg. Lehen/Stmk. | = | Lang A., Die Salzburger Lehen in der Steiermark bis 1520 (1937/39). Veröffentlichungen d. Histor. Landes-Kommission f. Steiermark XXX, XXXI |
| Lürzer | = | Lürzer v. Zechenthal K., Hist.-top. u. ökon. Beschreibung d. Sbg. Pfleggerichtes Liechtenberg, 1802 |
| Martin, Reg I, II, III | = | Martin F., Die Regesten der Erzbischöfe und des Domkapitels von Salzburg. 1247—1343 |
| | | I. 1247—1290. Salzburg 1928 |
| | | II. 1290—1315. Salzburg 1931 |
| | | III. 1315—1343. Salzburg 1934 |
| MC | = | Monumenta historica ducatus Carinthiae. Geschichtliche Denkmäler des Herzogthumes Kärnten . . . 1904 ff |
| MG, SS | = | Monumenta Germaniae Historica, Scriptores. Hannover 1826 ff (DD = Diplomata, DChr = Deutsche Chroniken, Necr = Necrologia) |
| MGSLK | = | Mitteilungen der Gesellschaft für Salzburger Landeskunde, 1860 ff |
| MIÖG | = | Mitteilungen des Instituts für österreichische Geschichtsforschung, 1880 ff |
| Mitt. Anthrop. Ges. | = | Mitteilungen der anthropologischen Gesellschaft in Wien, 1870 ff |
| Mon. Boica | = | Monumenta Boica, München 1753 ff |
| MZK | = | Mitteilungen der k.k. Zentralkommission zur Erforschung der Kunst- und historischen Denkmalpflege, 1856 ff |
| NB | = | SLA, Notelbuch |
| Ök | = | Österreichische Karte 1:25.000, hrsg. v. Bundesamt für Eich- u. Vermessungswesen (Landesaufnahme), Wien |

| | | |
|---|---|---|
| ÖKT | = | Österreichische Kunsttopographie — die Denkmale des politischen Bezirkes<br>XII Tamsweg. Wien 1929<br>XXV Zell am See. Wien 1934<br>28 Bischofshofen. Baden b. Wien 1940 |
| Ostermayer | = | Ostermayer A., Geschichte der Stadt Radstadt. 1881 |
| OUrk. | = | Original-Urkunde |
| Pachmann | = | Pachmann E. v., Aus dem Pinzgau. 1925 |
| Pillwein | = | Pillwein B., Das Herzogthum Salzburg oder der Salzburgerkreis. Linz 1839 |
| Piper | = | Piper O., Österreichische Burgen. 8 Bde. Wien 1902—1910 |
| Reisigl | = | Reisigl J., Top.-hist. Beschreibung des Oberpinzgaues. 1786 |
| Riehl | = | Riehl H., Baukunst in Österreich im Mittelalter, 1924 |
| Sartori III | = | Sartori F., Die Burgvesten und Ritterschlösser der österreichischen Monarchie. 12 Bde. Brünn 1819—1820 |
| Sbg.Int.Bl. | = | Salzburger Intelligenz-Blatt. 1784 ff |
| Sbg.VBl. | = | Salzburger Volksblatt. 1870 ff |
| Schitter | = | Schitter J., Heimat Mariapfarr. Mariapfarr 1975 |
| SLA | = | Salzburger Landesarchiv. Salzburg, Michael-Pacher-Straße 40 |
| Steinhauser | = | Steinhauser A., Das Glemmertal und der Warththurm zu Saalbach, in: Sbg. Landesztg. 1853 |
| SUB | = | Hauthaler W.—Martin F., Salzburger Urkundenbuch. 1. Bd. Traditionscodices. Salzburg 1910. 2. Bd. Urkunden 790—1199. Salzburg 1916. 3. Bd. 1200—1246. Salzburg 1918. 4. Bd. 1247—1343. Salzburg 1933 |
| Taidinge | = | Österreichische Weistümer, 1. Bd.: Die Salzburgischen Taidinge. Hrsg. Siegel H. — Tomaschek K., Wien 1870 |
| U | = | Urbar |
| Urk. | = | Urkunde |
| Unrest | = | Unrest J., Österreichische Chronik, ed. v. K. Großmann in: MG, SS, N. S. XI, 1957 |
| Weinzierl-Fischer, Millstatt | = | Weinzierl-Fischer E., Geschichte des Benediktinerklosters Millstatt in Kärnten, 1951 |
| Winkelhofer | = | Winkelhofer A., Der Salzachkreis. 1813 |
| Wr.Prähist.Zs. | = | Wiener Prähistorische Zeitschrift. Wien |
| W.S. | = | Dipl.-Ing. Walter Schlegel |
| WST | = | SLA, Weihsteuer-Libell |
| Zaisberger . . . | = | Zaisberger F., in: Sbg. Volksbl., Gäste-Ztg. v. . . . . |
| Zs. | = | Zeitschrift |
| Ztg. | = | Zeitung |

1. BAD HOFGASTEIN, Weitmoserschlößl
2. BISCHOFSHOFEN
   a) Kastenhof
   b) Bachsfall
   c) Buchberg-Spökerbichl
   d) Götschenberg
3. DORFGASTEIN
   a) Klammstein
   b) Klammpaß
4. EBEN IM PONGAU, Gasthof in der Fritz
5. FILZMOOS, Blockhaus
6. FLACHAU
   a) Höch
   b) Scharfett
   c) Thurnhof
   d) Graben
7. FORSTAU
   a) Unter-Blockhaus
   b) Ober-Blockhaus
8. GOLDEGG
   a) Burg
   b) Judenhof
9. GROSSARL, Alte Wacht
10. KLEINARL, Jagdschloß
11. PFARRWERFEN
    a) Pfarrkirche
    b) Schlamingschlößl
12. RADSTADT
    a) Stadtbefestigung
    b) Burg-Kapuzinerkloster
    c) Lerchen
    d) Mauer
    e) Tandalier
    f) Paß Mandling
    g) Pfleggerichtsgebäude
13. ST. JOHANN IM PONGAU
    a) Plankenau
    b) Zederberg
14. ST. MARTIN AM TENNENGEBIRGE
    a) Burgeck
    b) Paß St. Martin
15. SCHWARZACH IM PONGAU
    a) Schernberg
    b) Römerpaß
16. WAGRAIN, Burg-Ruine
17. WERFEN
    a) Brennhof
    b) Hohenwerfen
    c) Pfleggerichtsgebäude
    d) Blühnbach
    e) Windbichl

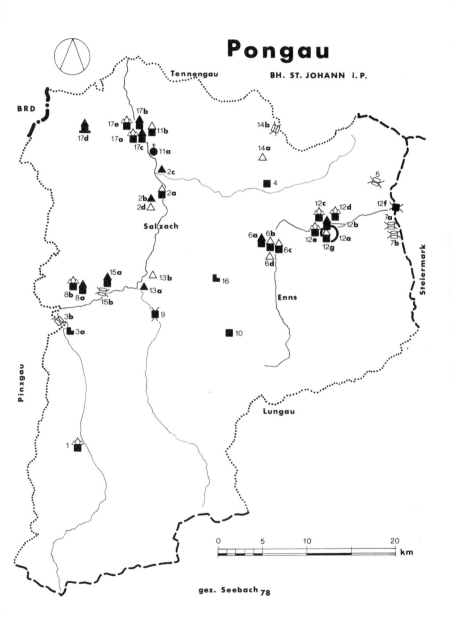

# Pongau

**BH. ST. JOHANN i. P.**

gez. Seebach **78**

1. LESSACH, Ruine Thurnschall
2. MARIAPFARR
    a) Burg
    b) Ruine Pichl
    c) Niederrain
    d) Gröbendorf
3. MAUTERNDORF
    a) Schloß
    b) Burgstall
4. RAMINGSTEIN
    a) Finstergrün
    b) Wintergrün
    c) Paß Ramingstein
5. ST. MARGARETHEN IM LUNGAU, Turm
6. ST. MICHAEL IM LUNGAU
    a) Heißhaus in St. Martin
    b) Oberweißburg
    c) Pritzgut
    d) Burgstall St. Ägidi
    e) Paß Stranach
7. TAMSWEG
    a) Kuenburg-Palais
    b) Rathaus
    c) St. Leonhard-Wehrkirche
    d) Klause Seethal
    e) Klausegg
    f) Burgstall Sauerfeld
    g) Zechner am Schloßberg
    h) Standlhof
8. THOMATAL
    a) Ruine Edenvest
    b) Burgstall Thomatal
9. TWENG, Paß Tauern
10. UNTERNBERG, Moosham
11. WEISSPRIACH, Burg

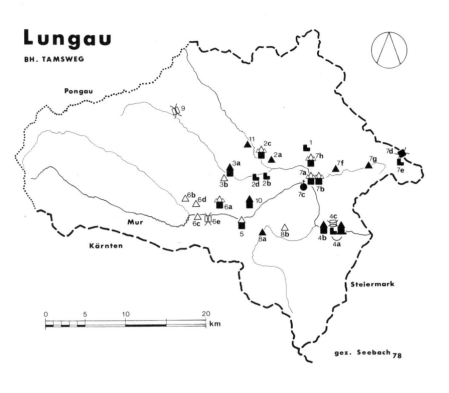

# Lungau
BH. TAMSWEG

Pongau

Kärnten

Mur

Steiermark

gez. Seebach **78**

| 0 | 5 | 10 | 20 |
|---|---|----|----|

km

| ○ | Stadt-, Marktbefestigung | ⌐ | Ruine |
|---|---|---|---|
| ⬟ | Burg, Schloß | ▲ | Geringe Reste |
| ⬟ | Neuschloß | △ | Abgekommen |
| ⬢ | Ansitz | ☿ | Wehrkirche |
| ⬧ | Turm (-hof) | ⊠ | Bestehende Paßbefestigung |
| ■ | Befestigter Hof | ⊠ | Abgekommene Paßbefestigung |

163

1. BRAMBERG AM WILDKOGEL
   a) Weyerturm
   b) Wenns
2. BRUCK AN DER GROSS-
   GLOCKNERSTRASSE
   a) Fischhorn
   b) Heuberg
   c) St. Georgen
   d) Burgstall Weberpalfen
3. DIENTEN AM HOCHKÖNIG,
   Zachhof
4. FUSCH AN DER GROSSGLOCK-
   NERSTRASSE
   Schönanger
5. HOLLERSBACH IM PINZGAU
   a) Turm Hollersbach
   b) Burgstallehen
6. KAPRUN
   a) Burg
   b) Turm zu Winkl
7. LEND, Verwes-Schloß
8. LEOGANG
   a) Paß Griessen
   b) Burgstein
9. LOFER, Paß Strub
10. MAISHOFEN
    a) Saalhof
    b) Prielau
    c) Kammer
    d) Stiegerschlößl
11. MARIA ALM AM STEINERNEN
    MEER,
    Burgstall
12. MITTERSILL
    a) Burg
    b) Felberturm
    c) Paß Thurn
    d) Einödberg
    e) Reitau
    f) Burk
13. NEUKIRCHEN AM GROSSVE-
    NEDIGER
    a) Hochneukirchen
    b) Hieburg
    c) Sulzau

14. NIEDERNSILL
    a) Burgeck-Birkkögei
    b) Radenspacher Burg
    c) Nagelköpfel
15. PIESENDORF
    a) Walchen
    b) Sitz Leiten
    c) Hochbürgl
    d) Matzhügel
16. RAURIS
    a) Burgstall
    b) Pichl zu Grub
    c) Paß Rauris
    d) Klause Thörl
17. SAALBACH
    a) Wartturm
    b) Mitteregg
    c) Lengau
    d) Spielberg, Paß, Schanze
    e) Paß Hennlab
    f) Obermarten
    g) Zinegg
18. SAALFELDEN AM STEINER-
    NEN MEER
    a) Lichtenberg
    b) Dorfheim
    c) Farmach
    d) Ramseiden
    e) Rettenwörth
    f) Ritzenschloß
    g) Burgbichl
    h) Hinterburg
    i) Biberg
19. ST. MARTIN BEI LOFER
    a) Grubhof
    b) Luftenstein
    c) Saalegg
20. STUHLFELDEN
    a) Lichtenau
    b) Labach
    c) Sitz Stuhlfelden

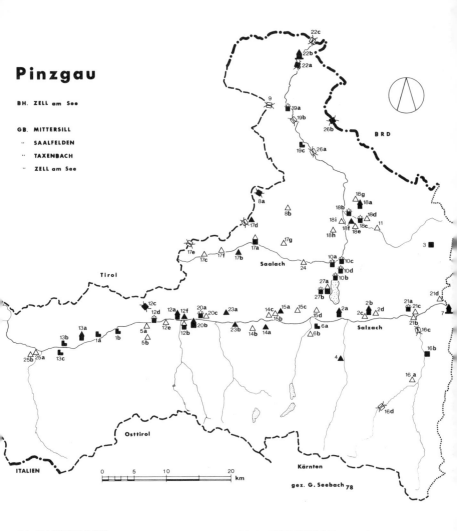

# Pinzgau

**BH. ZELL am See**

**GB. MITTERSILL**
" **SAALFELDEN**
" **TAXENBACH**
" **ZELL am See**

21. TAXENBACH
    a) Penninghof
    b) Edtburg
    c) Burg Taxenbach
    d) Eschenau
22. UNKEN
    a) Kniepaß
    b) Oberrein
    c) Steinpaß
23. UTTENDORF
    a) Reichensberg
    b) Schwarzenbach

24. VIEHHOFEN, Burgstein
25. WALD IM PINZGAU
    a) Burgeck
    b) Falkenstein
26. WEISSBACH BEI LOFER
    a) Frohnwies
    b) Hirschbichl
27. ZELL AM SEE
    a) Vogtturm
    b) Rosenberg

165

# INHALTSVERZEICHNIS